高等职业教育物流管理与物流工程专业系列规划教材

物流运输作业管理

刘艳霞 杨 丽 主 编
牛晓红 盛 梅 副主编

大连海事大学出版社

图书在版编目(CIP)数据

物流运输作业管理 / 刘艳霞,杨丽主编. 一大连：
大连海事大学出版社，2018.2
高等职业教育物流管理与物流工程专业系列规划教材
ISBN 978-7-5632-3611-4

Ⅰ.①物…　Ⅱ.①刘…②杨…　Ⅲ.①物流—货物运
输—管理—高等职业教育—教材　Ⅳ.①F252

中国版本图书馆 CIP 数据核字(2018)第 029162 号

大连海事大学出版社出版

地址:大连市凌海路1号　邮编:116026　电话:0411-84728394　传真:0411-84727996
http://www.dmupress.com　E-mail:cbs@dmupress.com

大连住友彩色印刷有限公司印装　　　　　　**大连海事大学出版社发行**

2018 年 2 月第 1 版　　　　　　　　　　2018 年 2 月第 1 次印刷
幅面尺寸:185 mm×260 mm　　　　　　　　　　　　　　印张:16
字数:394 千　　　　　　　　　　　　　　　印数:1～1500 册

出版人:徐华东

责任编辑:魏　悦　　　　　　　　　　　　　责任校对:刘长影
封面设计:解瑶瑶　　　　　　　　　　　　　版式设计:解瑶瑶

ISBN 978-7-5632-3611-4　　定价:33.00 元

内容简介

　　本书以物流运输作业流程为框架,内容由浅入深、理论与实践结合,从研究物流运输的五种基本运输方式的技术经济特征入手,分析不同运输对象的作业流程,指导学习者学习承运与托运、运输车辆调度、配载、装卸搬运、运输过程跟踪、到达交付等环节的作业组织,学习运输方式与运输路线的优化、运输成本、运输效率的分析方法,从而提高学习者处理运输业务的能力。

　　本书适合高等职业院校教学、物流企业员工培训、物流运输管理及作业人员学习使用,并配有教学课件,为使用者提供方便。

前　言

运输是人类社会基本活动之一,是一项范围广泛、与社会和人们生活密切相关的经济活动,被马克思称为采掘业、农业和加工工业之外的"第四物质生产部门"。随着现代物流业的发展,运输被赋予了新的含义。

本书在编写过程中以工作任务为导向,以理论和实际相结合为原则,以培养技能型应用人才为目标。全书共分八个项目:项目一主要阐述物流运输的基本概念、基本运输方式、物流运输相关生产要素等内容,目的是使学习者学习物流运输相关知识;项目二~项目五主要阐述不同运输对象的运输作业组织与管理,包括整车货物运输作业、零担货物运输作业、集装箱运输作业及特殊货物运输作业,目的是使学习者熟悉不同运输对象的作业流程、组织方法、各环节作业内容及要求,掌握运输组织和管理的理论方法和操作技能;项目六主要阐述物流运输合同与保险,目的是使学习者具备运输法律和运输保险知识;项目七阐述物流运输决策相关内容,目的是使学习者能够进行运输方式选择和运输线路优化,提高运输效率;项目八涉及市场供求规律、运输成本与运价、运输指标等内容,目的是使学习者熟悉运输市场规律,分析企业运输成本,掌握制定运输价格的方法,通过运输指标值分析企业生产经营中存在的问题,提升管理能力。

本书的内容以国家级精品资源共享课"运输作业管理"为框架,充分考虑教师和学生的需求,每个项目设有知识目标、技能目标、项目小结、项目训练等。

本书适合高等职业院校教学、物流企业员工培训、物流运输管理及作业人员学习使用。为方便使用者,本书配备了教学课件。

本书由天津交通职业学院刘艳霞、云南交通职业技术学院杨丽担任主编,天津交通职业学院牛晓红、天津交通职业学院盛梅担任副主编。刘艳霞编写项目一、项目三和项目八;杨丽编写项目二的任务一、任务二和任务三;贵州交通职业技术学院王梅编写项目二的任务四、任务五和任务六;天津交通职业学院王文艳编写项目四;盛梅编写项目五;牛晓红编写项目六和项目七;刘艳霞负责全书统稿工作。

在本书编写过程中,编者参考了大量的书籍、文献,访问了一些网站,并得到了参编院校的大力支持,在此表示感谢。对文中引用了材料但因疏漏未在参考文献中列明的各位前辈表示深深的歉意。

由于水平所限,书中难免有不妥之处,敬请读者批评指正。

编　者

2017 年 11 月

前　言

目　录

项目一

物流运输基础知识

● 学习目标

知识目标

1.掌握物流运输概念、物流运输分类、物流运输与一般运输的区别。

2.掌握五种运输方式的技术经济特征。

3.了解物流运输基础设施,掌握运输工具的种类。

4.了解装卸搬运、装卸设备类型及使用环境。

5.掌握集装箱的概念、类型、特点。

6.掌握托盘的概念、类型、特点。

7.熟悉货物分类方法及货物属性。

8.掌握托运人、承运人、多式联运经营人的概念,熟悉它们之间的关系。

技能目标

1.能够分析物流与运输的关系、运输与物流其他环节的关系。

2.能够分析比较五种基本运输方式的技术经济特征。

3.能够陈述物流运输的作用。

4.能够陈述运输节点的功能。

5.能够识别不同类别的货物。

6.能够识别不同类型的托盘和集装箱。

7.能够根据货物特点及运输要求选择适宜的运输方式。

8.能够根据货物装卸要求选取适宜的装卸搬运设备。

任务一
物流运输认知 ◆ ‖

运输是人类社会基本活动之一,是一项范围广泛、与社会和人们生活密切相关的经济活动,被马克思称为采掘业、农业和加工工业之外的"第四物质生产部门"。而今,运输已经渗透到人类社会生活的方方面面,并且成为最受关注的社会经济活动之一。随着现代物流业的发展,运输被赋予了新的含义。

一、物流运输的定义

一般意义的运输是指以运输工具为载体,实现货物或旅客空间位移的活动。它包括货物运输和旅客运输,运输过程是运输工人使用运输工具使运输对象实现位移的过程。

我国国家质量监督检验检疫总局和国家标准化管理委员会于2006年12月发布的《中华人民共和国国家标准:物流术语》(GB/T 18354—2006)将运输定义为:用专用运输设备将物品从一个地点向另一个地点运送。其中包括集货、分配、搬运、中转、装入、卸下、分散等一系列操作。

这里所说的物品,即货物,是指经济与社会活动中实体流动的物质资料。集货是将分散的或小批量的物品集中起来,以便进行运输、配送的作业。装卸是物品在指定地点以人力或机械实施垂直位移的作业。搬运是在同一场所内,对物品进行水平移动为主的作业。

二、物流运输的重要性

1.运输是物流的核心功能之一

物流是指物品从供应地向接收地的实体流动过程。根据实际需要,将运输、储存、装卸、搬运、包装、流通加工、配送、信息处理等基本功能实施有机结合。[1] 整个物流活动是由运输、储存、装卸、搬运、包装、流通加工、配送、信息处理等活动组成的,其中运输是物流活动的主要功能要素之一,是物流的核心环节,不论是企业的供应、生产环节,还是流通领域的销售物流,都依靠运输来实现商品的空间转移。物流运输是通过运输手段使货物在物流节点之间流动,以改变货物的空间位置为目的的活动。在社会化大生产的条件下,产品生产和消费在位置空间

---

[1] 《中华人民共和国国家标准:物流术语》(GB/T 18354—2006)

上的背离矛盾不但不会消除,而且会呈现扩大的趋势。这种趋势带来的直接影响就是对物流业特别是对运输业务提出越来越高的要求,这在客观上突出了运输功能的主导作用。与此同时,随着生产技术的发展和信息化程度的提高,生产企业的柔性化和定制化生产,缩短了商品流通与消费在时间上的差距。可以这样说,运输是物流的重要功能之一,没有运输,就没有物流,运输功能创造了物品的空间效用。为了适应物流的需要,还要求一个四通八达、畅行无阻的运输线路网系统作为支持。

2. 运输是实现物流合理化的关键

物流系统由七个功能要素的子系统构成,其整体的合理化是在物流各子系统合理化的基础之上,通过物流各子系统之间的有机结合来实现的。各功能要素在物流合理化的过程中所发挥的作用不同,其中,运输是实现物流合理化的关键。这是因为:①随着科学的不断进步,生产的社会化和专业化程度不断提高,一切物质产品的生产和消费都离不开运输,运输在物流系统中发挥着中心环节的作用。②运输与物流的其他环节有着密切的联系,运输活动的合理与否直接影响着其他物流活动的合理化程度。③运输费用在全部物流费用中占有较大比重,是影响物流成本的重要因素。据商务部流通发展司和中国物流信息中心联合发布的《中国商贸物流运行报告(2016)》,2016 年,我国社会物流总费用 11.1 万亿元,其中反映运输环节的费用为 6 万亿元,高达 54%。

3. 物流管理是运输化发展到一定阶段后的产物

物流管理是指为达到既定目标,对物流的全过程进行计划、组织、协调与控制。物流管理重视社会物流效率问题,货运系统正在逐渐融为社会物流体系的一个有机组成部分。由于运输系统可靠性和效率的不断提高,以及通信系统和其他物流技术的进步,越来越多的生产企业把原材料的储存职能移交给了供货者,由供货者转而承担储存的职能,而把自己的目标定为"零储备生产"。这样,整个社会的物质滞留明显减少了,资源的利用效率在不断提高。"零库存"的应用,对运输提出更高的要求。

4. 现代化运输体系的形成是实现物流社会化的基础

在物流业发展的今天,企业不仅仅停留在产业链的某个环节上,它们努力实现自己产品的多元化,同时也为每个产品扩大市场。一个企业可以为多个企业提供服务,同时企业也需要从多个企业取得原材料。针对企业对物流管理社会化的这种需求,发展公路、铁路、水运和航空的联运,高速货物运输,集装箱化运输,建立集约化的仓储等物资流通中心,实行物资的及时和综合配送等,对实现物流社会化发展起到支撑作用。

5. 运输对社会发展具有促进作用

运输是物流的重要功能之一,运输成本一般占到物流成本的 40% ~ 50%。运输起到连接生产、分配、交换、消费各环节和沟通城乡、各地区与各部门的纽带及桥梁作用,可以保证市场供应、促进生产建设、实现社会生产的目的,可以加快和促进社会再生产连续不断进行。社会再生产包括一系列不同的生产环节,而运输可以满足再生产各环节对于运输的需要。运输是国民经济发展的"先行官"。

三、物流运输分类

1. 按运输工具分类

（1）公路运输

公路运输是指利用汽车在公路上运送客货的运输方式。它具有机动灵活、覆盖面广和通达度深等特点。

（2）铁路运输

铁路运输是指以机车牵引车辆沿着铺有轨道的运行线路，借助通信和信号的联络，运输旅客和货物，实现旅客和货物在不同空间的位移活动。铁路运输适应能力强，运输能力大，是我国最重要的运输方式之一。

（3）水路运输

水路运输是指以船舶为运输工具，以港口或港站为运输基地，以水域（海洋、河、湖）为运输活动范围的客货运输方式。它具有装载量大、成本低等优势。

（4）航空运输

航空运输是指使用飞机、直升机及其他航空器运送人员、货物、邮件的一种运输方式。它具有快速、机动的特点，适合运送贵重物品、鲜活货物和精密仪器等。

（5）管道运输

管道运输是指用管道作为运输工具的一种长距离输送液体和气体物资的运输方式。

2. 按运输范畴分类

（1）干线运输

干线运输是指利用铁路、公路的干线，大型船舶的固定航线进行的长距离、大数量的运输方式。它是进行远距离空间位置转移的重要运输方式。干线运输与同种工具的其他运输方式相比速度快，成本也较低，是运输的主体。

（2）支线运输

支线运输是指与干线相接的分支线路上的运输方式。支线运输是干线运输与收、发货地点之间的补充性运输。它的路程较短，运输量相对较小，线路及运输工具的水平也往往低于干线运输，速度较慢。

3. 按运输的协作程度分类

（1）一般运输

一般运输是指采用单一种类运输工具或采用多种运输工具，但没有形成有机的协作关系的运输方式。如单纯的汽车运输、火车运输等。

（2）联合运输

联合运输是指一次委托，由两个或两个以上运输企业协同将一批货物运送到目的地的运输方式。联合运输是一种综合性的运输组织模式，使用同一运输凭证，采用不同的运输方式或由不同的运输企业进行有机衔接来接运货物。运输企业通过一次托运、一次结算、一票到底、全程负责的运输组织程序，提供两种以上运输方式或两程以上运输相衔接的全程运输服务。

（3）多式联运

多式联运是指联运经营者受托运人、收货人或旅客的委托，为委托人实现两种或两种以上运输方式的全程运输，以及提供相关运输物流辅助服务的活动。多式联运是联合运输的一种，一次托运、一次计费、一张单证、一张保险，由各区段承运人共同完成货物的全过程运输，强调的是必须使用两种或两种以上运输方式，有利于发挥不同运输方式的优势，取长补短，实现高效率运输。

4. 按运输的作用分类

（1）集货运输

集货运输是指将分散的货物汇集集中的运输方式。集货运输一般是短距离、小批量的运输，是干线运输的补充形式。货物集中后才能利用干线运输形式进行远距离、大批量运输。

（2）配送运输

配送运输是指将物流节点中按用户需求配好的货分送到各个用户的运输方式。一般是短距离、小批量的运输，是对干线运输的一种补充和完善。

5. 按运输中途是否换载分类

（1）直达运输

直达运输是指物品由发运地到接收地，中途不需要中转的运输方式。直达运输可以避免中途换载所出现的运输速度减缓、货损增加、费用增加等一系列弊端，从而缩短运输时间，加快车船周转，降低运输费用。

（2）中转运输

中转运输是指物品由发运地到接收地，中途经过至少一次落地并换装的运输方式。中转运输可以将干线、专线运输有效衔接，化整为零或集零为整，从而方便用户，提高运输效率。中转运输还可以充分发挥不同运输工具在不同路段上的最优水平，从而获得节约和效益。

6. 按一次托运货物批量的大小分类

（1）整车运输
整车运输是指按整车货物办理承托手续、组织运送和计费的货物运输。

（2）零担运输
零担运输是指按零散货物办理承托手续、组织运送和计费的货物运输。

7. 按所运送货物的特点分类

（1）普通货物运输
普通货物是指在运输、配送、保管及装卸过程中，不必采用特殊方式和手段进行特别防护的货物。钢材、木材、服装、百货、家用电器等，均属于普通货物，对其进行的运输即为普通货物运输。

（2）特种货物运输
在物流运输中，某些货物具有危险、长大笨重、易腐、贵重等特点，它们对装卸、运送和保管等运输作业流程有着特殊要求，这类货物统称为特种货物，对其进行的运输即为特种货物运输。特种货物包括鲜活易腐货物、危险货物、长大笨重货物和贵重货物四类。

8. 按运输主体分类

（1）自营运输

　　自营运输是指货主自己承担货物的运输,即自备车辆,自行承担运输责任,自行从事货物的运输活动。自营运输中最普遍的形式是自有货车运输;其次是水路运输中的部分自营运输,有些公司通过购买或租赁船舶承担煤炭、矿石或石油的运输;铁路和航空使用自营运输现象则比较少见。

　　(2)经营性运输

　　经营性运输是指以运输服务作为经营对象,为他人提供货物运输服务并收取运输费用的一种运输运营方式。经营性运输在公路、铁路、水路、航空等运输业中得到广泛开展,是运输业的发展方向。

　　(3)公共运输

　　公共运输是指由政府投资或主导经营的各种运输工具(如飞机、火车等)以及相关的基础设施(如公路、铁路、港口、机场以及信息系统等)组成的统一体系。这种体系的构建投资相当大,回收期长,风险大,与国民经济的发展息息相关,是一种基础性系统。

　　除此之外,还可以按照运送速度,分为一般货物运输、快件运输、特快专运;按运输空间范围,分为国内运输、国际运输,或市内运输、城际运输、跨省运输等。

四、物流与运输的关系

(一)物流运输与一般运输的区别

1. 两者的劳动对象不同

　　从运输和物流的定义可知,一般意义的运输指以运输工具为载体,实现货物或旅客空间位移的活动,包括货物运输和旅客运输;而物流运输仅指物品在供应地与需求地之间的实体流动,不包括人员的空间位移。

2. 两者的工作范围不同

　　一般意义的运输指流通领域的运输,不包括生产领域的运输;物流过程中的运输主要是针对所有物质产品的移动,是从物流系统的功能出发,来研究运输功能的发挥,以促进物流系统整体功能的实现,创造物流过程的空间效益。物流运输作为物流系统的一个重要组成部分,不仅包括流通领域的运输,还包括生产领域的运输;既包括在较大范围内将物品从生产领域直接向消费领域进行物理性转移的活动,也包括物品从生产所在地向物流网点和从物流网点向消费所在地的移动。

(二)物流运输与物流活动其他环系

　　物流活动包括运输、储存、包装、装卸、搬运、流通加工、配送及信息处理等活动。其中运输是实现货物空间位移的手段,是物流活动的重要环节,在整个物流系统中具有显著作用。在物流系统中运输与其他功能要素存在效益背反现象,运输活动可能影响物流活动其他环节。因此,除了认识运输的重要性之外,还要处理好运输与其他环节的关系。

1. 运输与储存的关系

　　货物运输与储存是物流的两大主要功能,分别承担了创造物流"空间效应"和"时间效应"

的主要作用。

　　储存是货物暂时停止的状态,是货物投入消费前的准备,其最终目的是将货物分拨到合适的地点。高效的分拨系统可以降低库存量,提高库存周转率。如果运输活动组织不善或运输工具不得力,就会增加库存量,降低库存周转率。运输是库存控制的一个外部影响要素,有时候库存控制不能实现预期目标并不是控制本身或订货问题,而是运输的提前或延误;提前则提高了库存水平,延误则使库存水平下降甚至会出现失控状态。

2. 运输与包装的关系

　　运输与包装相互影响。货物的包装材料、包装程度、包装规格都会不同程度地影响运输方式的选择以及同一种运输方式对运输工具的选择。货物的包装规格(包装物的长、宽、高)会影响货物在车厢内的码放方法,从而影响车辆的装载量和利用程度。当货物的包装尺寸与车厢的内廓尺寸构成可约倍数时,车辆的容积才能得到最大限度的利用。货物的包装强度与运输质量也有直接相关性。在通常情况下,货物的包装强度越高,运输过程中货物越不容易破损,运输质量越有保证;相反,包装强度越低,货物就越容易破损,运输质量下降。因此,货物的包装材料、包装程度、包装规格及码放方法应该与运输工具装卸及运输要求相吻合,这样有助于物流效率的提高。

3. 运输与装卸及搬运的关系

　　运输过程往往伴随着装卸搬运活动。在一般情况下,完成一次运输活动,需要两次装卸与搬运活动,即运输前与运输后的装卸搬运。装卸搬运既是实现运输的前提条件,又是最终完成运输任务的保证,装卸搬运影响运输活动的质量和速度。例如,货物装车积载方法不当往往会导致运输过程中的损失并存在安全隐患;卸放不当、堆码不当会造成下一步货物转运的困难。同时,进行装卸搬运往往需要接触货物,是物流过程中造成货物破损、散失、损耗、混合等损失的主要环节。如玻璃器皿、陶瓷、袋装水泥等极易出现破损。据有关资料统计分析,产品制造费用的20%～50%是用于物料搬运的费用。因此,运输活动必须在有效的装卸搬运支持下才能实现高水平,装卸搬运直接影响运输效率。

4. 运输与配送的关系

　　配送是指在经济合理区域范围内,根据客户要求,对物品进行拣选、加工、包装、分割、组配等作业,并按时送达指定地点的物流活动。它是从最后一个物流节点到用户之间的物品空间移动过程。尽管运输和配送都使物品发生了位移变化,但两者是有区别的,运输是两点之间货物的输送,而配送是一点对多点的货物运输过程。运输与配送的比较如表1-1所示。

表1-1　运输与配送的比较

内容	运输	配送
运输性质	干线运输	支线运输、区域内运输、终端运输
运输特点	少品种、大批量	多品种、小批量
运输工具	大中型货车、火车、船舶、飞机	小型货车
管理重点	效率优先	服务优先
附属功能	装卸、捆包	装卸、保管、包装、分拣、流通加工等

5. 运输与信息的关系

运输信息系统是物流信息系统的主要组成部分。其主要业务包括运输计划、车辆管理、运输路线规划、货物跟踪、车辆运作管理、成本管理等功能模块。现代物流运输系统提供物品处于运输状态的实时信息，这些信息提供给运输服务人员和客户，以供他们随时调整运输的状态。运输企业的发展离不开信息系统的支持。

五、运输技术的发展

（一）新兴运输方式将得到更广泛的发展

物流运输最重要的是要满足客户的运输要求，最大限度地做到安全、及时、方便、经济，因此几种新兴的运输方式将得到更快速的发展。

1. 多式联运

多式联运，通过一次托运、一次计费、一张单证、一次保险，由各运输区段的承运人共同完成货物的全程运输。它的主要特点是满足货主的方便性及经济性要求，简化货主办理托运的手续，同时能充分发挥各种运输方式的优点，合理组合，实现货物的门到门运输。关于多式联运的详细内容将在项目四中进行详细介绍。

2. 集装箱运输

集装箱也称货箱、货柜，是指具有一定强度，专供周转使用并便于机械操作的大型货物容器。

目前，我国集装箱运输已初步形成了干支相结合、水陆运输相配套的集装箱运输体系：有公路国际集装箱场站220多个，铁路国际集装箱场站150多个；拥有从事国际集装箱运输的航运公司150多家，集装箱船上千艘；开辟和经营的集装箱航线110多条，已延伸到世界各地各重要地区和港口。但由于我国的铁路、公路集装箱发展相对滞后，铁路集装箱货运量只占全国总货运量的1.4%，而且由于铁路、公路、水路行业分散经营程度较高，联运环节多，手续繁杂且费用高，使集装箱运输的优势未能得到应有的发挥，与国际集装箱运输的发展水平相比仍有一定差距。

3. 散装运输

散装运输是指产品不带包装的运输，需采用专用设备将产品从生产方直接运至用户使用的运输方式。如石油、粮食、水泥、粉煤灰等。散装运输在国外发展十分迅速，我国在20世纪60年代末期开始发展散粮装卸机械和基层散粮储库，初步形成了散运装备体系，60年代中期开始推广水泥散装运输。我国将粮食、化肥、水泥等粉粒状货物由包装运输改为散装运输，促进了散装运输业的发展。

散装运输以机械化装卸作为配合手段，减轻了装卸搬运过程中的劳动强度，提高了劳动生产率；同时，推行散装运输，可以节约包装材料，降低物流成本，并且采用密闭的专用运输工具，减少了货损货差，避免了损失。

4. 托盘化运输

托盘化运输是指货物按一定要求成组装在一个标准托盘上组合成为一个运输单位，使用铲车或托盘升降机进行装卸、搬运和堆放的一种运输方式。托盘化运输是成组运输的一种方式,以一个托盘为一个运输单位,便于机械操作和理货,成倍地提高运输效率。

目前世界上许多国家,特别是尚未具备开展集装箱运输的国家都大力推广托盘运输,有些承运人为帮助货主采用托盘运输,除对提供的托盘免收费用外,还给货主一定的托盘津贴,甚至有些承运人对运往某些国家的货物,若没有托盘则加收托盘费,而许多进口商也愿意采取托盘运输并负责托盘费。采用托盘运输对承托方都有利。

近年来,国际物流标准化组织越来越重视托盘的国际标准化,正在积极修订托盘标准,亚太地区的托盘标准即将出台。日韩企业对统一中、日、韩三国托盘标准,建立三国托盘标准化和共用体系的呼声越来越强烈,中国托盘业的发展希望借鉴日、韩先进经验,加快托盘的普及率,推动托盘化运输的快速发展。

5. 甩挂运输

甩挂运输是指用牵引车拖带挂车至目的地,将挂车甩下后,牵引另一挂车继续作业的运输。甩挂运输是提高道路货运和物流效率的重要手段,其早已成为欧美和日本等发达国家和地区的主流运输方式。采用甩挂运输的关键,是要在装卸货现场配备足够数量的周转挂车,在汽车列车运行期间,装卸工人预先装(卸)好甩下的挂车,列车到达装(卸)货地点后先甩下挂车,挂上预先装(卸)完货物的挂车继续运行。

甩挂运输可以缩短车辆等待装卸时间,加速车辆周转,提高运输效率,节约运输成本。

(二)信息技术广泛应用在运输领域

信息技术的快速发展,使其应用领域越来越广泛。条码技术、电子数据交换技术(Electronic Data Interchange,EDI)、地理信息系统(Geographical Information System,GIS)、全球卫星定位系统(Global Positioning System,GPS)以及智能运输系统(ITS),有利于提高运输和配送的作业效率,降低营运成本,必将广泛应用在运输领域。

1. 条码技术与电子数据交换技术

条码技术是一项信息处理技术,旨在解决大量信息自动进入数据库的登录问题,是释放信息集中与分散的有力工具。条码技术也是一项综合技术,包括编码技术、符号技术、识别与应用系统设计技术,主要用于自动识别和计算机数据输入。

EDI是指通过电子方式,采用标准化的格式,利用计算机网络进行结构化数据的传输和交换。

利用条码技术和EDI,运输部门可快速获取有关货物状态信息,包括货物品种、数量、交货时间、发货地、装货地,还可以获取货主、车辆和人员的信息等。

2. 地理信息系统与全球卫星定位系统

GIS是以地理空间数据为基础,采用地理模型分析方法,适时提供多种动态空间地理信息的计算机技术系统。该技术应用于运输和配送系统中,可进行运输和配送方案的优化决策。

GPS是具有在海、陆、空进行全方位实时三维导航与定位能力的系统。GPS与GIS结合,可以将目标的准确位置、状态和运输轨迹直观地显示在电子地图上。GPS广泛应用在车船定位、货物跟踪上,取得较好效果。

3.智能运输系统

智能运输系统是指将先进的信息技术、计算机技术、数据通信技术、传感器技术、电子控制技术、自动控制理论、运筹学、人工智能等有效综合运用于交通运输、服务控制和车辆制造,加强了人、车、路三者之间的联系,从而形成一种定时、准确、高效的综合运输系统。

(三)绿色运输受到关注

物流量的增加使运输工具增多,汽车、火车、轮船、飞机等运输工具在运输过程中产生的废气和噪声导致环境污染程度加剧。21世纪人们更加关注环境因素,"绿色物流""绿色运输"受到关注。

我国应借鉴发达国家的实践经验制定交通法规,从运输车辆、线路选择到货物装卸搬运、运输等环节入手,如:治理车辆的废气排放、限制城区货车行驶线路、促进低公害车的普及、合理规划车辆运行线路等,达到"绿色运输"。

任务二
物流运输方式及其技术特征

一、公路运输的技术经济特征

公路运输是各种运输方式中最便捷的一种,也是完成货运量最多的一种。随着我国公路网的建设,其发展速度也将越来越快,经济运距也将越来越长。

(一)公路运输的特点

1.机动灵活,实现"门到门"运输

汽车运输对道路条件要求不高,适应性强,运送速度快,不仅是其他运输方式的接运工具,还可以进行直达运输,减少中间环节,实现"门到门"运输。

2.投资少

修建公路的材料和技术比较容易解决,易在全社会广泛发展,车辆的购置费用也较低,回收期短,资金周转快。

3.单位运输能力差

汽车的单位载重量较少,每辆普通载重汽车每次只能运送几吨到十几吨货物,重型车辆能运送几十吨,比铁路和水运的载重量低很多。

4.运输能耗高

汽车运输的单位能耗分别是铁路运输能耗的10.6～15.1倍,是沿海运输能耗的11.2～

15.9倍,是内河运输的13.5~19.1倍,是管道运输能耗的4.8~6.9倍,但比民航运输能耗低,只有民航运输的6%~8.7%。

5.运输成本高

汽车运输成本分别是铁路运输的11.1~17.5倍,是沿海运输的27.7~43.6倍,是管道运输的13.7~21.5倍,但比民航运输成本低,只有民航运输的6.1%~9.6%。

6.劳动生产率低

汽车运输的劳动生产率只有铁路运输的10.6%,是沿海运输的1.5%,是内河运输的7.5%,但比民航运输劳动生产率高,是民航运输的3倍。

(二)公路运输的适宜对象

公路运输比较适宜在短途内运输整车及零担货物,适宜进行配送运输及鲜活易腐货物运输,适宜与铁路、水路、航空联运,为铁路、港口集疏运物资,可以深入山区及偏僻的农村进行货物运输,以及在远离铁路的区域从事干线运输。

二、铁路运输的技术经济特征

铁路运输是我国国民经济的大动脉,是我国货物运输的主要方式之一。铁路运输与水路干线运输、各种短途运输直接衔接,就可以形成以铁路运输为主要方式的运输网络。

(一)铁路运输的特点

1.运行速度快

火车运行时速可达100~160 km,高速铁路运行时速可达300~350 km,平均速度在五种基本运输方式中排在第二位,仅次于航空运输。但铁路按列车组织运行,在运输过程中需要有列车的编组、解体和中转改编等作业环节,占用时间较长,因而增加了货物在途中的时间。

2.运输能力强

一般每列货车可装2 000~3 500 t货物,重载列车可装20 000多t货物;单线单向年最大货物运输能力达1 800万t,复线达5 500万t;运行组织较好的国家,单线单向年最大货物运输能力达4 000万t,复线单向年最大货物运输能力超过1亿t。

3.受气候和自然条件影响较小

铁路运输过程受气候和自然条件影响较小,连续性强,在运输的经常性方面占优势,到发时间准确性较高。

4.通用性能好

铁路有多种类型的车辆,几乎可运送各类不同的货物。

5.安全程度高

火车运行比较平稳,安全可靠,在各种现代化运输方式中,按所完成的货物吨千米数计算的事故率最低。

6. 平均运距较长

平均运距分别为公路运输的 25 倍,为管道运输的 1.15 倍,但不足水路运输的一半,不到民航运输的 1/3。

7. 能耗较低

每千吨千米耗标准燃料为汽车运输的 1/11 ~ 1/15,为民航运输的 1/174。

8. 货损率较高

铁路不能实现门到门运输,通常需要其他运输方式配合,装卸次数多,货物损毁或丢失事故通常比其他运输方式高。

9. 投资高,建设周期长

单线铁路每千米造价为 100 万 ~ 300 万元,复线造价在 400 万 ~ 500 万元,高速铁路每千米建设费用高达 1 亿多元。一条干线铁路要建设 5 ~ 10 年,而且占地太多,随着人口的增长,将给社会增加更多的负担。从投资效果看,在运输量比较大的地区之间建设铁路比较合理。

(二)铁路运输的适宜对象

铁路运输的技术经济特点决定了铁路适于在内陆地区运送中、长距离,大运量的货物,也适宜运输时间性强、可靠性要求高的一般货物和特种货物。组织整车整列运输经济效果尤其明显。由于铁路运输是靠铁路线来进行的,因此对于铁路网不发达的地区,其运输受到一定程度限制。

三、水路运输的技术经济特征

(一)水路运输的特点

1. 运输能力强

在五种基本运输方式中,水路运输能力最强。海洋运输中超巨型油船的载重量达 55 万 t,矿石船载重量达 35 万 t,集装箱船已能装载 8 500 TEU。内河运输中美国最大的顶推船队的载运能力达 5 万 ~ 6 万 t;在我国长江干线,一支拖驳或顶推驳船队的载运能力也达 3 万 t。

2. 通用性能较好

水路运输可以运送各种货物,尤其是长距离、大宗货物。

3. 受自然条件影响较大

内河航道和某些港口受季节影响较大,冬季结冰,枯水期水位变低,难以保证全年通航。

4. 运送速度慢

由于水流阻力较大,航速较低,货物在途时间长,会增加货主的流动资金占有量。

5. 水运建设投资省

水路运输只需利用江河湖海等自然水利资源。除必须投资购买或建造船舶,建设港口之外,沿海航道几乎不需投资,整治航道也只有铁路建设费用的 1/3 ~ 1/5。

6. 运输成本低

我国沿海运输成本只有铁路运输的 40%,长江干线运输成本只有铁路运输的 84%;而美国密西西比河干流的运输成本只有铁路运输的 1/3 ~ 1/4,美国沿海运输成本只有铁路运输的 1/8。

7. 劳动生产率高

沿海运输劳动生产率是铁路运输的 6.4 倍,长江干线运输劳动生产率是铁路运输的 1.26 倍。

8. 平均运距长

水路运输平均运距分别是铁路运输的 2.3 倍,公路运输的 59 倍,管道运输的 2.7 倍,民航运输的 68%。

9. 促进国际贸易发展

远洋运输在我国对外经济贸易方面占独特的重要地位。我国有超过 90% 的外贸货物采用远洋运输,远洋运输是我国发展国际贸易的强大支柱,战时又可以增强国防能力。这是其他任何运输方式都无法代替的。

(二)水路运输的适宜对象

水路运输综合优势较为突出,适宜于运距长、运量大、时间性不太强的各种大宗物资运输,尤其适宜国际货物运输。

四、航空运输的技术经济特征

(一)航空运输的特点

1. 运行速度快

航空运输的运行速度是几种基本运输方式中最快的,一般在 8 00 ~ 900 km/h,是火车的 5 ~ 10 倍,轮船的 20 ~ 25 倍。

2. 机动性能好

飞机几乎可以飞越各种天然障碍,可以到达其他运输方式难以到达的地方。

3. 航空运输安全性强

航空运输平稳、安全,货物在运输过程中受到的振动、撞击等均小于其他运输方式。

4. 运输成本高

飞机造价高,能耗大,运输能力小,成本很高,技术复杂。

(二)航空运输的适宜对象

由于航空运输的承载量小,运输成本高,因此在各种运输方式中物流量所占比例较小。航空运输较适宜运输长距离、体积小、价值大的物资,适宜运输鲜活产品及邮件等货物。

五、管道运输的技术经济特征

管道运输是随着石油和天然气产量的增长而发展起来的,目前已成为陆上油、气运输的主要运输方式。近年来输送固体物料的管道,如输煤、输精矿管道,也有很大发展。

(一)管道运输的特点

1.运输量大

一条直径为 720 mm 的输煤管道,一年即可输送煤炭 2 000 万 t,几乎相当于一条单线铁路的单方向的输送能力。

2.运输工程量小,占地少

管道运输只需要铺设管线,修建泵站,土石方工程量比修建铁路小得多。而且在平原地区管道大多埋在地下,不占农田。

3.能耗低

管道运输能耗在各种运输方式中是最低的。

4.货损货差少

管道运输安全可靠,可以实现封闭运输,损耗少,无污染,成本低。

5.不受气候影响

管道运输可以全天候不间断运输。

6.专用性强

管道运输只能运输石油、天然气及固体料浆(如煤炭等),运送对象受到限制。

(二)管道运输的适宜对象

管道运输适宜运送气体、液体、固体浆料等。

任务三
物流运输设施

"工欲善其事,必先利其器。"运输设施是进行运输活动的物质技术基础,也是生产力发展水平与运输现代化程度的重要标志。其造价昂贵,建设一个现代化的运输系统所需要的运输设施资本数额相当可观。运输设施作为生产力要素,具有十分重要的地位和作用。

现代化的运输设施在提高运输能力与效率、降低运输成本、保证服务质量等方面有着十分重要的影响。

一、物流运输设施

运输设施是运输系统中贯穿于运输全过程,深入各作业细节的、复杂的技术支撑要素。它种类繁多,形式多样。

(一)运输基础性设施

这类设施一般具有公共设施性质,是宏观运输的基础。它的主要特点是由政府投资建设,战略地位高,辐射范围大。所谓公共性,主要指项目建成以后所面向的使用者的范围。如果是面向全社会,则无论其是否是投资方,也无论其是否是建设方,只要有相应的使用意愿,都可以从该项目中获得使用效益,这样的投资项目就具有公共性。很显然,运输基础设施项目如铁路、港口、码头和公路,建成以后是面向全社会开放的,全社会的运输方式都可以使用相应的基础设施,所以运输基础设施项目有其公共性。它包括:运输网络结构中的枢纽点、运输网络结构中的线、运输基础信息平台等。

运输线路是供运输工具定向移动的通道,是交通运输的基础设施。运输线路有公路、铁路、水运航道、民航航线和管道。

近年来,我国公路运输线路总量发展很快,路网结构得到了进一步改善。截至 2016 年年末,我国公路总里程 469.63 万千米,公路密度 48.92 km/百平方千米。2011 ~ 2016 年全国公路总里程及公路密度如图 1-1 所示。

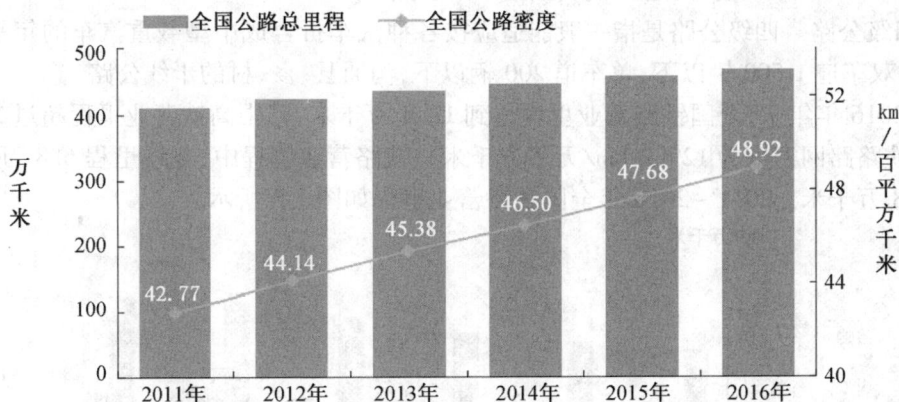

图 1-1　2011 ~ 2016 年全国公路总里程及公路密度

其中:四级及以上等级公路里程 422.65 万千米,占公路总里程的 90%;二级及以上等级公路里程 60.12 万千米,占公路总里程的 12.8%;高速公路里程 13.1 万千米,占公路总里程的 2.8%。2016 年全国公路里程分技术等级构成情况如图 1-2 所示。

(1)高速公路。高速公路是指专供汽车分向、分车道行驶,全部立体交叉,并全部控制出入的干线公路。它具有行车速度快、通过能力强、交通事故少、造价高等特点。通过能力:四车道高速公路一般能适应按各种汽车(包括摩托车)折合成小客车的年平均昼夜交通量为 25 000 ~ 55 000 辆;六车道为 45 000 ~ 80 000 辆;八车道为 60 000 ~ 100 000 辆。

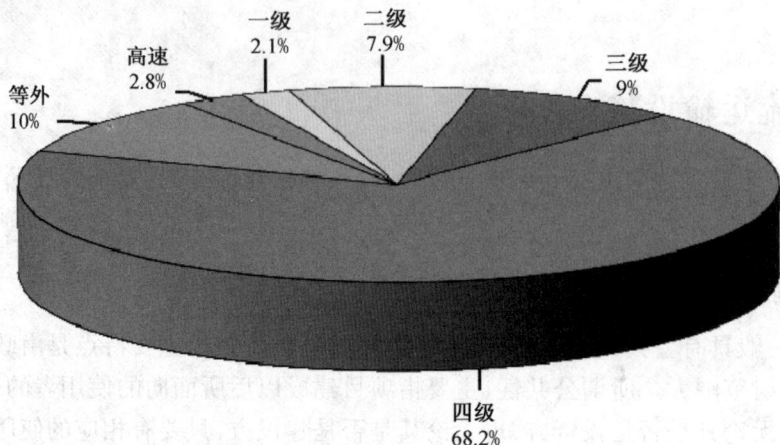

图 1-2　2016 年全国公路里程分技术等级构成

（2）一级公路。一级公路是指一般能适应按各种汽车（包括摩托车）折合成小客车的年平均昼夜交通量为 15 000 ~ 30 000 辆，为连接重要的政治、经济中心，通往重点工矿区、港口、机场、专供汽车分道行驶并部分控制出入口、部分立体交叉的公路。

（3）二级公路。二级公路是指一般能适应按各种汽车（包括摩托车）折合成中型载重汽车的年平均昼夜交通量为 3 000 ~ 7 500 辆，为连接政治、经济中心或大型工矿区、港口、机场等地的专供汽车行驶的公路。

（4）三级公路。三级公路是指一般能适应按各种汽车折合成中型载重汽车的年平均昼夜交通量为 1 000 ~ 4 000 辆，沟通县级以上城市的公路。

（5）四级公路。四级公路是指一般能适应按各种汽车折合成中型载重汽车的年平均昼夜交通量为：双车道 1 500 辆以下，单车道 200 辆以下，沟通县、乡、村的干线公路。

截至 2016 年年末，全国铁路营业里程达到 12.4 万千米，其中高铁营业里程超过 2.2 万千米。全国铁路路网密度为 129.2 km/万平方千米。铁路营业里程中，复线里程 6.8 万千米，电气化里程 8 万千米。2011 ~ 2016 年全国铁路营业里程如图 1-3 所示。

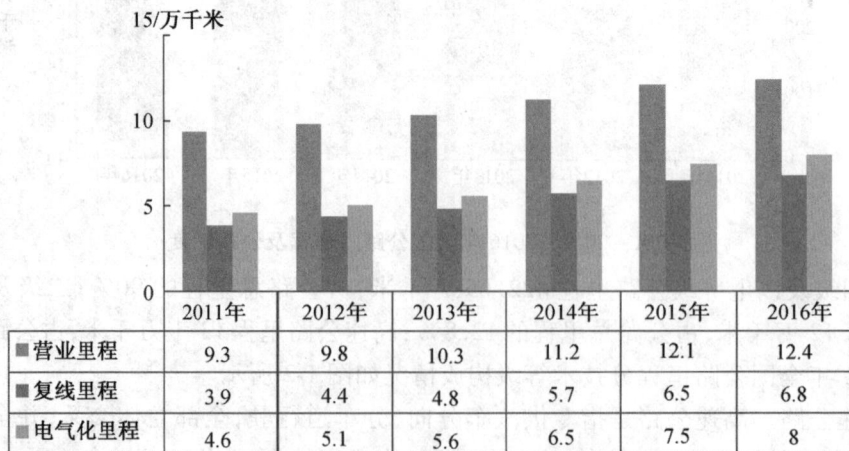

	2011年	2012年	2013年	2014年	2015年	2016年
营业里程	9.3	9.8	10.3	11.2	12.1	12.4
复线里程	3.9	4.4	4.8	5.7	6.5	6.8
电气化里程	4.6	5.1	5.6	6.5	7.5	8

图 1-3　2011—2016 年全国铁路营业里程

截至 2016 年年末,全国内河航道通航里程 12.71 万千米,其中等级航道 6.64 万千米,占总里程的 52.3%;三级及以上航道 1.21 万千米,占总里程的 9.5%。2011 ～ 2016 年全国内河航道通航里程如图 1-4 所示。

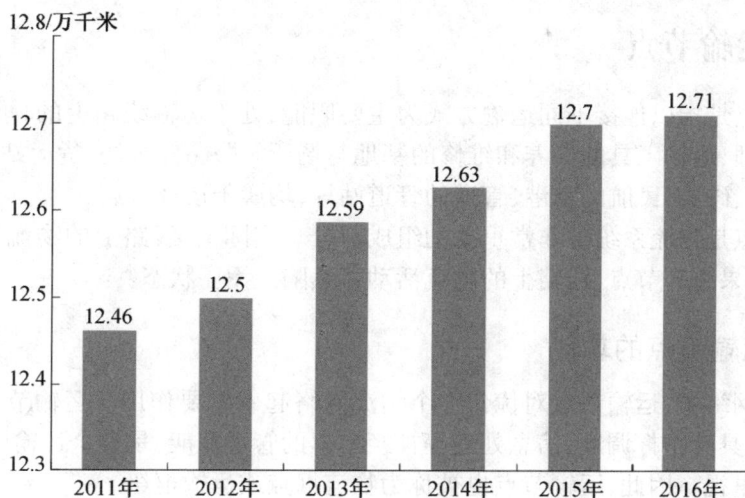

图 1-4　2011 ～ 2016 年全国内河航道通航里程

● 知识链接

我国公路"五纵七横"主干线:

"五纵"总里程约为 15 590 km,由下列五条自北向南的纵向高等级公路组成。

(1)同江—三亚,长约 5 700 km;

(2)北京—福州,长约 2 420 km;

(3)北京—珠海,长约 2 717 km;

(4)二连浩特—河口,长约 3 610 km;

(5)重庆—湛江,长约 1 430 km。

"七横"总里程约为 20 300 km,由下列七条自东向西的横向高等级公路组成。

(1)绥芬河—满洲里,长约 1 483 km;

(2)丹东—拉萨,长约 4 590 km;

(3)青岛—银川,长约 1 610 km;

(4)连云港—霍尔果斯,长约 3 980 km;

(5)上海—成都,长约 2 770 km;

(6)上海—瑞丽,长约 4 900 km;

(7)衡阳—昆明,长约 1 980 km。

(二)运输功能性设施

运输功能性设施是提供运输功能性服务的基本手段,往往为运输企业所拥有。

1. 以存放货物为主要职能的节点

例如港口、中转仓库、货站等,货物在这种节点上停滞时间较长。

2.以组织物资在系统中运动为主要职能的节点

例如流通仓库、流通中心、配送中心和流通加工点等。

二、运输节点

运输节点是指以连接不同运输方式为主要职能,处于运输线路上的,承担货物的集散、运输业务的办理、运输工具的保养和维修的基地与场所。公路停车场、货运站,铁路中间站、编组站,水运港口、码头,民航的空港、管道的管道站等,均属于运输节点。

运输节点是物流系统中非常重要的组成部分。实际上,线路上的物流活动是由节点组织和联系的,如果离开节点,线路上的物流活动必然陷入无序状态。

(一)运输节点的功能

在物流网络中,运输节点对优化整个物流网络起着重要作用。运输节点除执行一般的运输职能外,还具有指挥调度、信息处理等神经中枢的管理职能,是整个运输网络的灵魂所在,因而日益受到重视。因此,运输节点也被称为物流据点或运输枢纽。

1.衔接功能

运输节点将各条运输线路联结成一个网络系统,良好的衔接可使各条线路通过节点时更为顺畅、便利,线路时间更为短暂。

在物流未形成网络之前,不同线路的衔接存在较大困难,例如大吨位船舶与小吨位汽车的衔接,两者的输送形态、输送装备各不相同,加之运量的巨大差异,货物往往需要在港口经过长时间的停留,才能疏运完毕。运输节点可利用各种技术和管理组织方法,减少货物在港的停留时间,起到有效的衔接作用。例如,通过中转,衔接不同运输方式;通过加工,衔接干线物流及配送物流;通过储存,衔接供应物流和需求物流;通过集装箱、托盘等集装处理,衔接整个"门到门"运输。

2.信息功能

运输节点是整个运输系统以及与节点相接的运输信息传递、信息收集处理、信息发送的集中地,这种信息处理功能在现代运输系统中起着重要的作用,也是将复杂的各个运输环节联结成有机整体的重要保证。在现代运输系统中,每一个节点都是运输信息的来源点,若干个运输信息点和物流系统的信息中心结合起来,就形成了指挥、管理、调度整个运输系统的信息网络。这是运输系统建立的前提条件。

3.管理功能

运输系统的管理设施和指挥机构往往集中设置于运输节点之中。实际上,运输节点大多是集管理、指挥、调度、信息、衔接及货物处理于一体的运输综合设施。整个运输系统运转的效率和水平取决于运输节点管理职能的有效实现。

(二)主要运输节点

1.公路运输场站

公路运输场站设施主要是指组织运输生产所需要的生产性和服务性的各类建筑设施。它是公路运输的基本设施。

（1）货运站

货运站是指专门办理货物运输业务的汽车站，一般设在公路货物集散点。货运站可分为集运站、分装站和中继站等几类。集运站是集结货物或分送货物的场站；分装站是将货物按某种要求分开，并进行配装的场站；中继站是供长途货运驾驶员及随车人员中途休整的场所。

货运站的主要工作是组织货源、受理托运、理货、编制货车运行作业计划，以及车辆的调度、检查、加油、维修等。站内一般设有营业室、调度室、停车场、驾驶人员食宿站等，有的还有装卸设备和装卸人员。

有些汽车货运站还是组织联运的基地，它将一些长途运输业务安排给其他运输方式，组织和协调各种运输方式的衔接和配合。有些汽车货运站既是运输组织中心，又是货运信息中心。

（2）停车场（库）

停车场的主要功能是停放与保管运输车辆。现代化的大型停车场还具有车辆维修、加油等功能。

停车场内的平面布置要方便运输车辆驶入驶出和进行各类维护作业，多层车库或地下车库还设斜道或升降机等，以便车辆进出。

2．铁路车站

车站是铁路运输的基层生产单位。在车站里，除了办理客货运输的各项作业外，还要办理与列车运行有关的各项作业。车站不仅是铁路内部各项作业的汇合点，也是提高铁路运输效率和运输安全的保证。

目前，我国铁路上有大小车站几千个，根据它们所担负的任务量和在国家政治、经济上的地位，共分为六个等级，即特等站，一、二、三、四、五等站。车站按技术作业性质的不同可分为中间站、区段站和编组站。

（1）中间站

中间站一般设在小城镇或县城，是为提高铁路区段通过能力，保证行车安全和为沿线城乡人民及工农业生产服务而设的车站。其主要任务是办理列车的到发、会让、越行和客货运业务。

（2）区段站

区段站多设在中等城市和铁路网上牵引区段的分界处。其主要任务是为邻接的铁路区段供应及整备机车，办理无改编货物列车的中转作业，编组区段列车和摘挂列车，并办理一定数量的列车解编作业及客货运业务。区段站的作业和设备尽管在数量和规模上都不是最大的，但作业和设备的种类却是比较齐全的。

（3）编组站

编组站是铁路网上办理大量货物列车解体和编组作业，并设有比较完善调车设备的车站，有"列车工厂"之称。

编组站通常设在几条主要干线的汇合处，也可以设在有大量装卸作业地点的大城市、港口或大工矿企业附近。其主要任务是解编各类货物列车，组织和取送本地区车流，供应列车动力、整备检修机车，货车的日常技术保养等四项。

编组站主要办理各类货物列车的解编作业，且多数是直达列车和直通列车，改编作业往往占全站作业量的60%以上，有的高达90%。

编组站的设备,从种类上看,一般与区段站一样,也有旅客和货物运转、客货运业务及机务、车辆等设备。

● 知识链接

我国铁路"八纵八横"路网布局具体如下。

"八纵"具体路线是:

(1)京九通道(北京—麻城—南昌—深圳—九龙);

(2)京广通道(北京—武汉—广州);

(3)大湛通道(大同—太原—焦作—洛阳—石门—益阳—娄底—永州—梧州—湛江—海口—三亚);

(4)包柳通道(包头—西安—重庆—贵阳—柳州—〈南宁〉);

(5)兰昆通道(兰州—成都—昆明);

(6)京哈通道(北京—哈尔滨—〈满洲里〉);

(7)沿海通道(沈阳—大连—烟台—无锡—〈上海〉—杭州—宁波—温州—厦门—广州—〈湛江〉);

(8)京沪通道(北京—上海)。

"八横"具体路线是:

(1)宁西通道(西安—南京—〈启东〉);

(2)沿江通道(重庆—武汉—九江—芜湖—南京—上海);

(3)沪昆(成)通道(上海—株洲—怀化—贵阳—昆明〈怀化—重庆—成都〉);

(4)西南出海通道(昆明—南宁—黎塘—湛江);

(5)京兰通道(北京—呼和浩特—兰州—〈拉萨〉);

(6)煤运北通道(大同—秦皇岛、神木—黄骅);

(7)煤运南通道(太原—德州、长治—济南—青岛、侯马—月山—新乡—兖州—日照);

(8)陆桥通道(连云港—兰州—乌鲁木齐—阿拉山口)。

3.港口

港口是指具有相应的设施,提供船舶靠泊、旅客上下船,货物装卸、储存、驳运以及相关服务,并按照一定程序划定的具有明确界线的水域和陆域的综合体。港口既是水运货物的集散地,也是水陆运输的交汇点,是交通运输的重要枢纽和对外交流的窗口,在促进国际贸易和地区发展中起着举足轻重的作用。港口的发展会带动城市的经济繁荣,港口具备的运输、仓储、保税、出口加工、旅游等多种功能,能为其他的产业发展提供重要支持和保障,也是所在城市、区域经济发展的一个重要基地。

由于港口与港口之间在功能、位置、规模、能力、自然条件等方面的差异,不同的港口对国家国民经济发展的影响是不一样的。因此世界上很多国家都根据用途功能、地理位置、自然条件和层次地位对港口进行了分类。

(1)按港口用途分类

①商港,又称贸易港,是指以一般商船和货物运输为服务对象的港口。商港一般兼运各类货物,设有不同货种的作业区。它不但要有优良的自然条件,还必须具备工商业比较集中、经济比较发达、交通便利等条件,并具有从事海、陆、空联运的各种设施。

②工业港,主要是指供大型工矿企业输入原材料和输出产品而专门设置的港口,又称业主码头。

③军港,是指为军用舰艇驻泊、给养、训练和作战设置的专用港口。它在港口选址、总体布置和陆域设施等方面均有特殊要求。

④渔港,是指供渔船停泊、修理、给养和渔货装卸、冷藏加工及保鲜储运的港口,需具有生产、贸易和分运的功能。

⑤旅游港,是指专为游艇停泊和保管而设计的特定形式的港池、码头及陆域设施的港口,常称为游艇基地。

⑥避风港,是指专为船舶遇到突发性风暴时避风用的港口。

（2）按港口所在的地理位置分类

①海港,是指位于有掩护的海湾内或位于开敞的海岸上的港口。海港利用海湾、岬角等天然掩护,可避开或减少风浪、潮汐、沿岸输沙的影响。当天然掩护不能满足要求时可修建防波堤。

②河口港,是指位于江、河入海口处的港口。河口港一般建在河流下游潮区界内,有通海的航道,可满足河、海船舶停泊需要。由于河口港所处的地域通常都具有经济发达、交通便利的优势,所以往往是国际上重要的国际贸易港。由于受潮汐和河道径流影响,进港航道一般容易出现泥沙淤积,形成拦门沙,因此航道的维护和治理往往是影响河口港发展的重要问题。

③河港,是指位于江、河、湖沿岸的港口。河道上游河港的特点是易受洪汛影响,不同季节水位落差很大,给船舶停靠和装卸带来困难。中、下游的港口受潮差和洪汛的双重影响,容易产生泥沙淤积问题。

④水库港,是指位于运河上的港口。

（3）按港口所在地自然条件分类

①天然港,是指具有天然的船舶停靠和避风条件,有足够的水域面积和天然水深条件,底质适于锚泊的港湾。

②人工港,是指经人工开的航道和港池,并建有防波堤的港口。

（4）按港口的层次地位分类

这种分类是根据港口布局和港口在国民经济及综合运输体系中的地位、作用以及所处的地理位置与功能进行的,主要有以下几种:

①航运中心港。它是港口高度集约化的产物。这类港口所在城市的经济、金融与贸易十分发达,有广阔的经济腹地,有众多的固定航线通往国内和世界各主要港口。航运中心港一般都是集装箱枢纽港。

②主枢纽港。它是地理位置优越,辐射面广,货源充足,有较多的固定航线,设施与设备先进,功能齐全的重要港口。这类港口一般位于综合运输主骨架的交汇点,是客货集散中枢和各种运输方式的相互衔接处。

③地区性枢纽港。这类港口的服务范围主要是某个地区,其航线数量、服务功能及服务设施与设备等方面都不如主枢纽港,但它具有优越的地理位置、较先进的服务设施与设备以及较齐全的服务功能,是地区客、货集散中枢和综合运输的枢纽。

④地区性重要港口。它是在地区经济发展及对外开放中发挥重要作用的港口,依托所在地区的重要城市,具有良好的陆路运输条件,对周边地区有一定辐射作用。

⑤其他中小型港口。它是指除上述以外的大量沿海中小型港口,作为沿海地区交通基础设施的一部分,对所在地区经济发展起到了积极的促进和保证作用,也是完善沿海港口布局的重要补充。

● 知识链接

中国主要港口分布:

1. 东北沿海港口

丹东港、大连港、营口港、锦州港。

2. 华北沿海港口

秦皇岛港、唐山港、天津港、黄骅港。

3. 山东沿海港口

龙口港、烟台港、威海港、张家埠港、青岛港、日照港、石岛港、岚山港。

4. 苏、浙、沪沿海港口

连云港港、南通港、张家港港、南京港、上海港、舟山港、镇江港、宁波港、温州港等。

5. 福建沿海港口

福州港、湄州湾港、厦门港、东山港、泉州港等。

6. 粤桂沿海港口

汕头港、汕尾港、深圳港、广州港、中山港、珠海港、江门港、湛江港、北海港、防城港等。

7. 海南沿海港口

海口港、三亚港等。

8. 台湾地区及港、澳地区沿海港口

高雄港、台中港、基隆港、香港港、澳门港等。

4. 航空港

航空港是指航空运输用飞机场及其服务设施的总称。飞机场简称机场,是指用于飞机起飞、着陆、滑行、停放、维修等活动的场地,其中有为飞行服务的各种建筑物和设施。

航空港主要由飞行区、航站区及进出航空港的地面交通系统构成。

任务四
物流运输工具 ◆ ▋▋

铁路、公路、水路、航空和管道五种不同的运输方式,对应不同的运输工具,包括火车、汽车、船舶、飞机、管道等。

一、公路货运车辆

公路货运车辆是指具有独立原动机与载运装置,能自行驱动行驶,专门用于运送货物的非轨道式车辆。载货汽车是公路运输的最基本运输工具,由车身、动力装置和底盘三部分组成。车身包括驾驶室和车厢两部分;动力装置是驱动汽车行驶的动力源;底盘是车身和动力装置的支座,同时是传递动力、驱动汽车、保证汽车正常行驶的综合体。

1. 按用途可分为普通货运汽车、专用运输车辆

普通货运汽车是指用于运载普通货物的汽车。它主要有以下几种类型:

(1)厢式车。厢式车的货厢封闭,使货物免受风吹、日晒、雨淋,能防止货物散失、丢失,安全性好。小型厢车一般兼有滑动式侧门和后开车门,因此货物装卸作业非常方便,适合运送贵重货物和小件零星货物。

(2)栏板式货车。栏板式货车具有整车重心低、载重量适中的特点,挂车顶部敞开,可装载高低不等的货物,是载货汽车车身主要形式。在装卸过程中,可以将栏板打开。

(3)自卸式货车。自卸式货车可以自动后翻或侧翻,使货物依靠本身的重力自行卸下,具有较大的动力和较强的通过能力,适合运送煤炭、矿石、砂石料等。

(4)平板车。平板车的挂车无顶也无侧厢板,主要用于运输钢材、机械设备、集装箱货物等。

专用运输车辆是按运输货物的特殊要求设计的,包括罐车、冷藏车及其他具有特殊构造的专门用途的车辆。

(1)罐车。罐车具有密封性强的特点,通常运送易挥发、易燃等危险品。

(2)冷藏车。冷藏车用于运输需控制温度的货物。

(3)大型物件运输车。大型物件运输车专门运送超长、超宽、超高、超重的货物。

2. 按载重量可分为微型、轻型、中型和重型货车

微型货车:最大总质量不超过 1.8 t;

轻型货车:最大总质量为 1.8~6 t;

中型货车:最大总质量为 6~14 t;

重型货车:最大总质量在 14 t 以上。

3. 按是否有动力性分为牵引车和挂车

(1)牵引车。牵引车也称拖车,一般不设载货车厢,是专门用于拖挂或牵引挂车的汽车。牵引车可分为全挂式和半挂式两种。半挂式牵引车与半挂车一起使用,半挂车的部分重量由半挂式牵引车的底盘承载。全挂式牵引车则与全挂车一起使用,其车架较短。除专门牵引车以外,一般的载货汽车也可作为全挂式牵引车使用。

(2)挂车。挂车本身无动力装置,需要牵引车或其他车辆牵引,因此它必须与牵引车组合在一起,才能作为一个完整的运输工具。挂车的车身通常也做成车厢的形式,可以运送货物。

挂车有全挂车、半挂车、厢式挂车以及重载挂车等类型。全挂车由牵引车或作为牵引车使用的汽车牵引,如图1-5(a)所示。半挂车则与半挂式牵引车一起使用,如图1-5(b)所示。轴式挂车是一种单轴车辆,专门用于运送长度较大的货物,如图1-5(c)所示。重载挂车是大载重量的挂车,专门用于运送重量大的货物,其载重量通常可达到200~300 t,如图1-5(d)所示。由于挂车结构简单,保养方便,而且自重较小,因此在汽车运输中应用很广。

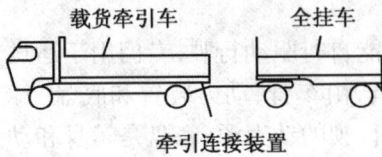

(a)牵引车与全挂车组成的汽车列车

(b)牵引车与半挂车组成的汽车列车

(c)牵引车与轴式挂车组成的汽车列车

(d)牵引车与重载挂车组成的汽车列车

图1-5　汽车列车

各种公路运输车辆如图1-6所示。

图1-6　各种公路运输车辆

二、船舶

船舶是水路运输必不可少的运输工具。随着水路运输的高速发展,先进科技在船舶设计、制造等方面的广泛运用,船舶向大型化、专业化、智能化方向发展。

货船指运输货物的船舶,按装载货种的不同有干散货船、杂货船、集装箱船、液货船、冷藏船、载驳船、滚装船等类型。

1. 干散货船

干散货船又称散装货船,专门用于运送煤炭、矿砂、粮食、化肥、水泥、钢铁等散装物资。目前其数量仅次于油船。其特点如下:驾驶室和机舱布置在尾部,货舱口宽大;内底板与舷侧以向上倾斜的边板连接,便于货物向货舱中央集中,甲板下两舷与舱口处有倾斜的顶边舱以限制货物移动;有较多的压载水舱用于压载航行。按载运的货物不同,干散货船又可分为矿砂船、运煤船、散粮船、散装水泥船和运木船等。干散货船如图1-7所示。

图1-7 干散货船

2. 杂货船

杂货船又称普通货船、通用干货船或统货船,主要用于装载一般包装、袋装、箱装和桶装的件杂货物。由于件杂货物的批量较小,杂货船的吨位亦较散货船和油船为小。典型的载货量在 10 000~20 000 t,一般为双层甲板,多个货舱,配备完善的起货设备。货舱和甲板分层较多,便于分隔货物。新型的杂货船一般为多用途型,既能运载普通件杂货,也能运载散货、大件货、冷藏货和集装箱。杂货船如图1-8所示。

图1-8 杂货船

3. 集装箱船

集装箱船又称箱装船、货柜船或货箱船，是一种专门载运集装箱的船舶。其全部或大部分船舱用来装载集装箱，往往在甲板或舱盖上也可堆放集装箱。集装箱船的货舱口宽而长，货舱的尺寸按载箱的要求规格化。装卸效率高，大大缩短了停港时间。为获得更好的经济性，其航速一般高于其他载货船舶，最高可达30节以上。集装箱船如图1-9所示。

图1-9　集装箱船

4. 液货船

液货船是专门载运液体货物的船舶。液体货物主要有油、液化气、淡水和化学药液等。其中运量最大的是石油及其制品。按载运的货物不同，液货船又可分为原油船、成品油船、液体化学品船和液化气船等。液货船如图1-10所示。

图1-10　液货船

5. 冷藏船

冷藏船是专门载运如水果、蔬菜、肉类和鱼类等需冷藏的货物的船舶。冷藏船往往设多层甲板，货舱内通常分隔成若干独立的封闭空间。船上具有大功率的制冷装置，可以在比较恶劣的环境中，使各冷藏货舱内保持货物所需的适当的温度。

图 1-11 冷藏船

6. 载驳船

载驳船也称子母船,是专门装运以载货驳船为货物单元的运输船舶。其运输方法是先将货物或集装箱装载在规格统一的驳船(子船)上,再把驳船装上载驳船(母船)。到达目的港后,驳船卸到水中,拖船或推船将其分送内河各地。载驳船的优点是不需占用码头泊位,不受港口水深限制,装卸效率高,便于海河联运。但由于造价高,货驳的集散组织复杂,其发展也受到了限制。

7. 滚装船

滚装船是利用车辆上下装卸货物的多用途船舶,亦称滚上滚下船。装有集装箱等大件货物的挂车和装有货物的带轮的托盘作为滚装船的货运单位,牵引车或叉车直接进出货舱进行装卸。滚装船通常在船尾设有货门和跳板,车辆可通过跳板、货门和各层甲板间的活动的斜坡道或升降平台,直接驶入各层甲板。因此滚装船不需要船上或码头上传统的起货设备而获得很高的装卸效率,加速船舶周转。滚装船如图 1-12 所示。

图 1-12 滚装船

三、铁路机车车辆

1.机车

机车是铁路运输的基本动力。由于铁路车辆大都不具备动力装置,所以需要把客车或货车连挂成列,由机车牵引沿着钢轨运行。在车站,车辆的转线以及货场取送车辆等各项调车作业也要由机车完成。因此,必须保证提供足够数量的牵引性能良好的机车,还必须加强对机车的保养与检修工作,以及对机车的合理运用。

铁路采用的机车类型很多。从运用上分,有客运机车、货运机车和调车机车。客运机车要求速度高,货运机车要求牵引力大,调车机车要求机动灵活。从动力上分,有蒸汽机车、内燃机车和电力机车。不同类型机车的比较如表1-2所示。

表1-2　不同类型机车的比较

项目/形式	蒸汽机车	内燃机车	电力机车
构造与造价	简单、低廉	复杂、较高	复杂、较高
运行速度	最小	较高	最高
马力	最小	较大	最大
热能效率	最低	较高	最高
空气污染度	最严重	轻微	没有
维护难易度	容易	困难	容易

各种机车车辆如图1-13所示。

图1-13　各种机车车辆

2.货运车辆

铁路货运车辆是运送货物的工具,一般没有动力装置。铁路货运车辆种类繁多,但其结构大致相似,一般由车体、车底架、走行部、车钩缓冲装置和制动装置等五个基本部分组成。

为了运送不同的货物则需配备各种类型、不同功能的货车。

货车种类很多,有通用货车、专用货车和特种货车等。通用货车指能装运多种货物的车辆,如棚车、敞车和平车等。专用货车指专供装运某些种类货物的车辆,如家畜车、罐车、保温车、水泥车和集装箱车等。特种货车指专供运送特大、特重、特长货物的车辆,如落下孔车、凹底平车和钳夹车等。

任务五
装卸搬运设备 ◆◆ ▌▌

一、叉车

叉车又称铲车或叉式取货机,以货叉作为主要取货装置,依靠液压起升机构升降货物,由轮胎行驶系统实现货物水平搬运。叉车是装卸搬运机械中应用最广泛的,是一种既可做短距离水平搬运,又可装卸、堆垛的机械,在配置其他取物设置以后,还能用于散货和各种规格品种货物的装卸作业。

(一)叉车的特点及用途

(1)机械化程度高。使用各种自动的取物装置或在货叉与货板配合使用的情况下,可以实现装卸工作的完全机械化,不需要工人的辅助体力劳动。

(2)机动灵活性好。叉车外形尺寸小,重量轻,能在作业区域内任意调动,适应货物数量及货流方向的改变,可机动地与其他起重运输机械配合工作,提高机械化的使用率。

(3)可以"一机多用"。在配合和使用各种取货装置如货叉、铲斗、臂架、吊杆、货夹、抓取器等的条件下,可以适应各种品种、形状和大小货物的装卸作业。

(4)有利于开展托盘成组运输和集装箱运输。

(5)成本低、投资少,能获得较好的经济效果。

(二)叉车的分类

(1)按动力装置的不同,分为内燃式叉车和电动式叉车。内燃式叉车采用的动力装置是内燃机,内燃式叉车又可分为汽油机式叉车、柴油机式叉车和液化气式叉车。内燃式叉车的优点是:燃料供应方便,能连续长时间作业;输出功率大,货物提升速度和行走速度均比电动式叉车大;对路面要求较低。其缺点是:噪声大;排放的废气污染环境;内燃机和传动系统构造复杂,零部件容易磨损;机械故障较多,操作比较复杂。在一般情况下,重、大吨位的叉车采用内燃叉车做动力。

电动式叉车又称电瓶式叉车,以蓄电池为动力,由直流电动机驱动。其优点是:噪声小;不污染环境;传动系统构造简单;操作较简单;营运费用低。它适宜于室内作业。

(2)按结构和功用的不同,分为平衡重式叉车、前移式叉车、插腿式叉车、侧面式叉车和集装箱叉车等。

(三)叉车的主要技术参数

1. 载荷中心距

它是指叉车设计规定的标准载荷中心到货叉垂直段前臂的水平距离。

2. 额定起重量

它是指货物的重心处于载荷中心距以内时,允许叉车举起的最大重量。

3. 最大起升高度

它是指在额定起重量、门架垂直、货物起升到最高位置时,货差水平段的上表面距地面的垂直距离。

4. 最大起升速度

它是指额定起重量和门架垂直时,货物起升的最大速度。

5. 门架倾角

它是指叉车在平坦、坚实的路面上,门架相对垂直位置的最大倾角。

6. 满载最高行驶速度

它是指叉车在平直干硬的路面上满载行驶时所能达到的最高车速。

7. 满载最大爬坡度

它是指在良好的干硬路面上,叉车能够爬上的最大坡度。

8. 叉车的制动性能

叉车的制动性能反映了叉车的安全性。我国内燃平衡重式叉车标准对制动性能做出的规定为:如果采用脚制动,叉车车速为 20 km/h,空载行驶时,紧急制动的制动距离不大于 6 m;叉车车速为 10 km/h,满载运行时,紧急制动的制动距离不大于 3 m。

9. 最小转弯半径

它是指在空载低速行驶、打满方向盘及转向轮处于最大偏转角时,瞬时转向中心距叉车纵向中心线的距离。

10. 最小离地间隙

它是指叉车轮压正常时,除车轮外,车体上最低点距地面的距离。

11. 通道宽度

它是指使叉车在平稳且无干涉的条件下进行存取或搬运作业所需的道路宽度。

（四）几种典型叉车

1. 平衡重式叉车

平衡重式叉车是搬运车辆中应用最广泛的一种，它可以由司机单独操作完成货物的装卸、搬运和堆垛作业，并且通过变换属具扩大叉车的使用范围和作业效率。

平衡重式叉车的工作装置位于叉车的前端，货物载于前端的货叉上，为了平衡前端货物的重量，需要在叉车的后部装有配合重。叉车前部的货叉可以自由地插入托盘取货和放货，并能沿门架升降，随着门架前倾或后倾。前倾的目的是为了方便取放货物，后倾的目的是保证货物在运行过程中不会从货叉滑落。叉车的前轮为驱动轮，后轮为转向轮。

2. 前移式叉车

前移式叉车具有两条前伸的支腿，支腿较高，支腿前端有两个轮子。叉车的门架可以带着起升机构沿着支腿内侧轨道前移，便于叉取货物。叉完货物后，起升一小段高度后，门架又沿着支腿内侧轨道回到原来的位置。前移式叉车起重量在 3 t 以下，采用电动机进行驱动，具有操作灵活和高荷载的优点，同时体积和自重不会增加很多，可以节省空间。

3. 侧面式叉车

侧面式叉车的门架、起升机构和货叉位于车体中部，其货叉位于叉车侧面，侧面还有货物平台。叉车取物时，门架向外伸出，叉取货物后货叉起升，门架退回，然后下降货叉，货物即自动放置在叉车的货物平台上。

4. 集装箱叉车

集装箱叉车是集装箱码头和货场常用的一种装卸机械。它可以采用货叉插入集装箱底部叉槽内举升搬运集装箱，有正面和侧面两种；也可以在门架上装一个顶吊架，借助旋锁装置与集装箱连接，从顶部起吊。

不同类型的叉车如图 1-14 所示。

图 1-14   不同类型的叉车

（五）叉车属具

叉车可以通过更换叉车属具，实现"一机多用"。常见的叉车属具有货叉、吊架、夹持器、集装箱吊具、串杆、倾斜叉架和推出器等。不同叉车属具如图1-15所示。

双托盘叉车

桶夹叉车

平夹叉车

旋转器

起重臂

纸卷夹叉车

图1-15　不同叉车属具

二、起重机械

起重机械是用来垂直升降或兼有水平运移货物功能的机械设备。它可以减轻或代替人的体力劳动、提高生产率、保证作业质量、降低作业成本、改善劳动条件,是现代企业实现生产过程、物流作业机械化、自动化不可缺少的重要机械设备,在港口、仓库、车站、工厂等各领域和各部门得到广泛应用。

(一)起重机械的工作特点

起重机械是反复短暂工作的货物装卸搬运机械,它的工作过程通常是:吊挂或抓取货物,提升后进行一个或数个动作的运移,将货物放到卸载地点后卸载,然后返程为做下一次动作准备。这一过程称作一个工作循环。完成一个工作循环后,一般做短暂的停歇再进行下一次的工作循环。因此,起重机的动作特点是间歇、重复,在工作中,各工作机构经常处于反复起动、制动,而稳定运行的时间相对于其他机械而言较为短暂。

(二)起重机的分类

(1)按综合特征,起重机分为轻小型类、桥式类、臂架类、堆垛类和升降机。

(2)按取物装置,起重机分为吊钩起重机、抓斗起重机、电磁起重机、集装箱专用起重机、集装箱吊钩两用起重机。

(3)按用途,起重机分为通用吊钩起重机、堆垛起重机、装卸起重机、专用起重机和多用途起重机。

(4)按使用场合,起重机分为港口起重机、船上起重机、货场起重机、仓库起重机、随车起重机和车间用起重机等。

(三)起重机械的技术性能参数

1. 额定起重量

它是指起重机能吊起的物料连同可分吊具或属具(如抓斗、电磁吸盘和平衡梁等)质量的总和,单位为 kg 或 t。对于臂架类起重机,额定起重量是变值,随臂架长度和幅度而变化。

2. 起升高度

它一般是指起重机工作场地面或起重机运行轨道顶面到取物装置上极限位置之间的垂直距离,单位为 m。

3. 幅度和跨度

幅度是指臂架类起重机的旋转中心到取物装置中心线之间的水平距离,单位为 m。跨度是指桥式类型起重机大车运行轨道之间的水平距离,单位为 m。

4. 工作速度

起重机的工作速度包括起升速度、变幅速度、回转速度和运行速度。起升速度是指起重机起升额定起重量时,货物匀速上升或下降的速度,单位为 m/min 或 m/s。变幅速度是指起重机变幅机构从最大幅度到最小幅度沿水平方向运动的平均速度,单位为 m/min。回转速度是指回转起重机的转动部分在匀速转动状态下每分钟的转动圈数,单位为 r/min。运行速度是指起重机或起重小车匀速运行时的速度,单位为 m/min 或 km/h。

5. 生产率

起重机的生产率是指在规定的工作条件下连续工作时单位时间内装卸货物的总质量。它是表明起重机装卸搬运能力的综合指标,与起重机的起重量、机构工作速度、工作行程、货物的种类、工作条件、生产组织以及操作熟练程度等因素有关。

6. 工作级别

工作级别是表明起重机及其机构工作繁忙程度和载荷状态的参数,是考虑起重量和时间的利用程度以及工作循环次数的起重机械特性。

(四)常见的起重机械

1. 桥式起重机

桥式起重机的桥架支撑于车间、仓库等建筑物两边高架轨道上并能沿轨道行走。桥式起重机主要用吊钩、抓斗或电磁盘来装卸货物,它是依靠桥架沿厂房轨道做纵向移动,起重小车做横向移动以及吊钩或抓斗的升降运动来进行工作的。在各式起重机中,桥式起重机的保有量最多,使用最广泛,数量占起重机总数量的 60% ~80%。

2. 龙门起重机

龙门起重机又称龙门吊或门式起重机,由支撑在两条支腿上的主梁构成的门型框架而得名。它的起重小车在主梁的轨道上运行,整机在地面的轨道上行走。龙门起重机场地利用率高、作业范围大、适用性广,在港口、车站、货场、码头中应用广泛。

3. 装卸桥

装卸桥是龙门起重机的又一种形式,通常把跨度大于 35 m、起重量不大于 40 t 的龙门起重机称为装卸桥。装卸桥的取物装置主要是双绳抓斗或其他专用吊具,工作对象都是大批量的散装物料或成批件物品,常用于车站、港口。

4. 门座起重机

门座起重机又称门机,是有轨运行的臂架型移动式起重机,具有较好的工作性能和独特的优越结构,在现代港口、车站库场中应用较广。

5. 流动起重机

流动起重机机动灵活,移动迅速,操纵简单方便,作业范围大,广泛应用于港口、车站、厂矿、货场等部门的装卸和安装作业。汽车起重机、轮胎起重机、履带起重机属于流动起重机。

各种起重机如图 1-16 所示。

图 1-16　各种起重机

任务六
集装单元化器具 ◆▌▌

集装就是以最有效地实行物资搬运为基本条件,把若干物品和包装货物或者零散货物恰当地组合包装,从而适合于装卸、存放、搬运及机械操作。集装单元化器具主要有托盘、集装箱和其他集装器具。

集装运输是指使用集装单元器具或利用捆扎方法,把裸装物品、散状物品、体积较小的成件物品,组合成为一定规格的集装单元进行的运输方式。[①]

---

① 《中华人民共和国国家标准:物流术语》(GB/T 18354—2006)

一、托盘

所谓托盘,是指在运输、搬运、存储过程中,将物品规整为货物单元时,作为承载面并包括承载面上辅助结构件的装置。[①]

托盘具有自重小,便于运输,装卸托盘本身所消耗的劳动较少,造价低,容易相互代用,返空容易,使用简便,装载量有限等特点。

托盘种类具体如下。

1. 平托盘

平托盘是托盘中使用量最大的一种。它按承托货物台面,分为单面型、单面使用型、双面使用型和翼型四种;按叉车叉入方式,分为单向叉入型、双向叉入型、四向叉入型四种;按制造材料,分为木制平托盘、钢制平托盘、塑料制平托盘、高密度合成板托盘。

2. 柱式托盘

柱式托盘的四个角有固定式或可卸式的柱子,其作用是防止货物在运输、装卸等过程中发生塌垛,以及利用柱子支撑承重,可以将托盘货载堆高叠放,而不用担心压坏下部托盘上的货物。

3. 箱式托盘

箱式托盘的基本结构是沿托盘四个边有板式、栅式、网式等各种平面组成的箱体,有些箱体有顶板,有些箱体没有顶板。箱板有固定式、折叠式、可卸式三种。

4. 轮式托盘

轮式托盘的基本结构是在柱式、箱式托盘下部装有小型轮子,可利用轮子做小距离运动,可不需要搬运机具实现搬运。

5. 特种专用托盘

特种专用托盘适用于有特殊要求的某种物品,应用在某些特殊领域。如航空托盘、油桶专用托盘、玻璃集装托盘、轮胎专用托盘等。

各种托盘如图 1-17 所示。

二、集装箱

所谓集装箱,是指具有足够强度,可长期反复使用的适于多种运输工具而且容积在 1 m^3 以上(含 1 m^3)的集装单元器具。[①]

(一)集装箱的特点

(1)具有耐久性,其坚固强度足以反复使用;

(2)为便于商品运送而专门设计,在一种或多种运输方式中运输时无须中途换装;

[①] 《中华人民共和国国家标准:物流术语》(GB/T 18354—2006)

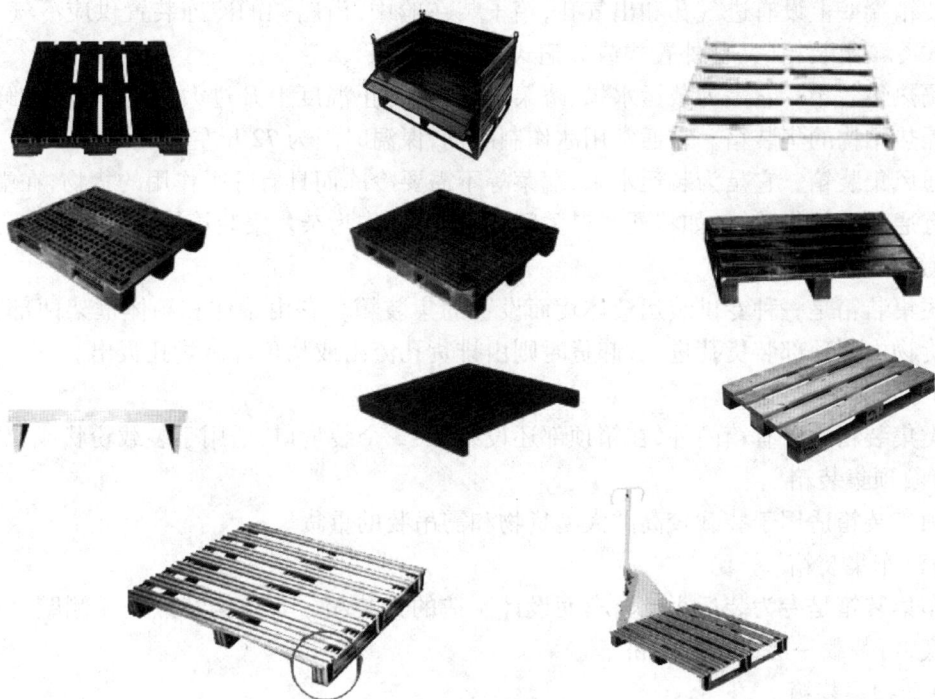

图 1-17　各种托盘

（3）设有便于装卸和搬运的装置，便于从一种运输方式转移到另一种运输方式；

（4）便于货物装满或卸空；

（5）具有 1 m³ 以上的内容积。

国际上通常使用的集装箱有：外尺寸 20′×8′×8′6″，简称 20′货柜；外尺寸 40′×8′×8′6″，简称 40′货柜；外尺寸 40′×8′×9′6″，简称 40′高柜。

（二）集装箱的分类

1. 按集装箱用途分类

（1）通用集装箱

通用集装箱也称杂货集装箱，用以装载除液体货物、需要调节温度的货物及特种货物以外的一般杂货。这种集装箱使用范围广，其结构特点常为封闭式，一般在一端或侧面设有箱门，常有 20′和 40′两种。

（2）保温集装箱

它是专为运输要求保持一定温度的冷冻货或低温货而设计的集装箱，适用装载肉类、水果等货物。保温集装箱造价较高，营运费用较高，使用中应注意冷冻装置的技术状态及箱内货物所需的温度。保温集装箱可分为以下三种：

①冷藏集装箱。它是以运输冷冻食品为主，能保持所定温度的保温集装箱。它专为运输如鱼、肉、新鲜水果、蔬菜等食品而特殊设计。目前国际上采用的冷藏集装箱基本上分为两种：一种是集装箱内带有冷冻机的叫机械式冷藏集装箱；另一种箱内没有冷冻机而只有隔热结构，

即在集装箱端壁上设有进气孔和出气孔,箱子装在舱中,由船舶的冷冻装置供应冷气,这种叫做离合式冷藏集装箱(又称外置式或夹箍式冷藏集装箱)。

②隔热集装箱。它是为载运水果、蔬菜等货物,防止温度上升过大,以保持货物鲜度而具有充分隔热结构的集装箱。它通常用冰作制冷剂,保温时间为 72 h 左右。

③通风集装箱。它是为装运水果、蔬菜等不需要冷冻而具有呼吸作用的货物,在端壁和侧壁上设有通风孔的集装箱,如将通风口关闭,同样可以作为杂货集装箱使用。

(3)罐式集装箱

罐式集装箱是一种专供装运液体货而设置的集装箱。它由罐体和箱体框架两部分组成,装货时货物由灌顶部装货孔进入,卸货时则由排货孔流出或从顶部装货孔吸出。

(4)干散货集装箱

这类集装箱除了有箱门外,在箱顶部还设有 2~3 个装货口,适用于装载粉状或粒状货物。

(5)敞顶集装箱

敞顶集装箱适用于装载较高的大型货物和需吊装的重货。

(6)汽车集装箱

汽车集装箱是专为装运小型轿车而设计制造的集装箱。其结构特点是无侧壁,仅设有框架和箱底,可装载一层或两层小轿车。

(7)动物集装箱

动物集装箱是一种专供装运牲畜的集装箱。为了实现良好的通风,箱壁用金属丝网制造。

各种集装箱如图 1-18 所示。

2. 按集装箱的制造材料分类

现代的大型集装箱大多数不是用一种材料制成的,而是用钢(包括不锈钢)、木材(包括胶合板)、铝合金和玻璃这四种基本材料中的两种或两种以上组合而成的。集装箱箱体的主体部件(侧壁、端壁、箱顶等)采用的什么材料,就称什么材料制成的集装箱。箱体的主体部件主要可分成三种:钢制集装箱、铝合金集装箱、玻璃钢集装箱,此外还有木集装箱、不锈钢集装箱等。

(1)钢制集装箱

钢制集装箱的框架和箱壁板皆用钢材造成。优点是强度大,结构牢,焊接性高和水密性好,价格低廉,易修理,不易损坏,能反复使用;缺点是抗腐蚀性差,重量大,相应降低了装货能力。钢制集装箱是最普遍的集装箱。

(2)铝合金集装箱

铝合金集装箱用铝合金材料造成。优点是重量轻,外表美观,防腐蚀,弹性好,加工方便以及加工费、修理费低,使用年限长;缺点是造价高,焊接性能差。

(3)玻璃钢集装箱

玻璃钢集装箱用玻璃钢材料造成。优点是强度大,刚性好,内容积大,隔热、防腐、耐化学性好,易清扫,修理简便;缺点是重量大,易老化,拧螺栓处强度降低。

(4)不锈钢集装箱

一般多用不锈钢制作罐式集装箱。不锈钢集装箱的主要优点是强度大,不生锈,耐腐蚀性好;缺点是投资大。

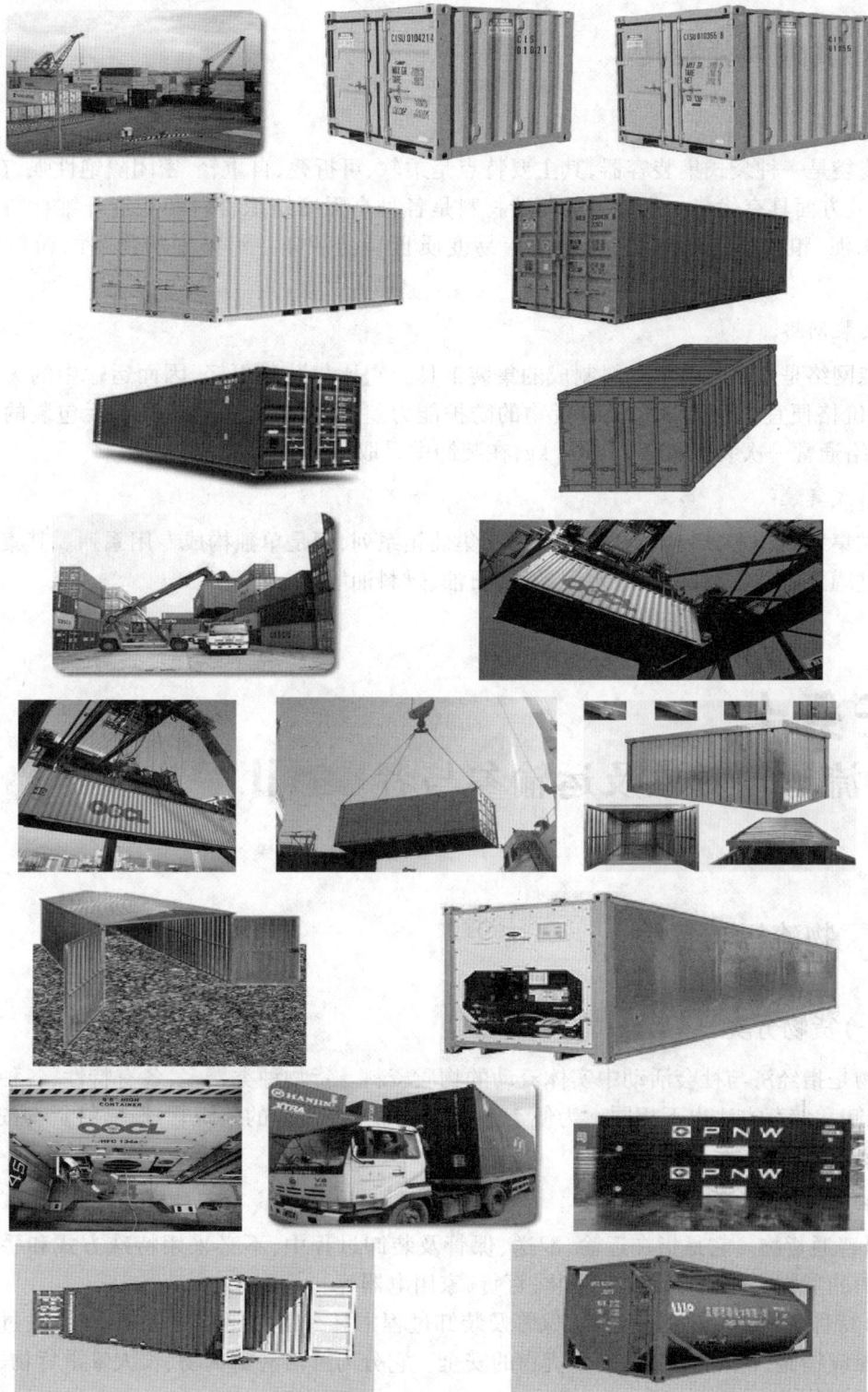

图 1-18　各种集装箱

三、其他集装器具

1. 集装袋

集装袋是一种袋式集装容器,其主要特点是柔软、可折叠、自重轻、密闭隔绝性强,在返空、清洗、存放方面具有优势。集装袋的制造材料是各种高强度纺织材料和人造纤维材料。它主要用于水泥、粮食、石灰、化肥、树脂类等易变质且易受污染并污染别的物品的粉粒状物的装运。

2. 集装网络

集装网络是用高强纤维材料制成的集装工具。它比集装袋更轻,因而运输中的无效运输更小,且价格便宜,节省费用,但对货物的防护能力差,主要装运包装货物和无包装的块状货物,每网络通常一次装运 500～1 500 kg,在装卸中采取吊装方式。

3. 罐式集装

罐式集装和罐式集装箱类似,但不属于集装箱系列,而是单独构成专用系列。其集装能力有时超过罐式集装箱,可以用于水泥散装、石油、燃料油散装。

任务七
物流运输对象及运输参与者 ◆ ‖

一、物流运输货物

(一)货物分类

货物是指经济与社会活动中实体流动的物质资料。货物种类繁多,各有特性,各种货物的运输、装卸和储存方法也不相同。为便于企业对运输生产过程的组织管理,需将货物按一定的目的和要求进行分类。

1. 按照运输条件分类

(1)普通货物。它是指在运输、配送、保管及装卸过程中,不必采用特殊方式和手段进行特别防护的货物。如钢材、煤炭、服装、百货、家用电器等。

(2)特种货物。它是指在运输、保管及装卸过程中具有特殊要求的货物,在运输过程中必须采取相应措施、特殊工艺,以确保货物的安全。它分为鲜活易腐货物、长大笨重货物、危险货物和贵重货物。

● 知识链接：普通货物分等表

表1-3　普通货物分等表

等级	序号	货类	货物名称
一等货物	1	砂	砂子
	2	石	片石、渣石、寸石、石硝、粒石、孵石
	3	非金属矿石	各种非金属矿石
	4	土	各种土、垃圾
	5	渣	炉渣、炉灰、水渣、各种灰烬、碎砖瓦
二等货物	1	煤	原煤、块煤、可燃性片岩
	2	粮食及加工品	各种粮食(稻、麦、各种杂粮、薯类)及其加工品
	3	棉花、麻	皮棉、籽棉、絮棉、旧棉、棉胎、木棉、各种麻类
	4	油料作物	花生、芝麻、油菜子、蓖麻子及其他油料作物
	5	烟叶	烤烟、土烟
	6	蔬菜、瓜果	鲜蔬菜、鲜菌类、鲜水果、甘蔗、甜菜、瓜类
	7	植物油	各种食用、工业、医药用植物油
	8	植物的种籽、草、藤、树条	树、草、菜、花的种籽、牧草、谷草、稻草、芦苇、树条、树根、木柴、藤
	9	蚕、茧	蚕、蚕子、蚕蛹、蚕茧
	10	肥料、农药	化肥、粪肥、土杂肥、农药(具有危险货物性质的除外)
	11	糖	各种食用糖(包括饴糖、糖稀)
	12	肉脂及制品	鲜、腌、酱肉类、油脂及制品
	13	水产品	干鲜鱼类、虾、蟹、贝、海带
	14	酱菜、调料	腌菜、酱菜、酱油、醋、酱、花椒、茴香、生姜、芥末、腐乳、味精及其他调味品
	15	土产杂品	土产品、各种杂品
	16	皮毛、塑料	生皮张、生熟皮毛、鬃毛绒及其加工品、塑料及其制品
	17	日用百货、棉麻制品	各种日用小百货、棉麻纺织品、针织品、服装鞋帽
	18	药材	普通中药材
	19	纸、纸浆	普通纸及纸制品、各种纸浆
	20	文化体育用品	文具、教学用具、体育用品
	21	印刷品	报刊、图书及其他印刷品
	22	木材	圆木、方木、板料、成材、杂木棍
	23	橡胶、可塑材料及其制品	生橡胶、人造橡胶、再生胶及其制品、电木制品、其他可塑原料及其制品
	24	水泥及其制品	袋装水泥、水泥制品、预制水泥构件
	25	钢铁、有色金属及制品	钢材(管、丝、线、绳、板、皮条)、生铁、毛坯、铸铁件、有色金属、材料、大、小五金制品、配件、小型农机具
	26	矿物性建筑材料	普通砖、瓦、缸砖、水泥瓦、乱石、块石、级配石、条石、水磨石、白云石、蜡石、萤石及一般石制品、滑石粉、石灰膏、电石灰、矾石灰、石膏、石棉、白垩粉、陶土管、石灰石、生石灰
	27	金属矿石	各种金属矿石
	28	焦炭	焦炭、焦炭末、石油焦、沥青、焦木炭
	29	原煤加工品	煤球、煤砖、蜂窝煤
	30	盐	原盐及加工精盐
	31	泥、灰	泥土、淤泥、煤泥、青灰、粉煤灰
	32	废品及散碎品	废钢铁、废纸、破碎布、碎玻璃、废鞋靴、废纸袋
	33	空包装容器	篓、坛罐、桶、瓶、箱、筐、袋、包、箱皮、盒
	34	其他(见注1)	未列入表中的其他货物

续表

等级	序号	货类	货物名称
三等货物	1	蜂	蜜蜂、蜡虫
	2	观赏用花、木	观赏用长青树木、花草、树苗
	3	蛋、乳	蛋、乳及其制品
	4	干菜、干果	干菜、干果、籽仁及各种果脯
	5	橡胶制品	轮胎、橡胶管、橡胶布类及其制品
	6	颜料、染料	颜料、染料及助剂与其制品
	7	食用香精、树胶、木蜡	食用香精、糖精、樟脑油、芳香油、木榴油、木蜡、橡蜡(橡油、皮油)、树胶
	8	化妆品	护肤、美容、卫生、头发用品等各种化妆品
	9	木材加工品	毛板、企口板、胶合板、刨花板、装饰板、纤维板、木构件
	10	家具	竹、藤、钢、木家具
	11	交电器材	电影机、电唱机、收音机、家用电器(见注2)、打字机、扩音机、闪光机、收发报机、普通医疗器械、无线电广播设备、电缆电线、电灯用品、蓄电池(未装酸液)、各种电子元件、电子或电动儿童玩具
	12	毛、丝、呢绒、化纤、皮革制品	毛、丝、呢绒、化纤、皮革制品的服装鞋帽
	13	烟、酒、饮料、茶	各种卷烟,各类瓶罐装的酒、汽水、果汁、食品、罐头、炼乳、植物油精(薄荷油、桉叶油),茶叶及其制品
	14	糖果、糕点	糖果、果酱(桶装)、水果粉、蜜饯、面包、饼干、糕点
	15	淀粉	各种淀粉及其制品
	16	冰及冰制品	天然冰、机制冰、冰淇淋、冰棍
	17	中西药品、医疗器具	西药、中药(丸、散、膏、丹成药)及医疗器具
	18	贵重纸张	卷烟纸、玻璃纸、过滤纸、晒图纸、描图纸、绘图纸、国画纸、蜡纸、复写纸、复印纸
	19	文娱用品	乐器、唱片、幻灯片、录音带、录像带及其他演出用具及道具
	20	美术工艺品	刺绣、蜡或塑料制品、美术制品、骨角制品、漆器、草编、竹编、藤编等各种美术工艺品
	21	陶瓷、玻璃及其制品	瓷器、陶器、玻璃及其制品
	22	机器及设备	各种机器及设备
	23	车辆	组成的自行车、摩托车、轻骑、小型拖拉机
	24	污染品	炭黑、铅粉、锰粉、乌烟(墨黑、松烟)、涂料及其他污染人体的货物、角、蹄甲、牲骨、死禽兽
	25	粉尘品	散装水泥、石粉、耐火粉
	26	装饰石料	大理石、花岗岩、汉白玉
	27	带釉建筑用品	玻璃瓦、琉璃瓦、其他带釉建筑用品、耐火砖、耐酸砖、瓷砖瓦

注:1. 未列入表中的其他货物,除参照同类货物分等外,均列入二等货物。
   2. 家用电器包括家用制冷电器、空气调节器、电风扇、厨房电器具、清洁卫生器具(洗衣机、吸尘器、电热淋浴器)、熨烫器具、取暖用具、保健用具、家用电器专用配件等(摘自国家标准全国工农产品分类与代码)。

2. 按托运批量的大小分类

(1)整车货物。凡一次托运批量货物的质量在3 t及3 t以上,或虽不足3 t,但其性质、体积、形状需要一辆3 t以上的车辆运输的,称为整车货物。

(2)零担货物。凡一次托运批量货物的质量不足3 t的,为零担货物。特殊单件货物不做零担货物受理,各类危险货物、易污染货物、鲜活货物也不做零担货物处理。

以下货物需按整车运输:

①鲜活货物,如冻肉、冻鱼、鲜鱼、活的牛、羊、猪、蜜蜂等;

②需用专车运输的货物,如石油、烧碱等危险货物;

③不能与其他货物拼装的危险品;

④易污染其他货物的不洁货物,如炭黑、皮毛、垃圾等;

⑤不易计数的散装货物,如煤炭、矿石和砂石料等。

3. 按装卸方法分类

(1)件装货物。它是指可以用件计数的货物。每一件货物都有一定的重量、形状和体积,可按件重或体积计量装运。这类货物又可分为有包装的货物和无包装的货物,装运时应注意点件交接,防止差错。

(2)散装货物。它是指可以用堆积或罐装等方法进行装卸的货物。这类货物又分为堆积货物和罐装货物。从事大批量运输或专门运输此类货物的运输企业,对车辆性能、装卸设施、承载工具均有一定的要求。

4. 按物理属性分类

货物可以分为固体、液体和气体货物。

5. 按运输对象的重要程度分类

货物可以分为重点物资货物和一般物资货物。

(二)货物属性

(1)耐温性:外界温度变化对产品性能影响的情况。

(2)耐湿性:货物对水分或潮湿侵袭抵抗的能力。

(3)脆弱性:货物受外力冲击或重压时易于变形或破碎。

(4)互抵性:两种货物各自性质相抵触、相互产生有害作用。

(5)易腐性:由于本身物理、化学变化迅速腐坏。

(6)危险性:爆炸、易燃、毒害、腐蚀、放射性质。

二、运输参与者

1. 运输经营业

这是运输服务的供给者。它是指以运输货物为运输对象,直接向运输服务需求者提供劳务并收取运费的行业。运输经营业由各种运输方式的供应商,即通常所说的运输企业组成,如汽车运输企业、船舶运输企业、航空公司、铁路运输公司和个体运输户等。运输企业既包括利用自有运输工具开展运输经营的所有人,也包括利用长期租赁运输工具开展运输经营的经营人。

运输服务需求者被称为发货人(托运人)、收货人,它们统称为货主,是货物的所有者,它们希望在规定的时间内,花最少的费用将货物从托运地转移到收货地。作为运输服务供给者的运输企业则被称为承运人,是运输活动的承担者,他们根据委托人意愿以最低成本完成运输任务,获得运输收入。有时为了同本身不拥有运输工具但却以承运人身份开展运输经营的契约承运人或无船承运人区别,这类承运人也称实际承运人。

(1)托运人。它是指货物托付承运人按照合同约定的时间运送到指定地点,向承运人支付相应报酬的一方当事人。

(2)承运人。它是指本人或者委托他人以本人名义与托运人订立货物运输合同的当事人。

2.与运输生产相关的辅助性经营业

它是指专门从事与运输经营相关的辅助性经营活动并收取报酬的行业。

（1）运输中间商

运输中间商是介于运输需求者与运输供给者之间,为它们提供中介服务,促进运输交易行为实现的中介组织。

运输中间商具有双重性,既具有运输供给者的特点,又具有运输需求者的特点。它是实现运输市场交换行业的中介组织,是运输供给主体实现市场营销活动的有效渠道之一。常见的中间商包括以下五类:

①货运代理人。它通常代表货主代办货物运输和相关业务并收取报酬。如办理货物出口的提单手续。

②船务代理人。它代表承运人揽货或为其在港船舶办理各项业务和手续并收取报酬。

③运输经纪人。它以中间人身份代办洽谈业务,促进交易成功并收取报酬。

④契约承运人。它是指以承运人身份接收托运人的货物,签发自己的运输单证,向托运人收取运费,通过拥有或控制运输工具的实际承运人完成货物运输,承担承运人责任的人。在水路运输中,契约承运人被称为无船承运人。

⑤多式联运经营人。它是指本人或委托他人以本人名义与托运人订立一项多式联运合同并以承运人的身份承担此项合同责任的人。

（2）运输港站经营人

运输港站经营人是指接受货主、承运人或其他有关方的委托,在其所投建的或有权使用的场地上,负责接管运输货物,并对这些货物提供或安排包括堆存、仓储、装载、卸载、积载、平舱、隔垫和捆扎等与货物运输有关服务的人。

运输港站经营人包括拥有场所或有权使用场所进行货物装卸作业、储存、包装和分拨,准备货物拆装及修理、短距离货物搬运与加工的航空港、海港、内河港、铁路和公路车站的经营人,以及与货物运输业务有关的保税仓库、仓储公司、货运站、装卸公司等均属港站经营人。

（3）其他运输服务企业

除了以上行业之外,还包括提供理货、运输工具租赁与买卖、运输工具管理、运输工具维修、燃润料供应、道路维护、信息服务等相关服务行业。

项目小结

本项目从运输基础知识及运输生产要素出发,设计了七个任务,详细阐述了物流运输及其与运输相关的基本概念、五种基本运输方式的技术经济特点、物流运输设施、物流运输工具、装卸搬运设备、集装单元器具、物流运输对象及运输参与者等内容,为后续内容的学习奠定基础。

项目训练

一、单选题

1. 下列运输方式中,运输量大、连续性强的运输方式是(　　)。
   A. 公路　　　　　　　　　　　　　B. 航空
   C. 水运　　　　　　　　　　　　　D. 铁路

2. 对铁路运输的优点,描述不正确的是(　　)。
   A. 速度快　　　　　　　　　　　　B. 可靠性高
   C. 灵活机动　　　　　　　　　　　D. 准确性强

3. 具有机动灵活,能实现直达"门到门"的运输方式是(　　)。
   A. 公路运输　　　　　　　　　　　B. 铁路运输
   C. 水路运输　　　　　　　　　　　D. 航空运输

4. 按货物运输条件,货物分为(　　)。
   A. 普通货物和特殊货物　　　　　　B. 件装货物和散装货物
   C. 整车货物和零担货物　　　　　　D. 生活资料和生产资料

5. 托盘属于(　　)。
   A. 计量设备　　　　　　　　　　　B. 装卸堆垛设备
   C. 搬运传输设备　　　　　　　　　D. 成组搬运设备

6. ITS 是指(　　)。
   A. 全球卫星定位系统　　　　　　　B. 地理信息系统
   C. 全球移动通信系统　　　　　　　D. 智能运输系统

7. 专门用于运送煤炭、矿砂、粮食、化肥、水泥、钢铁等散装物资的船舶是(　　)。
   A. 杂货船　　　　　　　　　　　　B. 干散货船
   C. 集装箱船　　　　　　　　　　　D. 滚装船

8. 进行组织货源、受理托运、理货、编制货车运行作业计划,以及车辆的调度、检查、加油、维修等工作,通常在(　　)进行。
   A. 货运站　　　　　　　　　　　　B. 停车场
   C. 铁路中间站　　　　　　　　　　D. 港口

二、多选题

1. 以下属于按使用功能和适应的交通量进行等级公路划分的有(　　)。
   A. 高速公路　　　　　　　　　　　B. 省公路
   C. 一级公路　　　　　　　　　　　D. 县公路
   E. 二级公路

2. 物流过程中其他各环节的活动都是围绕着主要功能要素进行的,物流系统的主要功能要素有(　　)。
   A. 运输　　　　　　　　　　　　　B. 储存
   C. 包装　　　　　　　　　　　　　D. 流通加工
   E. 装卸搬运

3. 以下属于运输中间商的有(　　　)。

    A. 托运人   B. 货运代理人

    C. 承运人   D. 多式联运经营人

    E. 船务代理人

4. 以下属于起重机械的有(　　　)。

    A. 装卸桥   B. 平衡重式叉车

    C. 龙门式起重机   D. 门座式起重机

    E. 集装箱叉车

5. 水路运输的特征包括(　　　)。

    A. 运输成本低   B. 劳动生产率低

    C. 航道投资高   D. 航速低

    E. 运输能力强

6. 按装卸方法的不同,货物分为(　　　)。

    A. 件装货物   B. 散装货物

    C. 普通货物   D. 特殊货物

    E. 危险货物

三、判断题

1. 运输过程对于运输需求者来说是消费过程。(　　　)

2. 挂车本身无动力装置,需要牵引车或其他车辆牵引。(　　　)

3. 叉车是一种既可做短距离水平搬运,又可装卸堆垛的机械,在配置其他取物设置以后,还能用于散货和各种规格品种货物的装卸作业。(　　　)

4. 甩挂运输可以缩短车辆等待装卸时间,加速车辆周转,提高运输效率,节约运输成本。(　　　)

5. 货物受外力冲击或重压时易于变形或破碎,这种特性指的是货物的危险性。(　　　)

6. 多式联运经营人是指以中间人身份代办洽谈业务,促进交易成功并收取报酬的人。(　　　)

四、问答题

1. 物流运输与一般运输的区别。

2. 航空运输的特点。

3. 运输节点的功能。

4. 叉车的特点及用途。

5. 集装箱的特点。

6. 物流运输的重要性。

五、综合技能训练

实训项目一　运输型物流企业认知

1. 知识点

物流运输企业部门设置及岗位设置、运输业务类型相关知识。

运输企业一般设有:营业部、分理部、运输部等。

营业部主要职责:客户接待、客户调查、客户开发、客户维护、市场分析、市场拓展等。企业可以按运输业务设置专线组、配货组、客服组、大客户专员、综合服务等岗位。

分理部主要职责:服务营业部,满足于客户的各类分理要求,按时安全地装卸、仓储、分理货物。企业可以按运输业务设置配送、装卸、包装、仓库管理等岗位。

运输部主要职责:加强机动车和驾驶员的管理,消除各种隐患,防止行车事故的发生,保证完成各项运输任务,提高运输的经济效益和社会效益。企业可以按运输业务设置调度、车务管理等岗位。

2. 实训任务

教师组织学生到物流企业(此处宜选择主营公路运输业务的运输型物流企业),企业兼职教师整体介绍企业总体管理框架、部门设置、岗位设置,业务辐射的主要区域。带学生到企业现场参观装卸设备现场工作过程,并介绍各种设备的适用范围。

3. 实训目标

认识参观企业的企业类型、企业性质,描述各部门岗位设置及工作职责,从事的主要运输业务类型。使学生认识几种常用运输车辆和装卸设备,并记住车厢的外形尺寸及载重量。了解运输工具及装卸设备的使用性能、适用范围等。

4. 实训组织

主要由企业兼职教师讲授,学生可以现场提出问题,教师解答。教师在讲授过程中应强调不同规模及类型企业的部门设置可能会有所变化。

5. 实训检验

表1-4 实训效果考核表

班级 _____ 姓名 _____

序号	考核标准	满分	得分
1	能说出所参观企业的类型、主营业务	20	
2	能描述设置的业务部门及主要职责	30	
3	能说出三种以上车厢的外部尺寸及最大装载重量	30	
4	能够说出三种常用装卸设备的适用范围	20	
总分		100	

实训项目二 运输方式的选择

1. 知识点

五种基本运输方式的技术经济特征,运输路网布局知识。

2. 实训任务

请分析以下任务,选择适宜的运输方式,并说明理由:

(1)20 t钢材由北京运至天津,次日到达。

(2)一批海鲜由天津港运往宁夏银川的自有仓库,要求次日到达。

(3)一批煤炭由山西大同运往张家口,五日之内到达。

(4)200台空调由山东青岛运往天津国美电器仓库,两日之内到达。

(5)100台笔记本电脑从日本运到北京,五日内到达。

(6)3个集装箱的运动服从上海运至德国汉堡,两个月之内到达。

3. 实训目标

让学生充分理解五种基本运输方式的技术经济特征,熟悉运输网络布局,优选运输方式。

4. 实训组织

教师可以尽可能多设定任务,将学生分成小组,利用课余时间完成不同的任务。

5. 实训检验

表1-5　实训效果考核表

班级　　　　　　　　　　　姓名

序号	考核标准	满分	得分
1	运输方式选择正确	30	
2	理由阐述合理、运输线路清晰	50	
3	文字表达完整,语句通顺	20	
总分		100	

项目二

整车货物运输作业

● 学习目标

知识目标

1. 熟悉整车货物运输作业流程。

2. 熟悉整车货物运输业务受理工作内容和方法。

3. 掌握托运单的内容及填写要求。

4. 掌握货票和行车路单的内容和作用。

5. 了解货物装卸方法。

6. 了解 GPS、GIS、北斗卫星导航系统、ITS 的含义及功能。

7. 掌握货物交付内容和方法。

8. 掌握货运事故指标。

技能目标

1. 能设计货物托运单并正确填写。

2. 能够进行货物受理、核实理货操作。

3. 能使用 GPS 系统进行位置查询和线路规划。

4. 识读货物包装与标志。

5. 能够进行运杂费的计算。

任务一
整车运输业务受理 ◆ ▮▮

整车运输作业一般包括运输业务受理、货物核实理货、组织装车、车辆运行、到达交付、运费结算等环节。按照货运过程的不同阶段,货运工作可以分为发送工作、途中工作和到达工作。

发送工作是指货物在始发站的各项货运作业,主要包括受理托运、组织装车、核算制票等内容。受理托运必须做好货物包装、确定重量和办理托运单等作业。车站受理托运后开始组织装车,发货人应按规定交纳运杂费,并领取承运凭证——货票。始发站在货物托运单和货票上加盖承运日期时起算承运。

途中工作是指货物在运送途中发生的各项货运作业,主要包括途中货物交接、货物整理或换装等内容。如果货物在途中发生装卸、换装、保管等作业,驾驶员之间、驾驶员与站务人员之间应认真办理交接检验手续。

到达工作是指货物在到达站发生的各项货运作业,主要包括货运票据交接、货物卸车、保管和交付等内容。车辆装运货物抵达卸车地点后,收货人或车站货运员应组织卸车。卸车时,对卸下货物的品名、件数、包装和货物状态等应进行必要检查。

下面从整车货物运输作业流程出发,介绍各环节的主要内容。

一、受理托运

(一)托运与承运

货物托运是指货主委托运输部门为其运送货物,并为此办理相关手续的统称。货物的承运是指工作人员接到托运单后,仔细审核托运单各项内容是否符合货运规则,经审核加盖站名和日期印戳后即算承运。承运标志着运输部门对发货人托运的货物开始承担运送义务和责任。在托运与承运环节,应做好货物运输合同的签订、运输单据办理等各项作业。

(二)整车货物运输受理的主要方法

1. 登门受理

它是指运输部门派人员去客户单位办理承托手续。

2. 驻点受理

对生产量较大、调拨集中、对口供应,以及货物集散的车站、码头、港口、矿山、油田、基建工地等单位,运输部门可设点办理托运。

3.站点受理

它是指货物托运单位派人直接到运输部门办理托运。

4.电话、传真、信函、网上受理

经运输部门认可,本地或外地的货主可使用电话、传真、信函、网上办理托运,运输部门的业务人员受理登记,代填托运单。

5.签订运输合同

根据承托双方签订的运输合同或协议,办理货物运输。

二、填写单据

在托运承运阶段,所涉及的单据主要是货物托运单和货票。发货人办理货物托运时,应填写货物托运单,按规定交付运杂费,领取货票,作为收货人取货的依据,它也是运输企业统计运量、核算营运收入的凭证。

1.托运单

托运单是托运人与运输企业之间的契约,是发货人托运货物的原始依据,也是车站承运货物的原始凭证。它明确规定了承托双方在货物运输过程中的权利、义务和责任。整车货物托运单的填写应填明收货单位全称或收货人姓名、地址、电话、行驶路线、运距、货物名称、标志、包装件数和质量等。

车站接到发货人提供的货物托运单后,应进行认真审查。货运员还应根据货物托运单的记载内容,认真验收货物,并应注意检查货物的品名、质量、件数、包装、货物标记等是否正确齐全,按规定应附的证明文件和单据是否齐全,发货人声明栏填记内容是否符合规定等,并确定运输里程和运价费率,约定运杂费结算方法。

托运人填写的托运单必须逐日顺号收齐,按月装订成册,妥善保管备查,一般留存 1~2 年。托运单的表格式样如表 2-1 所示。

表 2-1　公路汽车货物运输托运单

年　　月　　日　　星期　　　　　第　　号

托运人:	地址:		电话:		装货地点:			
收货人:	地址:		电话:		卸货地点:			
货物名称	性质	包装或规格	件数	实际重量/t	计费重量	计费里程	运费结算方式	货物核实记录
约定事项:			运输记录	运输日期	吨数	装运车号	待运吨数	附记

托运人:　　　　　　　站长:　　　　　　　经办人:

（1）托运单的填写份数一般为一式四份，一份交托运人作为托运凭证，三份交承运单位：一份受托部门存查；一份交财务部门凭以收款和结算运费；一份交调度部门作为派车依据。

（2）整车货物的托运单一般由托运人填写，也可委托他人填写，并应在托运单上加盖与托运人名称相符的印章。托运单的填写有严格的要求，必须注意以下几点：

①填写内容必须详细、清楚、真实。由托运人填写的各栏，若因填写不实，造成错运或其他事故，概由托运人负责。

②托运单每单以运到同一到达地交同一收货人为限。托运两种或两种以上货物时，应在托运单内按货物种类分别填写。

③托运长大、笨重货物，危险货物，鲜活易腐货物，应将货物性质记入"货物性质"栏内。

④除"货规"规定外，托运人如有特约事宜经双方商定后填入"约定事项"栏内。

⑤托运人托运的货物应按规定包装完整、标志清楚，并做好交运前的准备工作，按托运单商定运输日期交运。

2. 货票

货票是一种财务性质的票据，根据货物托运单填写。承运人在对货物托运单上的各项内容进行检查，特别是对行驶线路、计费里程、计费质量、运价、费率、运杂费做全面查对复核，确认全部相符后，填制货票。填制货票要求内容完整，运价、费率计算准确，经办人签名盖章。货票开好复核后，经办人应把货票收据联交给货主向财务部门结缴运费，然后作为托运方运费报销凭证及收货依据，将货票收货回单联和到达站存查联同时附在行车路单上，随货同行。

在始发站，它是向发货人核收运费的收费依据；在到站，它是与收货人办理货物交付的凭证之一，也是企业统计货运量、核算营运收入及计算有关货运工作指标的依据。货票的填写内容一般包括：货物装卸地点、收发货人姓名和地址、货物名称、包装、件数和质量、计费里程和计费重量、运费与杂费等。公路运输货票式样如表2-2所示。

（1）货票一式四联：第一联起票站存查；第二联运费收据交托运人做报销凭证；第三联随营收缴单送车属单位；第四联随货同行。货物到站后，随货同行货票经收货单位签收后，由到达站验货合格后收回，最后统一寄回起票站进行结算。

（2）整车货票的使用规定及填制应当注意的事项如下：

①凡属于整车运输，无论长途运输、短途运输或计时（日）运输包车，均属于本票使用范围。

②本票采用一车填一票的原则进行。在一般情况下，运输一车次填一次票，但对于托运单位和收货单位都为同一个的短途运输或计时（日）包车，可以根据运输任务记录单，采用一车多趟次汇总后填制在同一张货票上的方法。

③不属于同一个单位的货物拼装在一辆车中运输时，应当分别填货票，并且注明相关票号。

④代办不属于本企业的其他车辆，货票应当专本使用，货票上应当注明车属单位的全称、地址以及开户银行、账号，以便汇解运费。

⑤货票必须顺号使用，不得跳号、漏号和缺号。货票票面各栏目要填写齐全，不可以任意简写或者略写。字迹应当清晰容易辨析，并且应当按照"汽车运价规则"的规定，正确计算运杂费。金额大小写都不得涂改，凡是涂改过的货票都视为无效票。其他与金额无关地方的涂改，必须在涂改处加盖填票人的业务专用印章，以明确责任。

⑥货票开好后,应当对其进行逐项逐栏复核,以防错漏。事后检查发现差错时,应当及时订正,多退少补。

⑦填票人一律使用各自的专用业务印章,不得用签字代替,也不得转借他人使用。

表 2-2　公路运输货票

托运单位:　　　　　　　　　　　车属单位:　　　　　　　　　　　牌照号:

装货地点			发货单位		地址		电话	
卸货地点			收货单位		地址		电话	
发货单号		计费里程	付款单位		地址		电话	
货物名称	包装	件数	实际重量 /t	计费运输量	吨千米运价	运费金额	其他费用	运杂费合计
				t	t·km	货物等级	道路等级	运价率			费目	金额	
运杂费合计金额(大写):							￥	
备注:						收货单位签收盖章		

开票单位(盖章):　　　　　开票人:　　　　承运驾驶员:　　　年　月　日

3. 行车路单

行车路单是指调度部门代表企业签发的行车命令,是记录车辆运行的原始凭证。行车路单所记载的内容及随附的单证是统计运量、考核单车完成任务情况及各项效率指标的原始依据,是整车货物运输生产中一项最重要的记录。行车路单由车队调度员签发,车辆完成任务回队后由车队调度员审核,经审核无误的行车路单交车队统计员计入统计台账,计算运输工作量和运行消耗等各项经济指标。

行车路单的式样和内容在各地大同小异。其内容主要有:车号、驾驶员姓名、运输起讫站、货物装卸起讫地点、收发货单位、货物名称、件数、实际重量、运距、运量统计等。行车路单的格式如表 2-3 所示。

(1)行车路单反映了车辆运行的实际情况,具体规定了运输对象、运输车辆、运输工人、行驶路线、装卸作业运行时间等。驾驶员与工作人员都应按行车路单上的规定进行工作,未经调度部门同意,不得任意改变。

表2-3　公路货运统一行车路单

牌照号：		驾驶员：	
车辆厂牌：	主车吨位：		挂车吨位：
车属单位：			

起点	发车时间		止点	到达时间		装运货物名称	包装	件数	运量/t			行驶里程/km			
	日	时		日	时				合计	主车	挂车	重驶		空驶	
												主车	挂车	主车	挂车

总结	行驶里程/km			运输量		汽（柴）油消耗/L			机油实耗	备注
	合计	重驶	空驶	吨	吨千米	定额消耗	实际消耗	节约超耗		
合计										
主车										
挂车										

路单签发单位：　　　　路单签发人：　　　年　月　日（有效期　天）路单回收人：　　　年　月　日

（2）行车路单在使用时应注意以下几点：

①行车路单必须内容齐全，各项记录必须按要求填写准确。

签发的行车路单必须内容齐全，字迹端正清楚，装载货物部分应与托运单相符。有关安全质量注意事项、装卸操作要求、随车需带的工具设备、随车押运人员及货主特约要求事项等应在路单上注明。签发时，值班调度人员应检查路单是否签填完整准确，运行任务是否明确，并交代执行中应注意的事项及沿途报到和回程配载地点。

②路单必须严格按序号使用，防止空白路单的丢失。

③车队调度员对交回路单的各项记录应仔细审核。

车辆执行任务归队后应交回路单，值班调度人员在收取路单和回单时，应逐一核对签证内容，检查路单的签填是否遗漏，检查应附的单据是否齐全和卸收单位是否符合，检验货物签收情况。

④及时交回行车路单。

车辆执行任务回队后必须及时交回路单，不允许积压、拒交。回收路单时发现问题应及时做好记录和汇报工作。验收合格的路单，连同各种应附凭证移交统计部门汇总核算。

任务二
整车货物的核实理货　◆ ‖

一、货物包装与标志

货物包装是指使用适当的材料或容器,采用一定的技术,对货物在流通过程中加以保护的方法或手段。货物包装对运输中的货物具有保护和便于装卸的功能。

货物标志是指用文字图形在货物运输包装上制作的特定记号和说明事项。它是从收货、装卸、搬运、输送、储存、保管、直到交付的全过程中,区别与辨认同批货物的基础,也是包装货物正确交接、安全运输、完整交付的基本保证。

货物的标志一般有以下几种:

(1)商品标志,即制造标志,是由制造单位直接制定、烙印或贴在货物本体包装上的,标明该货物的名称、种类、成分、体积和重量等。

(2)发送标志,是用来表明运输货物的品名、件数、收发货人和发送地点等的。其内容要与托运单、发票的记载相符,由发货人制作。

(3)运输标志,也称货签,由运输部门编写,一般包括发站、中转站、到站、收发货人、货物运单号码、同一批量货物的总件数及本件的顺序号码等内容。它是该批货物承运、核对、清点、装车和卸交的依据。

(4)储运指示标志,是根据货物的特性,对易破碎、残损和怕湿、怕热、怕冻的货物所提出的搬运、储存、保管以及运输安全的注意事项。

(5)危险货物标志。凡是属于爆炸品、氧化剂、压缩气体、液化气体、易燃易爆物品、自燃物品、放射性等的物品,都是由生产单位在货物出厂之前根据国家标准计量局统一发布的式样标印。

上述各种标志必须清晰、明显、正确、牢固,所用颜色应当与货件颜色具有明显的区别,便于识别区分。在一般情况下不使用旧包装;如果使用旧包装,则发货人应当将旧包装上的标志清除掉,贴上新货物的标志或者新文字说明,使运输单位和收货人容易辨认。因为标识不清而引起的货物损失或者损坏,由发货方负责。同时,起运站在收货时,对发货人所托交的货物必须认真检查核对,如果发现发货人未按照规定制作标志,又不按照承运人的合理建议进行补充或修正,则承运人可以拒绝承运。

二、整车货物核实理货的主要内容

整车货物的核实理货工作一般有受理前的核实和起运前的验货。

1.受理前的核实工作

在货主提出托运计划并填写货物托运单后,运输部门派人会同货主进行核实工作。核实的主要内容如下:

(1)托运单所列货物是否处于待运状态。

(2)装运的货物数量、发运日期有无变更。

(3)连续运输的货源有无保证。

(4)货物包装是否符合运输要求。

(5)确定货物体积、重量的换算标准及其交接方式。

(6)装卸场地的机械设备、通行能力。

(7)运输道路的详细情况。

2.货物起运前的验货工作

货物起运前的理货或验货工作的主要内容如下:

(1)承托双方共同验货。

(2)落实货源、货流。

(3)落实装卸搬运设备。

(4)查清货物待运条件是否变更。

(5)确定装车时间。

(6)通知发货、收货单位做好过磅、分垛、装卸等准备工作。

要做好托运承运阶段的工作,承托双方应注意正确使用货物包装及标志,托运的货物应在外包装上详细注明收货人和托运人的单位、姓名、详细地址和储运要求,并且粘贴或者拴挂承运人的货物运输标签。特别是同一批货件中,件头有大有小,分量有轻有重,或车上货物不是同一个卸站点,必须按照托运单清点货物,检查货件上的唛头是否打印清晰。为了使货物能安全运送到位,货件上应标明的项目不全或模糊不清时,应说服托运人补齐缺项后再开具货票,接受承运。

任务三
整车货物装车作业组织 ◆▌▎

一、运输车辆配置

车辆选配应根据运输市场情况,以及当地的油料供应、运量、运距、道路、气候条件,制订车辆发展规划,择优选购、合理配置车辆。否则,有可能车辆与货源不相适应或"大车小用",使实载率降低,运行消耗增加;或者"小马拉大车",使机件损坏次数增加,维修费用增加等。

1.择优选购

择优选购是指根据运输生产需要和运行条件,按照对车辆的适应性、可靠性、维修的方便性、经济性以及产品质量的优劣等因素,进行择优选型配置车辆。

在选购车辆时要综合考虑各项因素。能适应当地的道路、气候条件,就说明车辆的适应性好;发生故障的平均里程和频率低,说明车辆可靠性好;易于早期发现故障、易于更换和修理损坏的零部件,缩短维修时间、减少维修费用,说明方便性好;同类型车辆的燃油水平可能会有差异,尽管有时差异较小,但长期积累后节约的数量相当可观,因此需要比较燃油的经济性;车辆使用寿命的长短,是产品质量好坏的标志等。

2. 合理配置

合理配置车辆是指运输单位根据其所承担的运输任务的性质、运量、运距、气候以及燃油供应情况等条件,合理配置车辆。如:大、中、小型车辆比例,通用、专用车比例等。通过合理规划,优化车辆构成,充分发挥车吨位利用率和容量利用率。

合理配置车辆的原则如下:

(1)车型先进、安全可靠、货物装卸方便。

(2)车辆规格齐全,能与货源相适应,且配比合理。

(3)车辆的油耗、维修费用、运输成本低。

(4)运输应用能力强,既能完成正常的生产任务,又能突出重点,完成特殊的任务。

随着车辆使用时间的不断增加,车辆性能会不断下降,运行和维修费用不断增加,车辆就面临着报废问题,需要更新。车辆更新是运输企业投资决策的组成部分。为了使车辆保持高效能的运行状态和先进的技术水平,使运输企业在竞争中处于有利地位,提高经济效益,需要对车辆整个运行期间的技术经济状况进行分析和研究,做出正确的决策。

二、货物装车组织

整车货物一般直接在发货人仓库或货场内组织装车,并由发货人自理。在社会经济物流过程中,物流的目的是以最低的成本,高效率地完成物资从供应者到需求者之间的空间位移。其间包含了运输、装卸、保管、包装、配送、流通加工等各功能要素,只有各功能要素相互有机配合,才能保证物流过程的顺利进行。装卸是物流中必不可少的一个环节,没有装卸,整个物流过程就无法实现。装卸作业就是企业利用装卸设备,如起重搬运设备、运输设备等机械进行货物的装、卸,货物的移动和上架,货物的取放、整理等作业,从而为实现货物的空间位移提供保证。装卸作业的质量和组织水平直接影响着运输企业的货运质量、运输效率及仓储、流通加工和配送过程的工作质量和效率。因此,研究装卸作业的特点、类别和组织方法,是提高运输效率的有效途径之一。

(一)装卸作业的特点

在同一地域范围内,以改变货物的存放和支承状态的活动称为装卸,以改变货物的空间位置的活动称为搬运,两者合称装卸搬运。由于物品存放状态和空间位置改变的作业常常是垂直位移和水平位移交替进行,不易划分开,故在运输中,常将装卸搬运这一整体活动称为货物装卸。货物的装卸作业,是货物运输的起始与终结所进行的装车、装船、卸车、卸船和集并、疏散的短距离位移作业,也是仓储、流通、加工、配送作业等物流过程的重要工作。货物只有完成了它的装卸作业后,才能开始和结束其运送。因此,装卸工作关系到货物在运输过程中的完整性,装卸工作水平的高低影响着运输的载重能力及其容积的利用,装卸工作时间的长短影响着运输方式的运送水平和货物的送达时间,装卸作为物流过程中的重要组成部分,为各种运输方式服务,是各类货物发生在运输起点、中点和终点的作业活动,又是连接各种货运方式,进行多式联运的作业环节。

装卸作业是生产活动、流通活动不可缺少的环节,与物流过程的其他环节和功能相比,具有以下基本特点。

1. 装卸作业是附属性和伴生性的活动

装卸作业的附属性和伴生性表现在无论是在生产领域的加工、装配、检验,还是在流通领域、消费领域中的运输、仓储、包装及废物处理,装卸作业都是物流每一项活动开始及结束时必然发生的活动。各种运输方式的运输全过程都包括了装货、运送、卸货几个主要环节。装货是运输生产的开始,卸货是运输生产的终结。没有装卸,运输生产无法进行和完成。

2. 装卸作业具有提供保障和服务的特点

在生产与流通领域中,装卸作业对其他物流活动具有一定的决定性,会影响其他物流活动的质量和速度。没有装卸的保障与服务,就无法使运输高质量、高效率地运行,装卸的质量、效率对运输过程有着重要的制约作用。例如:装车不当,会引起运输过程中的损失;卸放不当,会造成货物下一环节流通的困难。运输生产活动只有在有效的装卸工作支持下,才能实现运输生产的高水平。

3. 装卸作业具有衔接性的特点

不同的物流活动相互过渡时,常以装卸来衔接,因而装卸作业往往成为物流各功能之间能否紧密衔接的关键。各种运输方式都需要集、装、运、卸、散的过程和相互换装的环节,在这五个环节中,"运"是主体,"集、装"是"运"的开始,"卸、散"是"运"的继续和终结,从而组成了运输生产的全过程。在运输的全过程中,"装"与"卸"起着运输的衔接作用,才可能使运输生产活动得以正常运转,才可能实现各种运输方式的中转换装,保证了综合运输能力的形成。

4. 装卸作业具有空间、时间分布不均衡的特点

由于货流的波动性、不均衡性,货物装卸作业表现为时间上和空间上分布的不均衡性,使得货物装卸作业的设备、设施分布较分散,装卸作业量起伏波动较大,常会出现集中到货和停滞等待的不均衡现象,使组织管理较困难。

5. 装卸作业的内容较为复杂

货物装卸作业与运输、仓储、配送等作业紧密衔接,例如:在装卸过程中,同时需要进行货物的堆码、加固、计量、分拣等作业,使作业内容较为复杂。

装卸活动在物流过程中,是不断出现和反复进行的,是物流各项活动中出现频率最高的一项作业,是货物运输、仓储、流通、加工、配送作业等物流过程中的重要环节,装卸活动技术水平、质量水平、组织水平直接影响着物流整体的效率。因此,科学合理的装卸工作组织对实现物流整体活动的合理化,提高物流效率、降低物流成本有着十分重要的意义。具体来说,科学合理的装卸工作有利于物流速度的提高,物流成本的降低,货损、货差的避免和减少。

（二）装卸作业的基本要求

1. 掌握时间构成,提高装卸作业效率

在现代物流活动中,装卸和运输关系密切,装卸工作的质量和效率,对提高车辆生产率、加速车辆周转、确保运输效率起着十分重要的作用。因为在运输过程中,货物装卸作业所占用的时间是车辆停歇时间的主要组成部分,它主要由几部分组成:车辆到达作业地点后,等待货物装卸作业的时间;车辆在装卸货物前后,完成调车、摘挂的时间;直接装卸货物的作业时间;与运输有关的商务活动的时间等。分析时间构成并采取相应措施,是提高运输效率的关键。

（1）车辆等待装卸作业时间

它的长短取决于作业点的装卸能力与需要进行装卸作业的车辆数量之间相互适应和协调的程度,也与组织管理水平有关。如果装卸能力大于或等于需装卸作业车辆的工作量时,则车辆等待装卸时间一般不会发生,但当车辆到达极不均衡,在某段时间内车辆到达过于集中时,该段时间内的装卸能力小于需要进行装卸的工作量,就会出现车辆等待装卸现象。如果达到一定程度,不仅会产生严重的车辆等待装卸现象,甚至会导致装卸作业现场产生混乱和阻塞,装卸作业无法进行。

影响作业点装卸能力大小的因素,主要有作业场地的大小、进出口通道的完善程度、作业线的长度与位置、人员与装卸机械的配备、作业点规定的作息制度等。这就需要对完成这一运输任务的运力和装卸能力进行合理的计算。

（2）车辆进行调车、摘挂作业时间

这个时间的长短取决于装卸场地面积的大小和场地布局的合理性、设施设备设计的可行性、装卸作业线的排列及长度、车辆运行组织方式、进出口通道的完善程度等,可以用系统工程方法进行有关的规划与布局。

（3）装卸作业时间

这个时间取决于货物的特性、形态,工人技术的熟练程度,装卸作业的机械化程度,装卸组织水平等。高效率的装卸机械化和装卸组织工作能保证货物装运质量和效率,减少装卸成本,缩短装卸作业时间,从而缩短车辆装卸货物的停歇时间。

（4）办理商务作业时间

办理商务作业时间的长短取决于承托双方业务上的协作、联系及作业的繁简程度。必须办理的业务手续应尽可能采用平行作业法,在进行装卸的同时进行相关手续的办理,尽可能缩短商务作业时间。

2. 减少不必要的装卸环节

在运输过程中,货损货差主要发生在装卸环节,而装卸作业又是反复进行的,发生的频数超过任何其他活动,较多的装卸次数必然导致损失的增加。另外,装卸环节不仅不增加货物的价值和使用价值,反而有可能增加相应的运输成本。每增加一次装卸,费用就会有较大比例的增加。此外,装卸还会对整个运输的速度产生影响,是降低物流速度的重要因素。因此,系统地分析研究运输过程中各个装卸环节工作,取消、合并装卸作业和次数,避免进行重复的或者可进行也可不进行的装卸作业,是减少不必要装卸环节的重要措施。

3. 提高装卸作业的连续性

在运输过程中,尽可能提高装卸作业的连续性,按流水方式作业,将各个工序密切衔接起来,必须进行的换装作业也尽可能采用直接换装方式。

4. 提高货物集装、散装化作业水平

成件货物的集装化与粮食、盐、糖,水泥、化肥、化工原料等粉粒状货物的散装化是提高作业效率的重要方向。实际上,集装化和散装化也是一种集中作业形式,通过集装化和散装化,将小件集中为大件,可以提高装卸作业效率。所以,成件货物尽可能集装成托盘系列、集装箱、货捆、网袋等货物单元再进行装卸作业;各种粉粒状货物尽可能采用散装货作业,直接装入专用车、船、库。不宜大量化的粉粒状货物也可装入专用托盘箱、集装箱内,提高货物活化指数,使用机械设备进行装卸作业。

5. 相对集中装卸地点

装卸地点相对集中可以提高装卸工作量,便于采用机械化作业方式。在货物堆场上,尽可能将同类货物的作业集中在一起进行,以实现装卸机械化和自动化。

6. 力求装卸设备、设施、工艺标准化

为了促进物流各环节的协调,要求装卸的工艺装备、设施应与组织管理工作相协调,实现装卸作业的标准化、系列化和通用化。

7. 做好装卸现场的组织工作

装卸现场的作业场地、进出口通道、作业线长度、人机配置等布局的设计合理与否,关系到现场的装卸能力的发挥。应避免由于组织管理工作不当造成装卸现场拥挤、阻塞、紊乱的现象发生,确保装卸工作顺利进行。

(三)装卸作业的基本方法

装卸作业方法是多种多样的,进行装卸组织工作时要依据不同的情况选择相应的装卸作业方法。这对提高装卸效率,节约装卸作业时间,降低装卸作业费用是至关重要的。

1. 按作业手段和组织水平分类

(1)人工作业装卸法

人工作业装卸法是指完全依靠人力和人工使用无动力器械来完成装卸的作业方法。采用该方法时,在装卸作业中,货物的举升、搬移、安置等全部工序都借助人力来完成。在操作时,虽然也用一些简单工具,但仅是起到改善劳动条件的作用。人工装卸需要大量的劳动力,其装卸时间比较长,装卸成本也比较高。因此,采用人工装卸,要根据装卸对象是否适合人工操作,再按货物的重量、外形、装卸现场条件等情况做出选择。

(2)机械化作业装卸法

机械化作业装卸法是指以各种装卸机械完成货物装卸的作业方法。采用该种方法时,工人只需要操纵机器,就可以完成货物的举升、搬移和安置。这不但改善了工人的劳动条件,加速了装卸作业过程,缩短了装卸作业时间,提高了装卸效率和降低装卸成本,而且对加速车辆周转,保证货物的完整性,提高运输质量也有较大作用,是目前装卸作业的主流。

(3)综合机械化装卸法

综合机械化装卸法是代表装卸作业发展方向的作业方法。综合机械化装卸法是指要求作业机械设备和作业设施、作业环境相互配合,对装卸系统进行全面的组织、管理、协调,并采用自动化控制手段取得高效率、高水平的装卸作业方法。

2.按装卸作业对象分类

（1）单件作业法

单件作业法是指对单件、逐件货物装卸的方法。现实中,使用单件作业法是由于某些货物自身特有的属性,采用单件作业法更利于安全;同时,某些装卸场地没有或难以设置装卸机械时也必须单件作业;此外,货物的体积过大、形状特殊,不便于集装化作业时也需要采用单件作业。

单件作业可采取人工作业、半机械化作业及机械化作业。由于逐一装卸,速度较慢,在作业中容易出现货损,反复作业次数较多也容易出现货差。

单件作业法常用于单件货物、零散货物、单件大型笨重货物、不宜集装的危险货物等。

（2）集装作业法

集装作业法是指将货物先进行集装,再进行装卸的方法。集装作业法一次装卸的作业量较大,作业速度快,仅对集装体进行作业,因而货损、货差小。一般货物都可进行集装,因而集装作业法的应用范围较广。例如:粉、粒、液、气状货物,经过一定包装后,可集合成集装件装卸;长大、笨重的货物,经适当分解处置后,也可采用集装方式进行作业。集装作业法包括托盘作业法、集装箱作业法、滑板作业法、框架作业法、货捆作业法、网袋作业法等。

①托盘作业法。它是指用托盘系列集装工具将货物形成成组货物单元,然后采用叉车等设备实现装卸作业机械化的作业方法。对于不宜采用平托盘的散件货物,可采用笼式托盘形成成组货物单元;对于批量不大的散装货物,如粮食、啤酒等,可采用专用箱式托盘形成成组货物单元,再辅之以相应的装载机械、泵压设备等配套设施,实现托盘作业。

②集装箱作业法。它通常分为垂直装卸作业法和水平装卸作业法两种。

垂直装卸作业法又叫吊装作业法,一般使用的机械有龙门起重机、轮胎起重机、集装箱起重机等,集装箱跨运车也被广泛使用。在集装箱港口,岸边集装箱起重机械将船上集装箱吊下后,然后再使用各种机械堆码或送出,在车站以轨道龙门起重机方式为主,配以叉车使用。轮胎龙门起重机和跨运车方式也常常被采用。

水平装卸作业法是一种滚上滚下的作业。在港口,以集装箱牵引车、挂车和集装箱叉式装卸车为主要装卸设备;在车站,主要采取叉车或平移装卸机械的方式,在车辆与挂车或车辆与平移装卸机之间进行换装。

③滑板作业法。其中滑板是用纸板、纤维板、塑料板或金属板等制成的,与托盘尺寸一致的、带有翼板的平板,可用以承放货物组成的搬运单元。与其匹配使用的装卸搬运机械是带推拉器的叉车。叉货时把推拉器的钳口夹住滑板的翼板,将货物拉上货叉,卸货时先对好位置,然后叉车后退、推拉器前推,货物放置就位。滑板作业法具有托盘作业法的优点,占用作业场地较少,节约空间,利于操作;但缺点是带推拉器的叉车较重、机动性较差,对货物包装与规格化的要求很高,一般包装不规则的货物不太适用此作业法。

④框架作业法。它是指采用框架进行集装化装卸作业的一种方法。对于各种管件以及各种易碎建材,可以根据货物的外形特征选择或特制各种形式的框架进行框架集装化装卸作业,使易碎货物通过不同的集装框架来实现装卸的机械化,以确保货物的装卸质量,降低装卸过程中对货物的损耗,提高装卸效率。框架通常采用木制或金属材料制作,要求有一定的刚度、韧性,质量较轻,以保护商品、方便装卸、有利运输作业。框架是集装化的一种手段,它的使用可

以使一些管件以及各种易碎建材装卸快捷化。

⑤货捆作业法。它是指用捆装工具将散件货物组成一个货物单元,使其在运输过程中保持其形状不变,从而在装卸过程中能较好地与其他机械设备配合作业,实现装卸作业的机械化的一种方法。木材、建材、金属之类的货物最适于采用货捆作业法。带有与各种货捆配套的专用吊具的门式起重机和悬臂式起重机等重型装卸机械,是货捆作业法的主要装卸机械,叉车、侧叉车、跨运车等是配套的搬运机械。

⑥网袋作业法。它是一种先集装再进行装卸的方法,即先将粉粒状货物装入多种合成纤维和人造纤维编织成的集装袋,将各种袋装货物装入多种合成纤维或人造纤维编织成的网络,将各种块状货物装入用钢丝绳编成的网,然后再进行装卸的方法。网袋作业法适宜于粉粒状货物、各种袋装货物、块状货物、粗杂物品的装卸作业。网袋集装工具的体积小、自重轻、回送方便,可一次或多次使用。

(3)散装作业法

为提高货物装卸效率,散装作业法越来越被广泛使用。该方法是指对大批量粉状、粒状货物进行无包装的散装、散卸的装卸方法。煤炭、建材、矿石等货物通常都采用散装、散卸的方式。随着谷物、食糖、原盐、化肥、水泥作业量的增大,为提高装卸效率,也开始散装散卸。散装作业法可分为重力作业法、倾翻作业法、机械作业法和气力输送作业法。

①重力作业法。它是指利用货物的位能来完成装卸作业的方法。例如:重力法卸车主要是指底开门车或漏斗车在高架线或卸车坑道上自动开启车门,煤或矿石依靠重力自行流出的卸车方法。

②倾翻作业法。它是指将运载工具的载货部分倾翻,将货物卸出的方法。例如:当铁路敞车被送入翻车机,夹紧固定后,敞车和翻车机一起翻动,货物倒入翻车机下面的受料槽。带有旋转车钩的敞车和一次翻两节车的大型翻车机配合作业,可以实现列车不解体卸车。汽车一般依靠液压机械装置顶起货厢实现卸载。

③机械作业法。它是指采用各种机械,使其工作机构直接作用于货物,通过舀、抓、铲等方式达到装卸目的的方法。常用的机械有带式输送机、单斗装载机、抓斗机、链斗装车机和挖掘机等。

④气力输送作业法。它是指利用风力压缩机在气力输送机的管内形成单向气流,依靠气体的流动或气压差来输送货物的方法。主要设备是管道及气力输送设备。

以上几种装卸作业法中,集装作业法和散装作业法都是随着物流量的增大而发展起来的,并与现代运输组织方式、存储方式等相互联系、相互配合、互为条件,加速了物流现代化的进程。

(四)装卸作业组织

装卸作业组织是指按照货物属性与数量配备合理的装卸设备和劳动力,充分发挥物化劳动和活劳动的作用,提高装卸效率,把装卸停歇时间压缩到最低限度的过程。运输效率能否充分发挥,与装卸组织工作安排是否恰当、装卸效率的高低、装卸停歇时间的长短有着直接的关系。

货物装车前必须对车辆进行技术检查和货物检查,设计科学合理的装卸方案,有计划地逐步采用现代化的装卸设备,加强对人力、物力、财力的组织,因地制宜,采用科学的组织方法,以确保其运行安全和货物完好,提高装卸工作效率。装车时应注意码放好货物,努力改进装载技术,充分利用车辆载重量和容积。同时,监装人员应检查每件货物包装,遇有破、散、湿、污包,应请发货人修补或更换。如发货单位愿意自己承担损耗责任而又不影响车辆运行的,要在随货同行的有关单证上注明并加盖印章,明确责任。

装车中应监督货物装载是否按各类货物的运输要求装载堆码,严格检查车辆装载状态,检查是否有超载、偏重、倾斜等现象。货物装车后,应严格检查货物装载情况是否符合规定的技术条件。

1. 制定科学合理的装卸工艺方案

装卸是货物、劳动力、设施设备、作业方法和信息工作等因素组成的整体。货物装卸作业采用不同的工艺方案,对于车辆装卸作业、停歇时间会有很大影响。在进行装卸工艺设计时应尽量减少"二次搬运"和"临时停放"的现象,使搬运次数尽可能减少,实现装卸合理化。方案要体现装卸机械化,使车辆、装卸机械、仓库等设施设备的设计合理,从而提高装卸质量、装卸效率。

2. 科学组织好装卸调度的指挥工作

在装卸现场,科学组织好装卸调度的指挥工作,对合理使用装卸机具、劳动力,提高装卸质量和效率有极大的关系。装卸调度员应根据货物的信息,装卸设备的性质、数量,车辆到达时间,装卸点的装卸能力、技术专长,装卸工人的数量、体力情况等进行科学的调配组织,有效地进行装卸调度指挥。在装卸量大,装卸劳动力充沛,货物条件许可的情况下,可采取集中出车、一次接送装卸工人的方法,对于装卸点分散的地区,可以划分装卸作业区,通过加强装卸调度工作,以减少装卸工人的运输调遣。

3. 提高现代通信系统的应用水平

提高现代移动通信系统或固定通信系统的应用水平,及时掌握车辆到达的时间、数量等有关信息,合理调度安排装卸,是减少车辆等待装卸作业时间的有效措施。应当根据现有移动通信系统或固定通信系统技术条件的应用情况,建立车辆到达信息的预报系统,根据车辆车号、到达时间、货物名称、收发单位等情况的报告,事先安排好相关装卸机械和劳力,做好装卸前的准备工作,保证车辆到达后及时装卸,提高装卸效率。

装车完毕后应清查货位,检查有无错装漏装,与发货人员核对车上实装货物,确认无误后协助驾驶员办好交接签收手续。

任务四
货物的在途管理 ◆◢▌

车辆和货物的在途监督和管理,一直是运输管理的难点问题。为了保证货物运输的安全与完好,运输途中驾驶员要定时检查,发现货物倾倒撞碰、包装破损、货物溢漏流失时要及时采取措施,就近报告车站处理,避免损失扩大。如果车辆中途抛锚或肇事等,应立即通知管辖车站派车接驳或组织人员到现场抢救处理。如因自然灾害发生路阻,当地车站应及时通过起运站与托运方取得联系,协商处理。

一、整车运输途中作业

整车运输途中作业包括途中货物交接、途中货物整理或换装等内容。

1. 途中货物交接

货物在运输途中如果发生装卸、换装、保管等作业,驾驶员之间、驾驶员与站务人员之间,应认真办理交接检查手续,一方面保证货物运输的安全完好,另一方面便于划清企业内部的运输责任。在一般情况下,交接双方可按货车现状及货物装载状态进行交接,必要时可按货物件数和重量交接;如接收方发现有异,由交出方编制记录备案。

2. 途中货物整理或换装

货物在运输途中出现合同变更和解除、装车不规范、车辆故障、交通事故、不可抗力等因素影响继续运行,甚至危及行车安全和货物完好时,应及时采取措施,对货物加以整理或换装,必要时调换车辆,同时登记备案。

二、运输途中常见问题及处理措施

1. 合同变更和解除

运输合同签订后,如确有特殊原因不能履行或需要变更时,需经双方同意,并在合同规定的时间内办理变更。如在合同规定的期限外提出,必须负担对方已造成的实际损失。托运人因故需要变更运输货物的名称、数量、起讫地点、运输时间、收发货人时,应向承运人提出运输变更申请书或其他形式的书面申请(包括信函、电报);托运方对已托运的货物,要求变更收货人或取消托运,须向受理车站提出书面申请。承运人在接到申请后,应当认真审查,符合变更条件的,应当同意办理相应的变更手续。

由于某种原因发生,运输货物已没有必要,货物起运前可办理解除合同。合同解除的原因主要有:①因自然灾害造成运输线路阻断;②市场变化,托运人认为该批货物已经没有发运必要;③执行政府命令影响按时履行运输合同;④双方商定的其他情况。合同解除也应当以书面形式(包括公函、电报)提出或答复。

2. 装车不规范

如果货物装车时未按规范操作,将导致货物偏重、超重、倾斜、撒漏、丢失等。为减少此类问题,承运人应监装,使装车质量得到保证。有些货物装载时需要衬垫、加固,有些货物装载时应避免混杂、污染、散落、漏损、砸撞,严格执行车辆装载要求,严禁超载。对货物装车不牢造成货物倾斜现象,驾驶员要及时停车加固;造成货物丢失的,请求路政管理部门沿途查找货物,并上报备案。

3. 车辆故障

在运输途中,如果车辆技术状况不良,将可能造成车辆途中抛锚,进而不能及时将货物送达目的地。发生车辆损坏不能正常运行时,驾驶员要及时上报车辆调度部门,准确说明故障,以便车辆管理部门及时派人进行现场抢修或调派车辆救援。为了减少此类问题的发生,车辆管理部门应做好车辆出车前检查,确保车辆技术状况良好。

按照交通运输部发布的《道路运输车辆技术等级划分和评定要求》(JT/T198—2016),道路运输车辆技术等级划分为一级和二级,不符合一级、二级车辆评定条件的为不合格车辆。车辆等级评定内容从性能和使用年限两个方面进行评价。车辆性能具体包括汽车的动力性、燃料经济性、制动性、转向操纵性、前照灯及喇叭噪声、废气排放、汽车防雨密封性、整车与外观等。

车辆管理部门要建立车辆技术档案,主要记录以下内容:车辆基本情况、主要部件更换情况、修理和保养记录、技术等级评定记录、车辆变更记录、行驶里程记录、交通事故记录等;建立车辆技术管理制度,按照国家规定的技术规范对货运车辆进行定期维护,确保车辆技术状况完好。禁止使用报废的、擅自改装的、拼装的检测不合格的和其他不符合国家规定的车辆从事运输经营。

4. 交通事故

在运输途中发生的交通事故有责任事故和非责任事故。发生责任事故时,运输方要承担运输责任,对人员伤亡和货物毁损具有赔偿责任,责任事故又分为主要责任和次要责任。发生非责任事故时,运输方可以不负赔偿责任,但需要协助相关部门办理事故处理等相关事宜。发生交通事故后,视情节轻重程度及时打电话报警,并上报车辆主管单位,紧急抢救人员及财产。

道路交通事故按照事故造成的损失分为特大事故、重大事故、一般事故和轻微事故。

(1)特大事故,是指一次造成死亡3人以上,或者重伤11人以上,或者死亡1人,同时重伤8人以上,或者死亡2人,同时重伤5人以上,或者财产损失6万元以上的事故。

(2)重大事故,是指一次造成死亡1~2人,或者重伤3人以上10人以下,或者财产损失3万元以上不足6万元的事故。

(3)一般事故,是指一次造成重伤1~2人,或者轻伤3人以上,或者财产损失不足3万元的事故。

(4)轻微事故,是指一次造成轻伤1~2人,或者财产损失机动车事故不足1 000元,非机动车事故不足200元的事故。

5. 不可抗力

运输途中恶劣天气(如大雨、大雪等)、交通管制、道路维修等不可抗力致使行车中断,货物运输发生阻碍时,可按运输管理部门的指示绕路运输,或者在必要时先将货物卸下妥善保管,待恢复运输时再装车继续运输。因货物性质特殊(如危险货物发生燃烧、爆炸或动物死亡,易腐货物变质等),绕路运输或卸下再装会造成货物损失时,车站应联系托运人或收货人请在其要求的时间内提出处理办法。超过要求时间未接到答复或因等候答复而使货物造成损失时,比照无法交付货物处理,所得剩余价款(缴纳装卸、保管、运输、清扫、洗刷除污费后)通知托运人领取。

此外,要加强驾驶员安全教育,提高驾驶员的安全意识,遵守交通法律法规。合理安排驾驶员工作时间,避免疲劳驾驶,减少事故隐患。

三、运输车辆和货物的在途管理

运输车辆和货物的在途管理重点在于对在途物资的跟踪管理,即利用一定信息技术手段及时获取有关货物运输状态的信息,并在获取信息的基础上进行计划、组织、控制、协调管理,进而提高物流运输服务水平。目前,多数企业常用的信息技术手段包括全球(卫星)定位系统、地理信息系统、北斗卫星导航系统等。

(一)全球(卫星)定位系统

全球(卫星)定位系统(GPS)是利用多颗通信卫星对地面目标的状况进行精确测定的系统。可以实现运行车辆的全程跟踪监视,并通过获取的各种数据和其他系统提供的数据进行交通管理。

在车辆、船舶或其他运输工具设备上配置信标装置,就可以接收卫星发射信号,将其置于卫星的监测之下,通过接收装置,就可以精确确认所处位置。

1. GPS 的基本构成

(1)空间卫星系统

空间卫星系统是由分布在 6 个轨道平面上的 24 颗高轨道卫星构成,轨道高宽为 $2 \times 10^4 km$,每颗卫星都配备有精度极高的原子钟,各轨道平面相对于赤道平面的倾角内,各卫星的间隔为 90°。GPS 空间卫星的这种分布方式,可以保证在地球上的任何地点都能连续同步地观测到至少 4 颗卫星,从而可确定自身所在的经纬度、高度及精确时间。

(2)地面监控系统

地面监控系统由均匀分布在美国本土和三大洋的美军基地上的 5 个监测站、1 个主控站和 3 个数据注入站构成。这些子系统的功能是:对空间的卫星系统进行监控、控制,并向每颗卫星注入更新的导航电文。

(3)用户接收系统

用户部分主要是 GPS 接收机,它接收卫星发射的信号并利用本机产生的随机音码取得距离观测量和导航电文,根据导航电文提供的卫星位置和钟差改正信息计算位置。

2. GPS 在运输信息系统中的应用

目前车载 GPS 系统已被相关管理部门和企业积极推广应用。

(1)用于汽车自定位、跟踪调度和陆地救援。在运输车辆上安装车载 GPS 卫星定位系统后,通过中心监控系统可以对车辆进行实时监控,对管理部门监督驾驶员超速行车、疲劳驾驶、提高运输生产组织水平等具有积极的辅助管理作用;同时监控中心可对正处于超速、抛锚等情况的长途营运车实施报警功能,从而降低交通事故的发生率,对提高运输安全生产具有积极的意义。

(2)用于内河及远洋船队最佳航程和安全航线的测定、航向的实时调度、监测及救援。

在我国,GPS 最先使用于远洋运输的船舶导航。

(3)用于空中交通管理、精密进场着陆、航路导航和监视。

(4)用于铁路运输管理。我国铁路开发的基于 GPS 的计算机管理系统,可以通过 GPS 和计算机网络实时收集全路列车、机车、车辆、集装箱及所运货物的动态信息,可实现列车、货物跟踪管理。只要知道货车的车种、车型、车号,就可以立即从铁路网上流动着的几十万辆货车中找到该货车,还能得知这辆货车现在何处运行或停在何处,以及所有的车载货物的发货信息。通过这项技术,可大大提高铁路网及其运营的透明度,为货主提供更高质量的服务。GPS定位系统如图2-1。

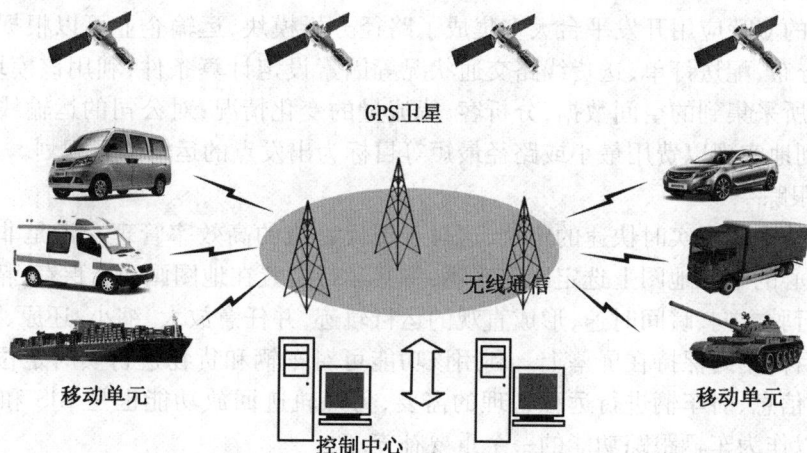

图2-1 GPS定位系统示意图

(二)地理信息系统

1.地理信息系统概述

地理信息系统(GIS)是多种学科交叉的产物,它以地理空间数据为基础,采用地理模型分析方法,适时地提供多种空间的和动态的地理信息,是一种地理研究和地理决策服务的计算机技术系统,用于获取、处理、分析、访问、表示和在不同用户、不同系统和不同地点之间传输数字化空间信息的系统。

GIS的基本特征:以计算机为运行平台,空间数据参与运算,为各类应用目的服务。根据应用领域的不同,地理信息系统又有各种不同的应用系统,如土地信息系统、城市信息系统、交通信息系统、环境信息系统、仓库规划信息系统等,它们的共同点是用计算机处理与空间相关的信息。

2.GIS在物流运输中的应用

地理信息系统在物流运输中的应用主要为以下几个方面。

（1）实时监控

经过全球移动通信系统(Global System for Mobile Communication,GSM)网络的数字通道,将信号输送到车辆监控中心,监控中心通过差分技术换算位置信息,然后通过GIS将位置信号用地图语言显示出来,货主、物流企业可以随时了解车辆的运行状况、任务执行和安排情况,使得不同地方的流动运输设备变得透明而且可控。另外还可能通过远程操作,断电锁车、超速报警对车辆行驶进行实时限速监管、偏移路线预警、疲劳驾驶预警、危险路段提示、紧急情况报警、求助信息发送等安全管理,保障驾驶员、货物、车辆及客户的财产安全。

（2）指挥调度

客户经常会因突发性的变故而在车队出发后要求改变原定计划;有时公司在集中回程期间临时得到了新的货源信息;有时几个不同的物流项目要交叉调车。在上述情况下,监控中心借助于 GIS 就可以根据车辆信息、位置、道路交通状况向车辆发出实时调度指令,用系统的观念运作企业业务,达到充分调度货物及车辆的目的,降低空载率,提高车辆运作效率。

（3）规划车辆路径

目前主流的 GIS 应用开发平台大多集成了路径分析模块,运输企业可以根据送货车辆的装载量、客户分布、配送订单、送货线路交通状况等因素设定计算条件,利用该模块的功能,结合真实环境中所采集到的空间数据,分析客、货流量的变化情况,对公司的运输线路进行优化处理,可以便利地实现以费用最小或路径最短等目标为出发点的运输路径规划。

（4）定位跟踪

结合 GIS 技术实现实时快速的定位,这对于现代物流的高效率管理来说是非常核心的关键。在主控中心的电子地图上选定跟踪车辆,将其运行位置在地图画面上保存,精确定位车辆的具体位置、行驶方向、瞬间时速,形成直观的运行轨迹,并任意放大、缩小、还原、换图,可以随目标移动,使目标始终保持在屏幕上。利用该功能可对车辆和货物进行实时定位、跟踪,满足掌握车辆基本信息、对车辆进行远程管理的需要,另外轨迹回放功能也是 GIS 和 GPS 相结合的产物,也可以作为车辆跟踪功能的一个重要补充。

（5）信息查询

货物发出以后,受控车辆所有的移动信息均被存储在控制中心计算机中——有序存档、方便查询;客户可以通过网络实时查询车辆运输途中的运行情况和所处的位置,了解货物在途中是否安全,是否能快速有效地到达。接货方只需要通过发货方提供的相关资料和权限,就可通过网络实时查看车辆和货物的相关信息,掌握货物在途中的情况以及大概的到达时间。以此来提前安排货物的接收、存放以及销售等环节,使货物的销售链可提前完成。

（6）辅助决策分析

在物流管理中,GIS 会提供历史的、现在的、空间的、属性的等全方位信息,并集成各种信息进行销售分析、市场分析、选址分析以及潜在客户分析等空间分析。另外,GIS 与 GPS 的有效结合,再辅以车辆路线模型、最短路径模型、网络物流模型、分配集合模型和设施定位模型等,可构建高度自动化、实时化和智能化的物流管理信息系统。这种系统不仅能够分析和运用数据,而且能为各种应用提供科学的决策依据,使物流变得实时并且成本最优。

（三）北斗卫星导航系统

1. 北斗卫星导航系统概述

中国北斗卫星导航系统（BeiDou Navigation Satellite System,BDS）是中国自行研制的全球卫星导航系统,是继美国全球定位系统（GPS）、俄罗斯格洛纳斯卫星导航系统（GLONASS）之后第三个成熟的卫星导航系统。北斗卫星导航系统和美国 GPS、俄罗斯 GLONASS、欧盟 GALI-LEO,是联合国卫星导航委员会已认定的供应商。

北斗卫星导航系统由空间段、地面段和用户段三部分组成,系统空间段由 5 颗静止轨道卫星和 30 颗非静止轨道卫星组成,可在全球范围内全天候、全天时为各类用户提供高精度、高可靠定位、导航、授时服务,并具短报文通信能力,已经初步具备区域导航、定位和授时能力,定位精度 10 m,测速精度 0.2 m/s,授时精度 10 ns。

2012 年 12 月 27 日,北斗系统空间信号接口控制文件正式版 1.0 正式公布,北斗导航业务正式对亚太地区提供无源定位、导航、授时服务。

2013 年 12 月 27 日,北斗卫星导航系统正式提供区域服务一周年新闻发布会在国务院新闻办公室新闻发布厅召开,《北斗系统公开服务性能规范(1.0 版)》《北斗系统空间信号接口控制文件(2.0 版)》两个系统文件正式发布。

2014 年 11 月 23 日,国际海事组织海上安全委员会审议通过了对北斗卫星导航系统认可的航行安全通函,这标志着北斗卫星导航系统正式成为全球无线电导航系统的组成部分,取得面向海事应用的国际合法地位。

中国的卫星导航系统已获得国际海事组织的认可。北斗卫星导航系统示意图如图 2-2 所示。

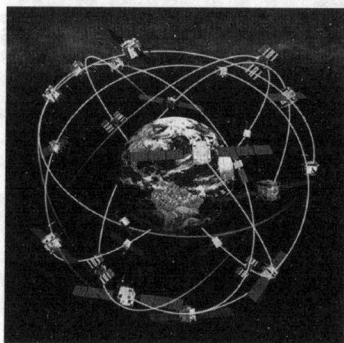

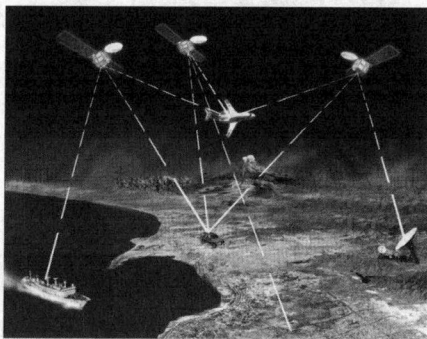

图 2-2　北斗卫星导航系统示意图

2. 北斗卫星导航系统在运输中的应用

(1)定位服务

当你进入不熟悉的地方时,你可以使用装有北斗卫星导航接收芯片的手机或车载卫星导航装置找到你要走的路线,管理部门也能定位到车辆和货物所在位置。

(2)道路交通管理

卫星导航将有利于减缓交通阻塞,提升道路交通管理水平。在车辆上安装卫星导航接收机和数据发射机后,车辆的位置信息在几秒钟内就能自动转发到中心站,这些位置信息可用于道路交通管理。

(3)铁路智能交通

卫星导航将促进传统运输方式实现升级与转型。例如,在铁路运输领域,安装卫星导航终端设备后,可极大地缩短列车行驶间隔时间,降低运输成本,有效提高运输效率。未来,北斗卫星导航系统将提供高可靠、高精度的定位、测速、授时服务,促进铁路交通的现代化,实现传统调度向智能交通管理的转型。

(4)水运

水运是全世界最广泛的运输方式之一,也是卫星导航最早应用的领域之一。在世界各大洋和江河湖泊行驶的各类船舶大多都安装了卫星导航终端设备,使海上和水路运输更为高效和安全。北斗卫星导航系统将在任何天气条件下,为水上航行船舶提供导航定位和安全保障。同时,北斗卫星导航系统特有的短报文通信功能将支持各种新型服务的开发。

（5）航空运输

当飞机在机场跑道着陆时,最基本的要求是确保飞机相互间的安全距离。利用卫星导航精确定位与测速的优势,可实时确定飞机的瞬时位置,有效减小飞机之间的安全距离,甚至在大雾天气情况下,可以实现自动盲降,极大提高飞行安全和机场运营效率。北斗卫星导航系统与其他系统的有效结合,将为航空运输提供更多的安全保障。

（6）应急救援

卫星导航已广泛用于沙漠、山区、海洋等人烟稀少地区的搜索救援。北斗卫星导航系统除导航定位外,还具备短报文通信功能,卫星导航终端设备可及时报告所处位置和受灾情况,有效缩短救援搜寻时间,提高抢险救灾时效,大大减少人民生命财产损失。

需要指出的一个关键问题是,以上所述的技术在一个物流运输系统中不是相互独立的,而是通过计算机及计算机网络形成综合的物流运输信息管理系统,从而实现降低物流运输成本,提高运输效率和效益,提升运输服务水平的目的。

任务五
整车运输货物的交付 ◀◆ ‖

一、整车运输货物的交付概述

（一）货物交接内容

货物交付包括货票交接、货物卸车、保管、交付等内容。载货车辆抵达卸车地点后,收货人或车站货运人员应组织卸车。卸车时,对卸下的货物名称、件数、包装,货物状态等应做必要的检查,检查货物是否完好无损,以便做出相应的处理。整车货物一般直接卸在收货人仓库或货场内,并由收货人自理。收货人确认卸下的货物无误后,在货票上签字,完成货物交付。当货物在到达地向收货人办完交付手续后,预示着该批货物的全部运输过程结束。

（二）货物交接注意事项

（1）货物运达承托双方约定的地点后,收货人应凭有效单证收货,无故拒收,应赔偿承运人因此造成的损失。

（2）货物交付时,承运人与收货人应做好交接工作,如发现货损、货差,由承运人与收货人共同编制货运事故记录,交接双方在事故记录上签字确认。

（3）货物交接时,承托双方对货物的重量和内容有质疑,均可提出查验与复磅,查验和复磅的费用由责任方承担。

(4)货物运达目的地后,收货人应当及时收货,收货人逾期收货的,应当向承运人支付保管费用。

(5)承运人未按约定的期限将货物运达,应负违约责任,因承运人责任将货物错运或错交,应将货物无偿运到指定地点,交给指定收货人。

二、货运质量事故

(一)货运质量事故分类

承运责任期是指自签订运输合同或托运单之时起,至货物交付收货人之日止的期间。运输企业在承运责任期内对承运的货物,应履行责任运输。在承运责任期内,因装卸、运送、保管、交付等所发生的差错损坏而造成经济损失的事项,称为货运商务事故。具体包括由于火灾、被盗、丢失、破损、湿损、污染、腐坏等原因形成的商务事故。企业在发生货运事故时,车站应会同有关部门进行鉴定,编制事故记录,及时做出处理。

1.按货运事故的性质分类

按货运事故性质的不同,货运事故分为货损事故、货差事故和其他事故。

货损事故是指货物发生颠损、磨损、变形、湿损、污损和腐烂等情况。

货差事故是指货物发生短少、失落、错装、错卸、错运和交接差错等情况。

其他事故是指由于工作失职,借故刁难、敲诈、勒索而造成的不良影响或经济损失。

2.按货运事故损失的金额分类

按货运事故损失金额的大小,货运事故分为重大事故、大事故、一般事故和小事故。

重大事故是指货损金额在 3 000 元以上的货运质量事故,以及经省级有关部门鉴证为珍贵、尖端、保密物品在运输过程中发生灭失、损坏的事故。

大事故是指货损金额在 500～3 000 元的货运质量事故。

一般事故是指货损金额在 50～500 元的货运质量事故。

小事故是指货损金额在 20～50 元的货运质量事故。此外,货损金额在 20 元以下的货运质量事故,不做事故统计上报,但要做内部记录和处理。

在货运事故发生时,为尽量减少经济损失,车站应及时派人到现场进行查找抢救。对被盗、丢失、短少的货物,应详细检查车辆和货物包装破坏状态及短少货物的具体情况,编制事故记录,由公安人员在记录上签字;对破损、湿损、污损、腐坏的货物,应立即采取措施挽救,防止损失扩大;对错交、错运、错装、错卸、漏装、漏卸的货物,发现站应迅速将货物运交到达站,并填写商务事故记录单分送有关单位,如在到达站发现,应及时查明下落,如属运输企业责任,应无偿将差错货物运至到达站交付,由此发生的运输误期,应按合同要求支付违约金;对重大事故、大事故应立即向上级主管部门和有关领导汇报。

(二)货运质量指标

货运质量事故通常用货损(货差)率指标进行考核。货损(货差)率是指在运输统计报告期内,发生货运质量事故造成货物损失(货差货物)吨数占货运总吨数的比例。公式如下:

$$货损(货差)率 = \frac{货损吨数(货差吨数)}{货运总吨数} \times 10\ 000‰$$

在积极处理事故现场的同时,应尽快查明事故的原因,落实责任,以便从中吸取教训,改进工作。如在货物承运期内发生的货运事故,一般由承运人负责;若因托运人的责任给承运方带来经济损失的,或因捏报而造成他人生命财产损失的,除应由托运人负责赔偿外,还可提交有关部门进行处理;若因装卸原因造成损失的,由装卸部门负责赔偿。

(三)货运事故赔偿手续

(1)承运人未遵守承托双方约定的运输条件或约定的事项,由此给托运人造成损失的,承运人应负赔偿责任。

(2)货物在承运责任期间和站、场存放期间,发生毁损或灭失的,承运人、站场经营人应负赔偿责任。但有下列情况之一者,承运人、站场经营人举证后可不负赔偿责任:

①不可抗力;

②货物本身的自然性质变化或者合理损耗;

③包装内在缺陷,造成货物受损;

④包装体外表面完好而内装货物毁损或灭失;

⑤托运人违反国家有关法令,致使货物被有关部门查扣、弃置或做其他处理;

⑥押运人员责任造成的货物毁损或灭失;

⑦托运人或收货人过错造成的货物毁损或灭失。

任务六
运杂费结算 ◆ ▮▮

运杂费结算是货运商务作业的一个重要环节,运杂费结算工作的质量直接关系到运输企业的收入和资金周转,也影响到托运方的利益和企业的信誉。因此,必须加强营收管理,做好运杂费结算工作,做到计费准确、收费迅速。

运杂费包括运费和杂费。货主向运输部门支付托运货物的基本费用称为运费,运输部门向货主收取运费以外的其他费用称为杂费。

一、运杂费项目

1. 运费

运费一般按核定车吨位计算,吨以下四舍五入。

2. 杂费

各项杂费一般包括以下几种:

（1）过渡费：车辆过渡时，整车运输由货主单位派人随车押运的，由押运员自行交纳费用；无押运员的，由驾驶员代付，凭收据向货主单位结算。

（2）标签费：整车货物属同一起讫站，无须使用标签的不收费；整车货有两个卸货点的，须贴标签，收取标签费。

（3）联运费：使用两种运输工具以上的联合运输，核收联运费。

（4）车辆通行费：它是指车辆通过公路、渡口、桥梁、隧道等时，凡有收费规定的，按规定费率收取的费用。

（5）保管费：它是指在车站由收货人自取的货物，超过免费保管时间后，按天数计收的费用。

（6）保价（保险）费等：它是指对贵重物品实行保价（保险）运输，制定收费标准，按货物价值的百分比核收的费用。

（7）道路阻塞停运费：汽车货物运输过程中，如发生自然灾害等不可抗力造成的道路阻滞，无法完成全程运输，需要就近卸存、接运时，卸存、接运费用由托运人负担。已完运程收取运费；未完运程不收运费；托运人要求回运，回程运费减半；应托运人要求绕道行驶或改变到达地点时，运费按实际行驶里程核收。

（8）车辆处置费：应托运人要求，运输特种货物、非标准箱等需要对车辆改装、拆卸和清理所发生的工料费用，均由托运人负担。

（9）运输变更手续费：托运人要求取消或变更货物托运手续，应核收变更手续费。因变更运输，承运人已发生的有关费用，应由托运人负担。

二、运杂费的计算

在一般情况下，运杂费可按如下作业程序计算。

（1）确定货物等级及运价。根据普通货物分等表查阅相应货物等级，确定运价。货物按其性质分为普通货物和特种货物两种。普通货物分为三等。特种货物分为长大笨重货物，危险货物，贵重货物和鲜活货物四类。

整批货物基本运价是指整批普通货物在等级公路上运输的每吨千米运价。

吨次费是对整批货物运输在计算运费的同时，应按货物重量加收吨次费。

普通货物实行等级计价，以一等货物为基础，二等、三等货物可以在基本运价基础上加成。特种货物在普通货物基本运价基础上加成计算。

（2）确定货物计费重量。整车运输的计费重量以吨为单位，尾数不足 100 kg 时，四舍五入。按汽车运价规则的规定，在确定货物重量时，计费重量均按实际毛重计算。轻泡货物（每立方米重量不足 333 kg 的货物）按每立方米折算重量 333 kg 计算；装运整批轻泡货物的高度、长度、宽度，以不超过有关道路交通安全规定为限度，按车辆标记吨位计算重量。整车货物以一装一卸为限，经承托双方同意，也可中途装卸，但全程按最重装载量计重。

（3）确定计费里程。整车运输的计费里程以 km 为单位，不足 1 km 的，进为 1 km。货物运输的计费里程按交通运输部核定颁发的《中国公路营运里程图集》确定。《中国公路营运里程图集》未核定的里程，由承、托运双方共同测定或者经协商按车辆实际运行里程计算。同一运输区间有两条（含两条）以上营运线路可供行驶时，应选择最经济合理的线路为计费里程或按承托双方商定的路线计算计费里程。拼装分卸从第一装货地点至最后一个卸货地点的载重里程计算计费里程。如因自然灾害、路阻和因货物性质需要绕道行驶时,应以实际行驶里程为计费里程。

(4)计算运费。运费 = 吨次费×计费重量 + 整批货物单位运价×计费重量×计费里程。

(5)根据具体情况确定杂费。

(6)确定运杂费。计算公式如下:

$$运杂费 = 运费 + 杂费$$

三、运杂费结算时应注意的事项

运杂费结算要求每日将所起货票进行复核后,按托运单所签订的运费结算方式,及时收取运费,做到日清日缴。

当运输过程结束,起票站在收到到达站寄回的货票第四联后,应在整车货票销号单上销号,并与货票第一联配套核对,如货票第四联与原填写的计费里程、计费重量等有出入,应向货主和车方退付或补收不符部分的运杂费。对未销号的第四联货票,应及时向到达站追收。对当月完成运输任务的托运单,调度部门应及时通知财务部门办理运费结案手续,做到一单一清,对托运量较大当月未能完成的,调度部门应将未完成的托运量另填次月托运单,继续派车完成。同时将当月完成运量与次月托运单送交财务部门,结算当月运杂费,与托运方核对,做到一月一清。

项目小结

本项目以整车运输作业流程为线索,涉及发送作业、途中作业和到达作业三大环节作业内容,对整车货物的受理、货物核实理货、货物装车组织、运输过程管理、货物到达交付以及运杂费核算等内容进行了较详细的阐述,并对各环节常见问题进行了分析。

项目训练

一、单选题

1.货物的整理或换装属于整车运输(   )的内容。
A. 发送工作　　　　　　　　B. 途中工作
C. 到达工作　　　　　　　　D. 交付工作

2.公路运输中,整车货物一般是指单次货物重量在(   )以上的货物。
A.1 t　　　　　　　　　　B.2 t
C.3 t　　　　　　　　　　D.4 t

3.作为发货人托运货物的原始依据,承运部门承运货物的原始凭证是(   )。
A. 货票　　　　　　　　　　B. 发票
C. 行车路单　　　　　　　　D. 托运单

4.用来表明运输货物品名、件数、收发货人和发送地点等信息的是(   )。

A. 商品标志　　　　　　　　　　　B. 发送标志

C. 运输标志　　　　　　　　　　　D. 储运指示标志

5. 按装卸作业对象分类,重力作业法属于(　　)中的一种。

A. 单件作业法　　　　　　　　　　B. 集装作业法

C. 人工作业法　　　　　　　　　　D. 散装作业法

6. (　　)指在车站由收货人自取的货物,超过免费保管时间后,按天数计收的费用。

A. 标签费　　　　　　　　　　　　B. 保管费

C. 保价费　　　　　　　　　　　　D. 保险费

7. GPS 是指(　　)。

A. 全球移动通信系统　　　　　　　B. 地理信息系统

C. 全球(卫星)定位系统　　　　　　D. 智能运输系统

8. 死亡 3 人以上的道路交通事故属于(　　)。

A. 特大事故　　　　　　　　　　　B. 重大事故

C. 一般事故　　　　　　　　　　　D. 轻微事故

9. 统计期内发生货运事故造成货物损失吨数占货运总吨数的比例表示(　　)。

A. 货差率　　　　　　　　　　　　B. 货损率

C. 货运事故赔偿率　　　　　　　　D. 事故率

10. 承运责任期间是指(　　)。

A. 承运人自接受货物起至将货物交付收货人为止

B. 承运人自接受货物起至货物到达目的地为止

C. 由承托双方共同约定的货物起运至到达目的地为止

D. 由承托双方共同约定的货物起运至货物交付收货人为止

二、多选题

1. 下列属于整车货物运输受理方法的是(　　)。

A. 随时受理　　　　　　　　　　　B. 产地受理

C. 驻点受理　　　　　　　　　　　D. 合同受理

E. 预先审批

2. 在公路运输方式下,当货物发生毁损或灭失时,承运人、站场经营人可不负赔偿责任的情况有(　　)。

A. 发生不可抗力事故

B. 货物包装破损

C. 押运人责任造成的货物毁损或灭失

D. 包装体外表面完好而内包装毁损或灭失

E. 托运人在货物中夹带禁运物品

3. 以下属于储运指示标志的有(　　)。

A. 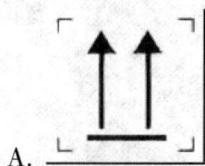　　　　　　　　　　B.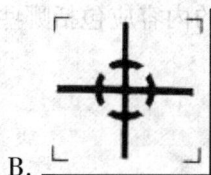

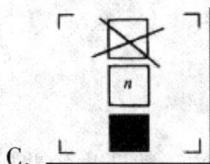

C.

D.

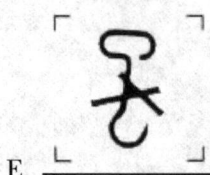

E.

4. 以下属于 GPS 系统构成部分的有(　　)。
   A. 空间卫星系统　　　　　　　　　　B. 地面监控系统
   C. 用户接收系统　　　　　　　　　　D. 电子地图
   E. 传输系统

5. 按照货运过程的不同阶段,货运工作可以分为(　　)。
   A. 发送工作　　　　　　　　　　　　B. 途中工作
   C. 到达工作　　　　　　　　　　　　D. 跟踪过程
   E. 货物交接过程

三、判断题

1. 受理托运检查货物包装时,对包装不良或无包装但不影响装卸及行车安全的,经车站同意可予受理,但应请货主在托运单中注明包装不良状况及损坏免责事项。(　　)

2. 粮谷、盐、糖、水泥、化肥、化工原料等粉粒状物品应尽量避免散装化作业。(　　)

3. 货票在发货站是给驾驶员的生产指令,在到货站是货物交付的凭证。(　　)

4. 在物流过程的各项业务活动中,运输是关键的一环,并起着举足轻重的作用。(　　)

5. 每完成百万吨千米发生货运质量事故次数的指标是货损率。(　　)

6. 倾翻作业法是将运载工具的载货部分倾翻,将货物卸出的方法。(　　)

7. 集装作业法是将货物先装入集装箱,再进行装卸的方法。(　　)

8. 托盘作业法有助于实现装卸作业机械化,提高装卸效率。(　　)

四、问答题

1. 整车运输的基本流程包括哪些方面的内容?

2. 装卸作业有哪些特点?请简述装卸作业的分类。

3. 装卸作业的方法包括哪几种?

4. 请简述运杂费的结算。

5. 怎样进行装卸作业的组织?

6. 填写托运单和货票的内容应包括哪些?

五、综合技能训练

实训项目　整车运输托运单填写

1. 知识点

整车托运单的构成知识,托运单的填写知识,运费计算知识,货物知识。

2. 实训任务

天津方正贸易有限公司销售一批电工钢(牌号 J560245,规格 0.5×1 800),分别销售给山东青岛东顺贸易有限公司(合同号 H123450,4 件,18 t),收货人:张瑶;山东青岛东方加工厂(合同号 H345621,6 件,27 t),收货人:李俊龙。委托天津南方物流有限公司进行承运,运费按公路 70 元/t,运费到付,不投保,支票结算。请据此缮制运输托运单。

3. 实训目标

通过托运单的填写,使学生具备托运单填写技能,能正确填写运单,并详细记录内容。

4. 实训组织

教师组织学生在课上填写,发现问题进行集中讲解,然后不断变换任务,让学生反复练习。

5. 实训检验

填写实训效果考核表。

表2-4　实训效果考核表

班级　　　　　　　　　　姓名

序号	考核标准	满分	得分
1	运输单据	10	
2	运输线路选择合理	10	
3	运输成本项目清晰,成本测算合理	40	
4	运输方案描述清晰	10	
5	运输合同条款规范	30	
总分		100	

项目三 零担货物运输作业

● 学习目标

知识目标

1.掌握零担运输的概念、特点。

2.熟悉零担运输的作业流程。

3.熟悉零担班车的组织形式及特点。

4.了解零担运输的受理方式。

5.熟悉零担货物托运单的内容。

6.掌握零担货物的重量和体积核算方法。

7.熟悉零担货物的配载、装车原则。

8.掌握零担货物中转方法。

9.掌握零担货物的交接方式。

技能目标

1.能绘制零担运输作业流程图。

2.能填写零担货物托运单。

3.能进行货物的过磅量方。

4.能进行零担货物配载、装车。

5.能对比分析直达式、中转式、沿途式零担班车的特点。

任务一
零担货源组织 ◀◆▶ ‖

一、零担货物运输的意义

零担货物是指同一托运人一次托运货物质量不足 3 t 的货物。对零担货物的运输称为零担货物运输。零担货物运输是相对整车货物运输而言的,是汽车运输企业为适应社会零星货物运输的需要,采用一车多票,集零为整,分线运送的一种货物运输经营方式。

商品经济的发展是零担货物运输发展的基础,零担货物运输的发展又是城乡商品经济发展的客观要求和必要条件,是方便用户、提高运输经济效益的一种较好的经营方式。零担货物运输具有重要意义。

1. 零担货物运输弥补了整车运输的不足

零担货物运输非常适合于商品流通中品种繁杂、量小批多、价高贵重、时间紧迫、到达站点分散等特殊要求,作为整车运输的补充形式,弥补了整车运输的不足,促进了商品经济的发展,满足了社会运输的需要。同时,零担运输还可以配合客运,承担行李、包裹的运输,成为客运工作的支持者,体现了迅速、方便的优越性,成为搞活汽车运输经营业务,发展汽车运输的有效途径。

2. 零担运输辐射面广

在各种运输方式中,航空、铁路、水运是点、线运输,其所承运的零星货物,既需要一定的集结时间,送达期限长,辐射面窄去,给零星货主带来很大不便。而汽车零担货运机动灵活,可以伸向社会每个角落,而且批量不限,可以多至吨,少至千克,又可就地托运,取货上门,送货到家,代办中转,手续简便,运送快速,可以缩短货物的送达时间,有利于加速资金周转。

3. 促进城乡经济发展

随着乡镇企业的蓬勃发展,加上工业结构的调整,生产资料中的成品、半成品和消费资料中的中、高档商品越来越多地进入流通领域,零星货物的运量猛增。在新形势下,发展汽车零担运输,对于促进商品经济发展,满足千家万户的运输需要,具有极为重要的意义。

二、零担货物运输的特点

零担货物运输是汽车货物运输中相对独立的一个部分,其承运的零担货物具有数量较少、品种繁多、包装不一、到站分散的特点。同时,经营零担货运需要库房、货棚、货场等基本设施以及与之配套的装卸、搬运、堆码工具和苫垫设备,使零担货物运输形成了自己独有的特点。

1. 货源不确定,计划性差

零担货物零散而随意性强,货源不确定,决定了经由汽车运输的零担货物在货物流量、货物流向方面具有一定的不确定性和随机性,难以通过运输合同方式将其纳入计划管理范围。为了组织好零担货运工作,运输部门应加强对零担货物流量、流向的调查,掌握其变化规律,做好零担货物的受理工作。

2. 组织工作复杂

零担货物运输货运环节多,作业工序细致,组织工作相对繁乱复杂,对货物配载和装载的要求也相对较高。如配装货物要考虑货物的物理、化学特性,货物体积大小等因素,增大了零担货运站的业务工作量,在作业程序和货物装载方法上,比整车货运更为细致复杂。

3. 单位运输成本较高

为了适应零担货物运输的需求,货运站除了要配备一定的仓库、货棚、站台外,还需配置装卸、搬运、堆置的机具和专用厢式车辆,占用的人力、物力、财力较多。此外,相对于整车货物运输而言,零担货物周转环节多,更易于出现货损、货差,赔偿费用相对较高,因此,零担货物的运输成本较高。

4. 运输方法多样

零担货物可采用专用零担班车、客车捎带等不同方式运送货物,具有灵活多样的特点。

5. 机动灵活、适用面广

零担货物运输具有的小批量、多批次、到站分散的特点,能够满足不同层次人群对商品流通的要求,方便大众物资生产和流动的实际需要。同时,零担运输能够满足竞争性、时令性零星货物的运输要求,具有机动灵活的特点。

三、发展零担运输的基础条件

1. 建立零担运输网络

零担运输网络是指由零担业务受理站和运载工具及运行线路组成的循环系统。根据我国情况,发展零担运输网络应根据地区经济发展状况、产业结构、公路网状况等确定零担货运站的数量、分布、货运班线等,依托行政区域,建立相应的各个层次零担货运网,形成全国范围内的零担货运网络。

2. 加强仓储设施建设

零担货物具有的量小批多、品种繁杂的特点,决定了零担货物运输必然需要将货物集零为整、化整为零。因此,仓库及其设施的建设成为开展零担货物运输业务的基本条件。凡开行零担货运的车站必须具备仓储设施条件。若目前尚没有零担仓库,要以保证零担货物储存不受损失为前提,加强仓库设施建设,向正规仓库发展,保证零担货运正常化。

3. 配备相应的装卸力量

为充分发挥零担货物运输的优势,结合零担运输停靠站点多、装卸频繁的特点,零担货运站应设置相应站点,配备一定数量的装卸工人和必要的装卸机械设备,负责零担货物的装、卸、堆码、分线等工作,提高零担运输作业效率。

4.组织零担货物的联运业务

联运是指通过两种或两种以上的不同运输方式或虽属同一运输方式但须经中转换装的接力运输。由于零担货物运距长短不一,火车、轮船、飞机不能深入每一个站点,需要公路零担与之联运,才能满足托运人的要求,达到方便货主的目的。

此外,开展零担运输还应做好宣传工作,提供优质服务,开辟零担线路,配置零担车辆,这些也是实现零担运输现代化的保证。

四、零担货源组织

零担运输是货物运输的一个组成部分,其市场调查的内容、方式、方法与货物运输基本相同,主要是进行货流起讫点调查,即对货物发生及到达地点分布,货物种类,货物托运,保管、装卸地点及分布的调查,货物流向与流量调查。通过调查,了解零担货物需求情况,合理安排货运站及营业网点的分布,组织货运服务。为了保证运输企业的经济效益,确保零担货物运输的顺利进行,运输企业应积极开展零担货物的市场调查,做好货源组织工作。

1.零担货源调查

(1)经常性调查

它是指通过利用日常受理业务,定期对运单进行分析,召开货主座谈会,收集货主意见,积累调查资料,摸清货流规律的一种调查方式。

(2)重点调查

它是指对本地区的重点货主单位定期走访,了解货主对零担货运的要求,根据货主的需要,及时调整或开辟新的线路的一种调查方式。

(3)地区性调查

它是指对本地区工矿企业生产和商品流通等情况进行综合性调查,探索和掌握本地区零担货运发展的规律和趋势的一种调查方式。

通过调查收集资料,并对资料进行整理、分析,从中得出零担货流的相关信息,为企业组织零担运输生产,选择合理的运输组织形式提供依据。

2.零担货源组织的方法

(1)实行合同运输

零担运输企业可以与需求单位签订长期运输合同,实行合同运输。合同运输有利于逐步稳定货源数量;有利于合理安排运输车辆;有利于加强企业责任感,提高运输服务质量;有利于简化运输手续,减少费用支出;有利于改进产、运、销的关系,优化资源配置。

(2)设立零担货运代办站或代办点

零担货物具有零星、分散、品种多、批量小、流向广的特点,零担货物运输企业可以自行独立设置货运站或货运点,也可以与其他社会部门或企业联合设立零担货运代办站或代办点。这样,一方面可以增加零担货运站点的密度,另一方面又可以有效利用社会资源,减少企业成本,弥补企业在发展中资金、人力的不足。零担货运代办站或代办点一般只负责零担货物的受理、中转、到达业务,不负责营运。

（3）委托相关企业代理零担货运业务

零担货运企业可以委托货物联运公司、日杂百货公司、邮局等单位代理零担货运受理业务，利用这些单位的既有设施及其社会关系网络，取得相对稳定的货源。

（4）采用多样的受理手段

零担货源较稳定的单位可以聘请货运信息联络员，随时掌握货源信息，以零带整，组织整车货源；电话受理业务可以使托运人就近办理托运手续，为货主提供方便；利用现代信息技术，创建信息化零担货运受理平台，进行网上业务接单和业务受理。

任务二
零担运输业务受理

一、零担货物的托运与承运

零担运输的生产活动就是按照货主的要求完成货物的空间位移。其中，托运与承运是构成零担货物运输作业的首要环节。当货主托运货物时，运输企业即承运人应根据营运范围内有关规定接受零担货物，办理托运手续。由于零担货运线路和站点较多，货物品类较繁杂，包装形状也各异，性质不一，因此受理人必须熟知营运范围内的线路、站点、运距、中转范围、车站装卸能力、货物的理化性质及受运限制等一系列业务规则及有关规定。零担货物运输作业流程如图 3-1 所示。

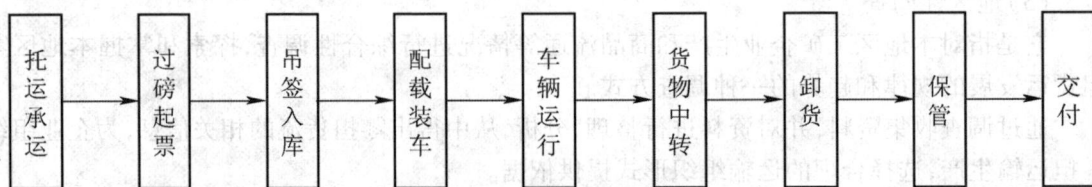

```
┌────┐   ┌────┐   ┌────┐   ┌────┐   ┌────┐   ┌────┐   ┌────┐   ┌────┐   ┌────┐
│托运│→  │过磅│→  │吊签│→  │配载│→  │车辆│→  │货物│→  │卸货│→  │保管│→  │交付│
│承运│   │起票│   │入库│   │装车│   │运行│   │中转│   │    │   │    │   │    │
└────┘   └────┘   └────┘   └────┘   └────┘   └────┘   └────┘   └────┘   └────┘
```

图 3-1　零担货物运输作业流程

（一）零担运输业务受理方法

1. 对托运人的要求

托运零担货物时，一般是托运人将零担货物运到车站交运，为方便货主，也可调车装运，但不论其数量多少，装卸调车运费均按整车规定计费。同时，托运的零担货物的包装必须完好，有特殊要求的货物须在包装明显处贴标志，普通货物中不得夹带贵重物品和危险品。最后，托运人按要求填写托运单。

2. 对承运人的要求

承运人应公布办理零担的线路、站点（包括联运站点和中转站点）、班期、里程及运价。除此以外,承运人还应张贴托运须知、包装要求及限运规定。

3.零担运输业务受理方法

(1)站点受理:货主送货到站点并办理托运手续。

(2)上门受理:站点指派业务人员到托运单位办理托运手续。

(3)预约受理:与货主约定日期送货到站或上门提取货物。

●资料链接

接听客户关于零担运输业务的咨询电话

甲(运输公司业务人员):喂! 您好,××公司!

乙(顾客):您好,我是天津×××公司的物流经理张××,我们有一批货物需要运输,我想咨询一些价格方面的情况。

甲:没问题,请问张经理您要运输的是什么货物?

乙:是一批普通食品添加剂,数量为50件,500 kg。

甲:体积呢?

乙:哦,我算一下,大概1个立方左右吧。

甲:那您要运到什么地方呢?

乙:我们希望你们能够从我们公司提货并运到我们的北京客户手中。

甲:我们正好开设有北京方面的专线,可以做到门到门。

乙:价格呢?

甲:是这样的,天津—北京的报价为300元/t,送货费为100元/t,提货费50元/t。这样您的货物总的运费为225元,需要您预付。您看可以吗?

乙:是不是有点贵?

甲:关于价格是这样的,北京是我们的专线,我们的服务是最好的,这个价格基本上已经是全市最低价了。我相信您一定知道的,对不对?

乙:那好吧,什么时候货物能到?

甲:如果您今天发货的话,明天上午就可以到达! 方便的话告诉一下您公司的地址,这样我可以尽快安排车辆上您那儿提货。

乙:我们公司的地址是天津市西青区×××园188号。

甲:原来我们是邻居啊! 呵呵,希望我们能够成为好邻居。联系人找您可以吗? 打您来电的这个电话可以吗?

乙:可以。

甲:10分钟以后我会通知您我们提货车辆的到达时间。您还有什么要求吗?

乙:没有了!

甲:那好,感谢您的致电,张经理再见!

(二)托运单的填写

零担货物托运单一式二份,一份由起运站仓库存查,一份于开票后随货同行。

1.托运单的格式

托运单的格式如表3-1所示。

表 3-1 公路汽车零担货物托运单

托运日期20　　年　　月　　日

起运站＿＿＿＿＿＿＿＿＿＿　　　　到达站＿＿＿＿＿＿＿＿＿＿

托运单位＿＿＿＿＿＿＿＿＿　　详细地址＿＿＿＿＿＿＿＿＿　电话＿＿＿＿＿＿＿

收货单位(人)＿＿＿＿＿＿＿　　详细地址＿＿＿＿＿＿＿　　　电话＿＿＿＿＿＿＿

货物名称	包装	件数	实际质量	计费质量	托运人注意事项
					1.托运单填写一式两份;
					2.托运货物必须包装完好;
					3.不得捏报货物名称,否则在运输过程中发生的一切损失,均由托运人负责赔偿;
合计					4.托运货物不得夹带易燃易爆危险品; 5.黑粗线以上各栏,由托运人详细填写
发货人 记载事项	起运站 记载事项				检签费收

进货仓位＿＿＿＿＿＿仓库理货验收员＿＿＿＿＿＿发运日期＿＿＿＿＿＿

到站日期＿＿＿＿＿＿托运人(签章)＿＿＿＿＿＿

2.托运单的填写内容

(1)发货人信息:姓名、电话、公司名称、详细地址、邮编、城市;

(2)收货人信息:姓名、电话、公司名称、详细地址、邮编、城市;

(3)货物描述及包装:填写商品的大类名称及外包装的种类和数量;

(4)总毛重、总净重及总体积:按实际填写。

3.托运单在填写时应注意的事项

(1)重量的单位为 kg,体积的单位为 m³。

(2)托盘货要分别注明托盘的重量、尺寸和货物本身的重量、尺寸。

(3)运费付款方式:一般有运费预付和运费到付。

(4)托运日期:按受理托运日期写。

(5)托运单不得空项,不得涂改,字迹清晰,符合财务要求。

4.承运人审核的内容

托运人托运货物并填写了托运单以后,承运人应进行审核,审核无误后方可承运。审核内容包括以下几方面:

(1)审核托运单的各栏有无涂改,涂改不清的托运单应重新填写。

(2)审核到站与收货人地址是否相符,以免误运。

(3)对货物的品名和属性进行鉴别,注意区别普零与笨零,同时要注意笨零的长、宽、高能否适应零担班车的装载及起运站、中转站、到达站的装卸能力等。

（4）对一批货物多种包装的应认真核对，详细记载，以免错提错交。

（5）对托运人在声明事项栏内填写的内容应予特别注意，审核其要求是否符合有关规定，能否承运，如要求不合理或无法承担的，应向托运人耐心解释，并在记录栏内做出相应记录后方可承运。对免责事项也应在记录栏内注明。

● **资料链接**

A 制造公司自 2015 年起，委托 B 货运公司运输货物，并以签订《货运单》（附有托运协议）的方式建立了货物运输合同关系。其中，托运协议第 5 条规定，"保价运输：托运人应声明货物的实际价值，参加保价运输，同一批货价值不同应分别保价，否则视为平均保价。保价货物损失，属于承运人责任时，按保价额折算对实际损失部分赔偿，对未保价运输货物损失，属于承运人责任时，最多按实际损失货物运费的 10 倍赔偿。"此外，托运协议中还用较大的加粗隶书字体注明"以上条款托运人须仔细查阅，能遵守者方可签字"。

2016 年 5 月 20 日和 5 月 22 日，A 制造公司委托 B 货运公司运输四批总价为 185 700 元的货物，共支付了运费 1 642 元（均未保价）。后来，B 货运公司在运输过程中发生交通事故，四批货物全部损毁。

法院判决时认为，A 制造公司与 B 货运公司在货运单中所签订的托运协议第 5 条关于"对未保价运输货物损失，属于承运人责任时，最多按实损失货物件数运费的 10 倍赔偿"的内容，托运协议中已用较大的加粗字体注明"以上条款托运人须仔细查阅，能遵守者方可签字"，证明 B 货运公司已以合理的方式提请 A 制造公司注意格式条款的内容。在这种情况下，A 制造公司仍选择了委托 B 货运公司进行本案的货物运输。更为重要的是，B 货运公司对于在运输过程中发生货物毁损的赔偿责任，制定了两种不同的标准供托运人 A 制造公司选择，A 制造公司选择了不保价运输，是其接受协议第 5 条规定的真实意思表示，且该条款体现了权利义务一致的原则，故法院认定该格式条款有效。A 制造公司明知其托运的货物价值较大，却不选择保价条款，应当承担自行选择的后果，B 货运公司赔偿 A 制造公司 16 420 元。

二、零担货物的过磅起票

（一）零担货物的验货过磅

办理零担业务的人员收到零担货物托运单后，应及时验货过磅。

1. **核对单证**

核对单证即进行实物、单证对照，检查货物的品名、件数等内容是否与托运单相符。到达终点站的长大零担货物，不得超过零担班车车厢的长度和高度；到达中途站的长大零担货物，不得超过零担后车门的宽度和高度；笨重零担货物，不得超过发站和到达站的自有和委托装卸能力。

2. **检查零担货物的包装**

包装是货物在运输、装卸、仓储、中转过程中保护货物质量所必需的物质条件。货物包装的优劣关系到运输质量和货物自身的安全，必须按货物的特性和要求进行包装。在检查中，发现应包装而没有包装的货物，或应有内包装而只有外包装的货物时应要求托运人重新包装；对包装不良或无包装但不影响装卸及行车安全的,经车站同意后可受理,但应要求托运人在运单中注明相关免责事项。

3.货物过磅

正确称重货物是核算运费和事故理赔的重要依据,计量必须准确无误。货物重量一般分实际重量、计费重量和标定重量。

货物的实际重量是根据货物过磅后(包括包装物在内)的毛重确定的。

计费重量可分为不折算重量和折算重量。不折算重量就是货物的实际重量,折算重量可参考相关规定。在无特殊规定时,货物的折算重量可以按货物的体积进行折算。标定重量是对特定的货物所规定的统一计费标准。同一托运人一次托运轻货和重货两种货物至同一到站者,可以合并称重或合并量方折重计费(不能拼装者除外)。过磅或量方后,重量或体积应填入托运单内。一张托运单的货物分批过磅、量方时,每批重量和长、宽、高及体积尺寸都应记在托运单内,以备查考,然后将总重量和总体积填入托运单并告知货主。零担货物过磅量方后,过磅、收货人员应在托运单上签字并指定货位将货物搬入仓库,然后在托运单上签注货位号,加盖承运日期戳。托运单一份留存备查,一份交还货主向财务部门付款开票。

包装或形状不规则的货物要考虑到装车时所占的空间,通常以货物最长、最宽、最高点的尺寸计算货物的体积。

(二)起票

零担货物过磅后,连同托运单交仓库保管员按托运单编号填写标签及有关标志。零担货物标签、标志是建立货物本身与其运输票据间的联系,是标明货物本身性质,也是理货,装卸、中转、交付货物的重要识别凭证。标签各栏必须认真仔细填写,在每件货物的两端或正、侧两面各扣(贴)一张,逐件贴上或拴牢,并根据托运单和磅码单填写零担运输货票。公路汽车行李、包裹、零担标签见表3-2,公路汽车零担货物运输货票见表3-3。

表3-2 公路汽车行李、包裹、零担标签

车次	
起站	
到站	
票号	
总件数	

站　发

20　年　月　日

公路汽车行李、包裹、零担标签

站　　　至　　　站

票　号	总 件 数

站　20　年　月　日

表 3-3　公路汽车零担货物运输货票

编号　　　　　　年　　月　　日

起点站		中转站			到达站				km	备注
托运人			详细地点							
收货人			详细地点							
货名	包装	件数	体积/m³			实际质量	计费质量	每百千克运价	合计	
			长	宽	高					
合计										托运人签章

车站：　　　　填票人：　　　　复核人：　　　　经办人：

三、货物验收入库

零担货物受理完毕就面临着验收入库的环节,同时做好仓库保管。

(一)库区货位划分原则

货物分区分类是指根据货物的不同性质,结合仓库、货物的容量、设备条件等因素把仓库划分为几个储货区,每个区的库房和货场按序编号,每个库房和货场内划分为几个货位。按货位保管的不同,库区货位的划分应遵循以下原则。

1.必备的货物储存条件

仓库中储存的货物在性质上存在较大差异,在库区货位划分时要考虑不同货物对存储条件和环境的要求,遵循统一货位的货物"属性一致、养护方法一致、作业手段一致、消防方法一致"的"四一致原则"。

2.提高仓容利用率

在保证货物安全的前提下,货区货位的划分要尽可能提高仓容利用率,以期降低仓储成本,提高利润。但需要注意的是,零担货运仓库存放的货物大多存放时间很短,因此,还需要考虑到出库入库操作的方便性及作业成本。

3.地坪载荷

地坪载荷即每单位面积地坪所承受的最大设计压力(t/m²)。在实际操作中,每个仓库的地坪载荷是根据仓库储存对象规划设计的。

4.仓库设施条件

货物在属性、尺寸、单位重量、包装形态上存在着差异,在库区货位划分时一定要充分考虑到现有的仓库设施条件,以期既能做到科学的分区分类,又能经济、合理、高效地利用仓储设施设备。

(二)货物验收入库要求

1.对货物进行查验

当货物验收入库时,必须逐件查收,检查货物包装状态是否完好正常,标签品名、号码、件数、到站与托运单是否相符等内容。应做到:未办托运手续或托运手续不全的不准入库;有怀疑的或标志不清、件数不符的货物不准入库。理货员对入库的货物必须随时填入登记台账,严格履行货物交接手续,坚持照单验收入库。

2.按指定货位堆放

货物入库需按指定货位堆放。零担货物仓库的货位划分与一般仓储型仓库的货位划分不同,它更多地考虑运输装卸的方便性,可以按照发送和到达划分为待运货位、急运货位、到达待交货位等,也可以按照货物流向划分为不同专线货位,如北京专线、上海专线、广州专线货位等。零担仓库的货位配置方法可根据通道位置分成一列式排列和双列式排列,中转货物与直达货物要区别堆码。

3.货物堆码整齐有序

货物要整齐堆码在指定的货位上,一批货物不要堆放两处。库内要做到:大不压小、重不压轻、箭头向上、标签朝外、轻拿轻放、干湿分开、型号分开、注意层高、层次分明、留好通道、横看成行、竖看成列。

4.做好仓库日常管理

仓库保管是对零担货物履行责任运输的重要环节,把好仓储保管关,就能有效地杜绝货物差错,使货物安全到达目的地。必须建立完善的货物出入库制度,做好日常的仓库管理工作。零担仓库要有良好的通风、防潮、防火和灯光设备,库房严禁烟火,要经常检查仓库四周,不可将有碍货物安全的物品堆放在仓库周围,保持仓库内外整洁,防火防盗,严格管理。露天堆放的货物要有安全防护措施,要注意下垫上盖。仓库内待运或待交货物要经常进行检查核对,以票对货,票票不漏,做到单、货相符,如发现包装松散,码堆倾倒,货位零乱,应立即加固整理。

任务三
零担货物配载装车 ◀ ▮▮

零担货物配载装车是始发站不可或缺的作业环节,合理进行货物配载,能有效利用运力资源,降低运输成本,提高运输效益。装车技术与装车质量则直接关系到运输质量。事实证明,货物运输中的质量事故,多数是在装卸作业过程中发生或由于装卸作业质量不好而导致在运输过程中发生的。

一、零担货物的配载

1.零担货物的配载原则

零担货物装车前应根据车辆吨位、体积、货物性质和运送方向,做好零担货物的配载工作。货物配载一般应坚持以下原则:

(1)坚持中转先运,急件先运,先托先运,合同先运的原则。

(2)一张托运单和一次中转的货物,须一次运清,不得分批运送。

(3)凡是可以直达运送的货物,必须直达运送;必须中转的货物,应按合理流向配载,不得任意增加中转环节,更不得迂回中转。

(4)有效利用车辆的载重量和容积,做到轻重配装、大小配装、合理搭配。

(5)认真执行货物混装限制规定,确保运输安全与货物完好。对于危险零担货物,应严格按危险货物运输规则办理。

(6)配载时不仅要考虑最大限度地利用车载量,还要具体情况具体分析,根据货物的价值来进行价值的搭配。

2.零担货物配载步骤

(1)根据运输工具的内径尺寸,计算其最大容积量。

(2)测量计划装载货物的尺寸、重量。

(3)结合运输工具的尺寸和最大允许载重量,测算装载轻重货物的比例。由于货物尺寸与运输工具尺寸的匹配性问题,通常运输工具的有效容积利用率为80% ~90%,如果货物包装不规则,有效容积利用率甚至更低。

(4)缮制货物配装单和货物装车清单。装车清单应按先远后近、先重后轻、先大后小、先方后圆的顺序填写,以便按单顺次装车。不同到达站和中转的货物要分单填制。

二、零担货物装车

(1)查验货物。根据零担货物配装单和货物交接清单查验货物,进行装车准备。货物交接清单的格式如表3-4所示。

(2)整理各种随货单证,并附于交接清单后。

(3)装车。按交接清单的顺序逐件点件装车,遵循货物的配载原则,严格装卸操作程序,防止货物错装、漏装,保证安全。装车时,应注意:

①根据车辆容积和货物情况,均衡地将货物质量分布在车底板上。

②紧密地堆放货物,以便充分利用车辆的载重量和容积,防止车辆运行中发生振动而造成货物破损。注意货物摆放顺序、堆码时的方向,是横摆还是竖放。

③同批货物应堆置在一起,货签向外;短运距的货物,应堆放在车辆的上部或后面,以便卸货作业顺利进行。

④笨重的、长大的或包装结实的零担货物,宜放在车辆的下层。

表3-4 公路汽车零担货物交接及运费结算清单

车属单位：＿＿＿＿＿＿＿＿＿　　　　　　　编号：

车号：＿＿＿＿＿＿＿＿＿

吨位：＿＿＿＿＿＿＿＿＿　　　　　　　　20　　年　　月　　日

原票记录			中转记录		票号	收货单位或收货人	品名	包装	承运路段				备注
原票起站	到达站	里程	中转站	到达站					件数	里程	计费重量	运费	
合　计													

附件	零担货票	发票	证明		上列货物已于　　月　　日经点件验收所随带附件，收讫无误。
					中转站：　　　　到达站：　　　（盖章）月　日

填发站：　　　　　　　　填单人：　　　　　　　驾驶员：　　（盖章）

（4）复核。货物装车完毕，驾驶员或随车理货员应仔细检查货物的装载状态，并详细清点随货单证，确认无误后在货物交接单上签字，准备发车。

（5）中途站装卸零担货物，应先卸后装，依次进行，避免货物混乱、产生差错。无论卸货进仓还是装货上车均按起点站装卸作业程序办理。在装车前还应将车上的货物按到达站的远近适当整理，以减少下一站的卸货困难。

● 资料链接

某物流公司8月2日承接了天津—北京的货物，货物详细信息如下：

①某大型展览会托运的油画作品一件，带木制包装，规格：320 cm×35 cm×200 cm，重量：150 kg，送货上门；

②花露水25箱，带托盘，托盘规格1 200 mm×1 000 mm，重量200 kg，客户自提；

③油漆50桶，规格：φ30 cm×h50 cm，北京公司仓库代存，重量2 000 kg；

④蔬菜大棚用塑料薄膜20卷，无包装，总重量2 500 kg，φ30 cm×h250 cm，送货上门；

⑤化工原料1 000桶，总重量10 t，60 m^3。

公司可调度车辆有4.2 m厢车、7.2 m厢车和12.5 m厢车，均为解放牌。

请判断以上各种货物是重货还是轻货？根据以上货物选择合适车辆，并设计配载方案。

备注：车辆载重量及车厢内尺寸数据如下。

4.2 m厢车（2 t，长×宽×高4.2 m×1.8 m×2 m）

7.2 m厢车（10 t，长×宽×高7.2 m×2.3 m×2.7 m）

12.5 m厢车(25 t、长×宽×高12.5 m×2.3 m×2.7 m)

任务四
零担货物的中转及交付 ◆▮

一、零担货物的中转

货物中转是指货物运往目的地的过程中,在中途港口、车站进行的货物转运或换装。

零担货物的特点决定了零担货物运输点多、到站分散,因此货物的中转成为零担运输过程中的关键环节,货物中转的组织与管理影响到整个运输过程的效率。为此,零担货物的始发站和中转站要严格按照多装直达、合理中转的原则组织零担货物运送,够直达条件的不中转,必须中转的要做到合理中转,力争达到安全、迅速、经济、合理地运送零担货物的目的。

零担班车运行的方式一般分为固定式和非固定式两大类。

固定式零担车一般实行定车、定期、定线、定时运行,以厢式专用车为主要载运工具。零担车主要采用以下几种运输方式。

1. 直达式零担班车

直达式零担班车是指在起运站将各个发货人托运到同一到站,性质宜于配载的零担货物,同车装运后直接送达目的地的一种货运班车形式。直达式零担班车与整车货运基本相同,它是汽车零担货运班车的基本形式,具有较好的经济性。它的优点主要表现在以下几方面:

(1)避免了中途不必要的换装作业,减少了中转设备的需要量,节省了中转费用,减轻了对中转站的作业负担。

(2)减少了零担货物的在途时间损失,提高了零担货物的运送速度,有利于加速车辆周转。

(3)减少了货物在中转站频繁的装卸、搬运、保管作业,有利于运送安全和货物完好。

因此,凡具有条件的货运站均应加强对零担货物的运输组织工作,尽可能开行直达式零担班车。组织直达式零担班车必须具有充足货源,以免货物在仓库集结待运时间较长,这样不仅会降低仓库货位的利用率,而且延长了货物运送的时间。直达式零担班车示意图如图3-2所示。

2. 中转式零担班车

中转式零担班车是指在起运站将各个发货人托运的同一线路、不同到达站且性质适宜配载的各种零担货物,同车装运至规定中转站中转,另行配装,重新组成新的零担班车继续运往目的地的一种货运班车形式。与直达式零担班车相比,直达式零担班车效果更好,但它受到货源、货流及行政区域的限制,而中转式可使发往小站的那些运量零星、流向分散的货物通过中转随时运送,是一种不可缺少的组织形式。由于中转式零担班车增加了零担中转站的任务,作

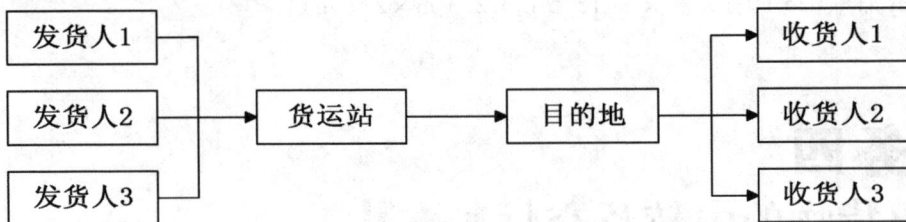

图 3-2 直达式零担班车示意图

业环节多,组织难度大,在货源不充分,组织直达式零担班车不完全具备条件的情况下,中转式零担班车具有一定的现实意义。中转式零担班车示意图如图 3-3 所示。

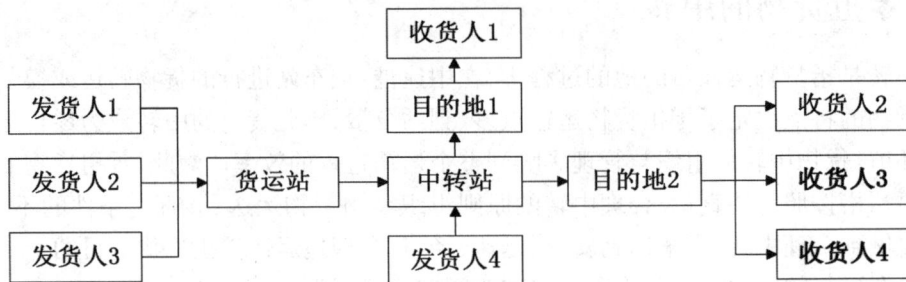

图 3-3 中转式零担班车示意图

零担货物运输中转作业一般有三种方法,即落地法、坐车法和过车法。

(1)落地法。它是指将到达车辆上的全部零担货物卸下入库,按方向或到达站在货位上重新集结,再重新配装,组成新的零担车的方法。这种方法简便易行,车辆载货量利用较好,但装卸作业量大,作业速度慢,中转时间长,仓库和场地的占用面积也较大。

(2)坐车法。它是指将车辆上运往同一到站,且中转数量较多或卸车困难的那部分货物作为核心货物留在车上,将其余货物卸下后再加装同一到站的其他货物,组成一个新的零担车的方法。这些留于车内、不用装卸的货物称为坐车货物。采用这种方法时核心货物不用卸车,减少了装卸作业量,加快了中转作业速度,节约了装卸劳动力和货位,但对留在车上的核心货物的装卸情况和数量不易检查和清点,容易造成货物差错。

(3)过车法。它是指将零担货物由一辆车直接换装到另外一辆车上,但两辆车必须是同一到站或同一周转范围内的货物的方法。组织过车时,可以向空车上过,也可以向留有核心货物的重车上过。这种方法在完成卸车作业的同时也完成了装车作业,减少了零担货物的装卸作业量,提高了作业效率,加快了中转速度,但对到发车辆时间的衔接要求较高,容易遭受意外因素的干扰。

运输公司应结合本公司的具体条件综合运用上述三种中转作业方法。零担货物中转还涉及中转环节的理货、堆码、保管等作业,零担货物中转站必须配备相应的仓库等作业条件,确保货物安全及时准确地到达目的地。

3. 沿途式零担班车

沿途式零担班车是指在起运站将各个发货人托运同一线路、不同到达站,且性质适宜配装的各种零担货物,同车装载后,在沿途各计划停靠站卸下或装上零担货物再继续前进,直至最后到达终点站的一种货运班车形式。这种零担班车在组织上更为复杂,车辆途中运行时间也较长,但它能更好地满足沿途各物资部门和货主的需要,充分利用了车辆的载重量和容积,是以上两种零担班车不可缺少的补充形式。沿途式零担班车示意图如图 3-4 所示。

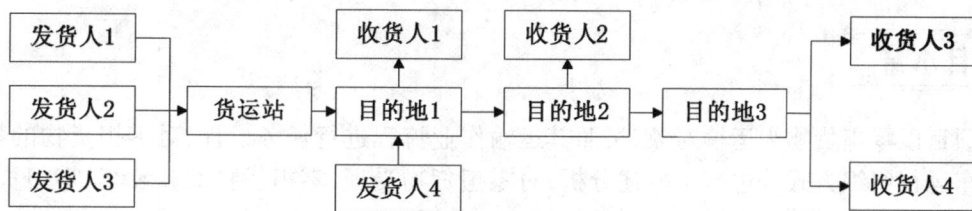

图 3-4 沿途式零担班车示意图

非固定式零担班车是指按照零担货流的具体情况,临时组织而成的零担车。这种方法由于缺乏计划性,给运输部门和广大群众带来了不便,通常只是在解决季节性问题或新辟零担货运线路上作为一种临时性措施使用。

二、零担货物交付

1. 检查车辆的装载情况

零担班车到站后,仓库人员应会同驾驶员检查车辆在运输途中的状态及完整的程度,以便在发生货物差错时追究责任。确认货物无异常后,在交接单上签字并加盖业务章。若有异常情况发生,应采取相应的措施进行处理。

(1)有单无货:双方签注情况后,在交接单上注明,将原单返回。

(2)有货无单:确认货物到站后,仓库人员签发收货清单,双方盖章,清单寄回起运站。

(3)货物到站错误:货物原车运回起运站。

(4)货物短缺、破损、受潮、污染、腐烂时,双方共同签字确认,填写事故清单,进行处理。

2. 组织卸车,验收入库

经检查无异样的货物应组织卸车,验收入库。在卸车过程中,仓库人员、驾驶员应在现场指挥装卸人员严格按规程,逐票逐件点收点交。货物卸完后,复查货物件数,检查标签、标志,在交接清单上签字,并在到货登记台账上登记,注明发站、到站、车号、车属单位和驾驶员姓名等。

3. 零担货物的具体交付

货物交付是零担运输的最后一道工序。车辆到达后卸货入库,及时通知收货人提货,做好通知记录。

收货人凭提货单提货,货物交付要按单交付,货票相符。货物点交完毕,应在提货单上加盖"货物交讫"戳记,同时在到货登记台账上注明提货日期、证件名称、号码,以示此单货物运输全部结束。

运输单位按指定地点送货上门,做好交货记录。

交付货物时,发现标签脱落、字迹不清等问题,必须慎重处理,多方验证,确认收货人后,方可交付。收货人如将提货单遗失,应及时向车站登记挂失,经车站确认后,可凭单位证明或其他有效证件提货,如收货人向车站登记挂失前货物已被他人持票提走,车站只负责协助查询,不负赔偿责任。

货物交付完毕,收回货票提货联,货物运输过程结束。

项目小结

本项目以零担货物为运输对象,按照其运输作业流程进行任务设计,对零担货物的特点、零担班车运行组织方式等进行了概述分析,对零担货物受理、零担货物配载装车、零担货物中转以及零担货物交付等内容进行了详细的阐述和分析。

项目训练

一、单选题

1.零担货物运输是指一次托运货物(　　　)。
    A.重量不足 2 t   B.重量不足 3 t
    C.重量不足 4 t   D.重量不足 5 t

2.公路运输中,轻泡货物是指每立方米体积货物重量不足(　　　)。
    A.288 kg   B.333 kg
    C.300 kg   D.400 kg

3.货物过磅后的毛重是指(　　　)。
    A.货物本身的重量   B.货物标定重量
    C.货物的实际重量   D.货物及外包装重量

4.下列属于零担货物运输特点的是(　　　)。
    A.货源确定   B.组织工作简单
    C.单位运输成本较高   D.利润高

5.将同一到站且性质适合配载的零担货物同车装运送达目的地的形式是(　　　)。
    A.直达式零担班车   B.中转式零担班车
    C.沿途式零担班车   D.配载式零担班车

6.零担货物标签是(　　　)。
    A.进行运费结算的依据
    B.理货、装卸、中转、交付货物的识别凭证
    C.零担货物运输的货票
    D.交接验收凭证

7.零担货物验货过磅的首要任务是(　　　)。
    A.填写托运单   B.核对单证
    C.检查包装   D.货物过磅

8.对到发车辆时间衔接要求高,容易受意外因素干扰的零担货物中转作业方法是(　　　)。
    A.落地法   B.坐车法

C. 过车法　　　　　　　　　　　　D. 以上三种都是

9. 作为零担货运的一种补充形式,在途时间较长的是(　　)。

A. 沿途式零担班车　　　　　　　　B. 定期式零担班车

C. 中转式零担班车　　　　　　　　D. 直达式零担班车

10. 零担货物交付时,发现货票不符,以下处理方法中正确的是(　　)。

A. 货物短少、损坏以及有货无票的,可以拒收

B. 流向错运及越站错运的,原车带回

C. 有票无货,应联系沿途停靠站查询处理

D. 凭收货人的票交货

二、多选题

1. 下列物品中不能作为零担运输的有(　　)。

A. 危险货物　　　　　　　　　　　B. 易破损货物

C. 食品　　　　　　　　　　　　　D. 鲜活货物

E. 易污染货物

2. 固定式零担货运班车采取的运行方式为(　　)。

A. 直达式零担货运班车　　　　　　B. 加班车

C. 中转式零担货运班车　　　　　　D. 定期零担货运班车

E. 沿途式零担货运班车

3. 与整车运输相比,零担运输增加的作业环节有(　　)。

A. 货物受理　　　　　　　　　　　B. 货物配载

C. 货物装车　　　　　　　　　　　D. 入库保管

E. 运费结算

4. 托运单的填写内容包括(　　)。

A. 发货人姓名　　　　　　　　　　B. 发货人电话

C. 发货人详细地址　　　　　　　　D. 收货人姓名

E. 收货人详细地址

5. 货物重量是核算运费和事故理赔的重要依据,必须计量准确无误。货物运输的重量一般分(　　)。

A. 实际重量　　　　　　　　　　　B. 计费重量

C. 货物净重　　　　　　　　　　　D. 标定重量

E. 包装物重量

6. 零担货物仓库的货位划分与一般仓储型仓库的货位划分不同,以下属于按零担仓库划分货位的是(　　)。

A. 待运货位　　　　　　　　　　　B. 到达待交货位

C. 海专线　　　　　　　　　　　　D. 存储区

E. 补货区

7. 零担货物的中转作业方法有(　　)。

A. 落地法　　　　　　　　　　　　B. 换车法

C. 坐车法　　　　　　　　　　　　D. 过车法

E. 仓库中转法

三、判断题

1. 零担货物中转站必须配备相应的仓库等作业条件,确保货物安全、及时、准确的到达目的地。(　　)

2. 直达式零担运输有利于降低运输成本和提高运输服务质量。(　　)

3. 严格执行混装限制规定是零担货物的配载原则。(　　)

4. 零担货物采取落地法中转时,在卸车作业的同时完成了装车作业,作业效率高。(　　)

5. 零担货物运输作业比整车货物运输作业效率高。(　　)

6. 零担运输是采用一车多票、集零为整、分线运送的一种货物运输经营方式。(　　)

7. 零担货物受理、核实理货环节是发送作业的内容。(　　)

8. 零担货物交付时,发现标签脱落、字迹不清等问题,必须慎重处理,多方验证,确认收货人后,方可交付。(　　)

9. 零担货物的始发站和中转站要严格按照多装直达、合理中转的原则组织零担货物运送。(　　)

10. 将到达车辆上的全部零担货物卸下入库,按方向或到达站在货位上重新集结,再重新配装,组成新的零担车,这种中转方法是过车法。(　　)

四、问答题

1. 请简述零担运输的意义。

2. 请简述零担货物运输的特点。

3. 零担车的运输方式主要有哪几种?请比较分析每种方式的特点。

4. 绘制零担货物运输作业流程。

5. 请简述零担货物验货过磅环节的主要工作内容。

6. 请简述零担货物验收入库的要求。

7. 请简述零担货物配载原则。

8. 零担货物的中转方法有哪几种?分析比较每种方法的优缺点。

五、综合技能训练

实训项目一　零担托运单的填写

1. 知识点

基本礼仪,运输业务类型知识,货物分类知识,运价知识,托运单知识等。

2. 实训目标

通过训练,学生能够掌握客户接洽基本礼仪,能够准确记录货物及托运人、收货人信息,进行准确报价,托运单内容填写符合要求。

3. 实训任务

学生自行设计运输任务。

运输任务参考:

20××年××月××日,某货主打电话给物流运输公司,委托其运输货物。货物信息:油漆50桶。规格:φ30 cm×h50 cm;重量:2 000 kg。

客户地址:天津经济开发区泰丰工业园新泰街××号(邮编300457);

联系人:李经理,电话139××××××××;

收货人:高××,电话:139××××××××,地址:上海普陀区2弄××号。根据以上任务模拟电话接洽,填写托运单。

4.实训组织

教师提前印制托运单,学生模拟填写。

5.技能检验

填写实训效果考核表,见表3-5。

表3-5　实训效果考核表

序号	考核标准	满分	得分
1	运输任务描述清晰、信息齐全	40	
2	托运单内容填写完整、规范	40	
3	内容准确、无涂改	20	
	总　分	100	

实训项目二　配载配装实训项目

1.知识点

零担货物特点,零担货物配载原则,零担货物配载技术,零担货物装卸方法。

2.实训目标

通过实训操作,学生能够充分理解零担运输的含义、零担运输配载原则,掌握零担货物配载技术,能根据货物选择合适的零担车辆,提高车辆利用效率。

3.实训组织方式

教师可以尽可能多地设定任务,将学生分成小组,教师进行指导。

4.实训内容与步骤

(1)各小组选取车辆,根据所选车辆的容积和载重量,在备选货物中选取不少于6种货物进行配载装车,每种货物数量不限,绘制货物装车平面示意图,计算车辆容积利用率和载重量利用率。

(2)各小组展示成果,教师进行点评并分析总结。各小组重新选择货物并设计配载方案,以提高车容利用率和载重量利用率。

(3)教师指定货物,各小组根据货物和车辆信息设计配载方案,优选车辆,绘制货物装车平面示意图,并进行装车实践。

5.实训条件

(1)能容纳50人的实训场地;

(2)能容纳50人的教室一间;

(3)不同尺寸的模拟车辆;

(4)地牛6台,托盘若干;

(5)10种以上货物,货物数量不少于500箱,包装箱双面粘贴标签;

(6)卷尺6把,计算器6个,直尺6把,白纸若干;

(7)1号车、2号车、3号车各2辆。

车厢尺寸参考:

1 号车:内容积 1.34 m×0.92 m×0.84 m = 1.04 m³,最大允许载重量 340 kg;

2 号车:内容积 1.34 m×0.92 m×0.86 m = 1.06 m³,最大允许载重量 400 kg;

3 号车:内容积 1.52 m×0.94 m×0.86 m = 1.23 m³,最大允许载重量 420 kg。

货物信息及任务分配参考:

序号	品名	规格	单位重量/kg	单位体积/m³	任务分配					
					1组	2组	3组	4组	5组	6组
1	婴儿湿巾	395 mm×295 mm×180 mm	10	0.021	10	0	18	0	0	12
2	大(小)康师傅方便面	595 mm×325 mm×180 mm	4.5	0.035	16	16	0	14	12	0
3	诚诚花生仁	395 mm×245 mm×180 mm	5	0.017	10	18	6	0	0	0
4	冰爽啤酒	460 mm×260 mm×180 mm	25	0.022	4	10	8	8	12	4
5	瓶装矿泉水	330 mm×235 mm×180 mm	16	0.014	22	14	0	8	0	0
6	可乐年糕	330 mm×235 mm×180 mm	8	0.014	0	0	0	24	12	0
7	怡然话梅糖	395 mm×295 mm×180 mm	15	0.021	0	8	0	8	0	12
8	开心饼干	460 mm×260 mm×180 mm	5	0.022	0	0	18	0	14	20
9	听装可乐	330 mm×235 mm×180 mm	16	0.014	0	0	16	0	12	16
10	塑料周转箱	600 mm×400 mm×280 mm	12	0.067	2	2	2	2	2	2
合计	64	68	68	64	64	66				

6. 实训检验

填写实训效果考核表,见表3-6。

表3-6 实训效果考核表

班级 　　　　　　　　　　姓名

序号	考核标准	满分	得分
1	货物体积和重量计算	20	
2	配载方案车辆选择	10	
3	货物装载平面示意图	20	
4	配载装车实践过程	40	
5	车辆利用率计算	10	
	总　分	100	

项目 四　集装箱运输作业

●学习目标

知识目标

1. 掌握集装箱租赁的概念、集装箱的租赁方式、租赁合同的主要条款。
2. 掌握集装箱堆场、整箱货的概念。
3. 掌握集装箱货运站、拼箱货的概念。
4. 理解集装箱堆场和集装箱货运站的主要业务功能。
5. 理解整箱货和拼箱货的进出口业务流程。
6. 了解多式联运的定义、特征及优越性。
7. 了解国际多式联运的运输组织形式及业务流程。

技能目标

1. 能够分析比较三种集装箱租赁方式,根据租赁业务要求选择适宜的租赁方式。
2. 能够陈述集装箱租赁合同的主要条款。
3. 能够分析对比集装箱堆场与集装箱货运站的功能。
4. 能够分析整箱货拼箱货的进出口业务流程。
5. 能够分析国际多式联运的业务流程。
6. 能够陈述国际多式联运的运输组织形式。

任务一
集装箱租赁 ◆◇ II

一、集装箱租赁概述

随着国际集装箱运输市场的持续发展,目前国内的租箱企业开始认识到信息化建设的重要性,很多租箱企业开始规划或者已经实施信息化项目。不同租箱企业的管理模式、租箱服务模式各不相同,因而每个先进的租箱企业进行信息系统建设的成功经验是很难被简单复制的。租箱企业在进行 IT 系统建设时必须结合企业的发展战略,进行充分的长远规划和合理的架构设计,并且保持一定的柔性化,以便及时调整更新,降低租箱信息系统建设的风险,保证系统的成功实施。

1. 集装箱租赁的定义

集装箱租赁是指集装箱租赁公司与承租人,一般为海运班轮公司,铁路、公路运输公司等,签订协议,用长期或短期的方式把集装箱租赁给承租人的一种租赁方式。在协议执行期间,箱体由承租人管理使用,承租人负责对箱体进行维修保养,确保避免灭失。协议期满后,承租人将箱子还至租箱公司指定堆场。堆场对损坏的箱体按协议中规定的技术标准修复,修理费用由承租人承担。承租人按照协议向租箱公司承付提还箱费及租金。

集装箱租赁是一个长期且稳定获利的业务,故得到欧美投资者的青睐,世界上主要的租箱公司大都为欧美基金投资。

集装箱租赁业务由集装箱租赁公司经营,该租赁公司专门经营集装箱出租业务,它是集装箱所有人。

集装箱所有人是出租集装箱的一方,为集装箱出租人。集装箱使用人一般是船公司或货主,为承租人。集装箱出租人与承租人双方签订租赁合同,由出租人提供合格的集装箱交由承租人在约定范围内使用。集装箱租赁有多种方式,国际上通常方式有:程租、期租、活期租用和航区内租赁等。

2. 集装箱租赁的优点

集装箱租赁业务是为集装箱运输行业提供服务的。对于班轮公司来说,租箱与自行采购集装箱比较,具有下列优点:

(1)避免巨额资金的即时投入

集装箱价格昂贵,一个 20′箱出厂时价格就要 1 800 多美元。班轮公司如需开辟集装箱航线,船东往往需要自备上千个箱,这需要大量资金。有了租箱公司,船东只付少许租金租箱就可以了。

（2）全球提箱、全球还箱的便利

班轮公司对箱体的需求是变化的、不平衡的。只有租箱公司可以做到全球提还箱,这大大地解决了班轮公司的调箱难题。

（3）集装箱需求地点的供应保障

任何一个班轮公司都不可能在其任何一个需求地点都有存箱,而租箱公司则可相对满足它们的要求,尽可能地保障集装箱的供应。

有了上述的优势,租箱业务发展迅速,租箱公司的箱量一直占全世界总箱量的45%以上。在中国,特别是近洋班轮公司和内贸线班轮公司的箱队中,租箱量占总箱量的90%以上。

集装箱租赁是一个长期稳定的获利业务,主要为欧美基金投资,利润主要靠付清集装箱生产成本、财务成本和管理成本后的其他租箱收益和集装箱处理残值。集装箱租赁行业需要巨额资金,专业性强,所以一般企业很难涉足。现活跃在市场上的前12位租箱公司大都为美、欧基金所支持。尚无一家在中国大陆注册,中资的佛罗伦、中国私营的景阳也是在中国香港注册的。

3. 集装箱租赁的分类

因租箱人的需要,集装箱的租赁方式可以分为以下三类:

（1）期租

集装箱的期租分为长期租赁和短期租赁两种方式。长期租赁一般是指有一段较长的租用期限,而短期租赁则是指根据所需要的使用期限来租用集装箱,时间比较短。

长期租赁又可分为金融租赁与按实际使用期租赁两种方式。前者是指租箱人在使用期届满后买下所租用的箱子,后者系指租箱人在使用期届满后将箱子退还给集装箱出租公司。

长期租赁对租箱人和出租公司都有好处。对出租公司来说,在出租期间有较稳定的租金收入;对于租箱人来说,只要按时支付租金,箱子如同自己的一样,而且长期租赁的租金比较低。

同长期租赁比较,短期租赁比较灵活。租箱人可根据自己的租箱时间、地点来确定租用期限,但其租金比较高。

（2）程租

集装箱的程租包括单程租赁和来回程租赁两种方式。其中单程租赁多用于同一条航线上来回程货源不平衡的情况,即从起运港至目的港单程使用集装箱;来回程租赁则通常用于来回程有较平衡货运量的航线。

在采用单程集装箱租赁时应注意到,租箱人除支付租金外,有时还需支付提箱费和还箱费。来回程租赁方式租期不受限制,在租赁期间,租箱人有较大的自由使用权,比局限于一个单纯的来回程,这种租赁方式对还箱地点有严格的限制。

（3）灵活租赁

集装箱的灵活租赁方式在费用上类似于长期租赁,在使用上与短期租赁相似,可灵活使用。这种租赁方式租期通常为一年。在集装箱货运量大、经营航线较多且来回程货运量不平衡的情况下,采用这种租赁方式能比较容易适应变化,是一种很有价值的租赁方式。

灵活租赁合同中,一般都规定有租箱人每月提箱、还箱数量及地点,租金按集装箱使用天数以及有关租箱人使用出租公司设备的规定等计。

4. 集装箱租赁的作用

在国际集装箱运输中,集装箱租赁所起的作用十分重要:

(1)集装箱运输经营人在资金短缺情况下可通过租箱以解决一时巨额投资的困难。

(2)租箱人通过租金支付,从而取得集装箱使用权,租期内可自行负责营运管理,避免了巨额资金的即时投入。

(3)在货源不平衡航线可通过单程租赁解决空箱回运。

(4)解决因季节性货源的变化而可能造成的供求不平衡。

二、集装箱租赁管理信息

1. 建立集装箱租赁管理信息的必要性

先进高效的集装箱租赁管理信息系统是租箱经营人开展集装箱租赁业务的重要组成部分,也是提高服务效率的技术保障。面对激烈的集装箱租赁市场的竞争环境,国际上越来越多的租箱经营人加大对信息系统建设的投入,以先进的信息系统提供优质高效的服务争取占据市场。

调查显示,国际上知名的集装箱租赁公司对集装箱租赁综合管理信息系统的规划与设计基本上都是根据自身的发展战略、管理模式和服务模式来制定的。从这些公司在租箱信息系统建设方面的投入来看,有的高达几千万美元,低的也达到几百万美元,而这些系统的实施完善周期基本都在五年以上。部分老牌知名的租箱公司由于在信息系统的规划上缺乏整体性和规范性,以及在项目实施与管理上缺乏理论指导,导致系统总体设计缺乏灵活性,技术架构落后,项目研发实施周期不断被延长,已经严重制约了这些企业的进一步发展。

2. 集装箱租赁管理信息存在的问题

国内大部分租箱企业普遍存在规模小,信息化水平落后,人工重复操作,人力资源内耗等一系列问题。如何通过信息技术整合内部资源,进行流程改造,使不同部门、不同业务运作在同一个信息共享的平台上,形成企业的强势经营网络,优化租箱企业内部资源配置,为客户提供具有针对性的解决方案和服务,实现整个集装箱租赁链的每个环节的顺畅连接和资源优化,并为外部客户提供统一优质的服务,提高国内租箱企业在国际市场上的竞争能力,已经成为国内租箱企业的首要目标。

租箱企业在租箱管理信息系统规划与设计中存在的问题有以下几个方面:一是系统开发与企业发展战略没有有效地结合,缺乏统一的系统规划,租箱公司部门、分支机构拥有各自独立的系统,信息传递不畅,给客户带来极大的不便。二是系统需求不明确,所设计开发的信息系统流程与企业实际业务流程冲突。三是在盲目状态下,采用尚未成熟或与企业需求不相符的系统,导致系统的推进受阻。四是传统租箱行业的信息化遇到整个系统优化问题、流程改造问题、经营管理理念问题直至企业管理体制、管理模式、管理方法、管理思想、组织结构、规章制度等方面的改革和创新。五是仅强调短期的成本收益,而没有考虑长远的投资回报,对信息系统的资金投入不足。国外租箱公司每年的信息化投入一般要占全年总投入的 10% ~30%,而国内的比例则仅仅是 1% ~2%,甚至更低。

3. 建立集装箱租赁管理信息的策略

（1）租箱企业在信息系统建设过程中可以采用的策略

成立专门的信息机构、专人负责系统建设，为使系统实施进度处于可控、可监督的状态，为使上线后的产品质量得到保证，对系统实施进行规范化管理，培训工作是系统实施过程中非常重要的一环。业务流程培训、系统操作培训、风险意识培训以及与系统实施有关的制度培训可以培养出既精通业务操作，也知晓管理知识、信息技术的综合性管理人才。企业信息系统建设失败的主要原因在于推行系统过程中，未重新审视和调整旧的操作流程，因此企业流程重组与信息化必须同步进行，管理系统建设是租箱企业战略发展的重要组成部分，是持续改进的过程，应遵循总体规划、分步实施的原则，长远规划、持续改进。

（2）租箱企业管理信息系统发展设计

租箱企业管理信息系统发展设计是一体化的考虑方式，为企业建立一个信息共享的集中式信息平台，通过信息系统统一企业的规范，实时采集业务和财务数据，加强对网络的监控力度，实现透明化管理，从而提高企业的竞争优势。建立高质量、高效率的 CRM 客户服务平台，建立通用的 EDI 交换平台，更紧密地捆绑企业与客户的关系，包括客户、集装箱工厂、集装箱码头等合作伙伴。建立深层次的效益分析系统，利用历史数据、正在发生的数据进行深层次的收益分析，找到真正的利润来源，发现可能的利润增长点。

三、集装箱租赁合同

集装箱租赁合同是指规定租箱人与租箱公司双方权利、义务和费用的协议和合同文本。租箱人在签署合同之前一般要与租箱公司（或其代理人）商定租箱方式，数量，租金，交、还箱期，地点，租、退箱费用，损害修理责任及保险等事宜。租箱合同的主要条款一般有以下四个方面内容。

1. 交箱条款

交箱条款主要是制约租箱公司的条款，是指租箱公司应在合同规定的时间和地点将符合合同条件的集装箱交给租箱人。其内容主要有：

（1）交箱期。它是指租箱公司将箱子交给租箱人的时间。为了给双方都提供一些方便，交箱期通常规定一个期限，一般为 7~30d。

（2）交箱量。为了适应市场上箱、货供求关系的变化，合同中对交箱量有两种规定方法：一种是规定的交箱数量（或最低交箱量）；另一种是实际交箱量（可高于或低于前者）。

（3）交箱时箱子的状况。租箱公司交给租箱人的箱子应符合有关国际公约与标准的规定，同时租箱人还箱时应保证箱子保持和接近原来的状况。为了保证这一点，双方在提箱时箱子的状况是通过双方签署的设备交接单来体现的。在具体操作中，租箱人雇用的司机和箱子所在堆场的箱管员、门卫可作为双方代表签署设备交接单。

2. 还箱条款

租箱合同中的还箱条款主要是制约租箱人的条款，是指租箱人应在租用期满后，按合同规定的时间、地点将状况良好的箱子还给租箱公司。其主要内容如下：

（1）还箱时间。它是指规定的还箱日期。如超期还箱，合同一般通过对超期天数加收租金方式解决;如果可能提前还箱,则要求事先订立提前终止条款,订有该条款时,租箱人可提前还箱,如未订立此条款,即使是提前还箱,租箱人仍需补交提前日数的追加租金。

(2)还箱地点。租箱人应按合同规定或租箱公司另用书面形式确认的具体地点还箱。在订立合同时,租箱人应尽量使还箱地点与箱子最终使用地点一致或接近,这样可以减少空箱运输费用。

(3)还箱时箱子的状况。租箱人在还箱时应保证箱子外表状态良好,即保证箱子保持提箱时双方签订的设备交接单上说明的状况。该条款一般规定如果还箱时外表有损坏,租箱人应承担修理责任与费用。

租箱合同中一般还规定还箱期满若干天(有的是30d)后,租箱人仍未还箱,租箱公司将作为箱子全损处理。租箱人应按合同规定的金额支付赔偿金,在租箱公司未收到赔偿金前,租箱人仍需按实际天数支付租金。

3.损害修理责任条款

租箱人还箱时,应按设备交接单上记载的状况还箱,如有损坏,则应负责将箱子修理好后还箱,或承担修理费用。如租箱时在合同中订立损害修理(Damage Protection Plan,DPP)条款并按规定付费,则租箱人对租箱期内所造成的损坏在一定程度上不负修理责任,可将未修理的箱子退还租箱公司。不论箱子在租箱期内是否损坏,DPP费用一律不予退还。

从某种意义上讲,DPP条款相当于租箱人对租箱期内集装箱的损害进行了保险(但不是向保险公司投保)。但租箱人必须了解,DPP费用一般只保箱子的部分损害,不承担全损和共同海损等责任。

4.租金及费用支付条款

租箱人应按时支付合同中规定承担的各种费用及租金,这是自由使用集装箱和具有某些权利和减少责任的前提,不按时支付费用和租金则构成违约,租箱公司有权采取适当的行动直至收回集装箱。租箱合同的租金与费用支付条款主要包括下列内容:

(1)租期。租期一般理解为从交箱之日起至还箱之日止的一段时间。

(2)租金计算方法。租金按租箱天数计收。租箱天数的计算一般从交箱当日起算至租箱公司接受还箱的次日为止。在超期还箱的情况下,超期天数按合同规定的租金另行支付(通常比正常租金高一倍)。如合同中订有提前终止的条款,租箱人支付提前终止费用(一般相当于5~7d租金)后,租期到集装箱进入还箱堆场日终止。

(3)租金支付方式。一般租金支付方式有两种:按月支付和按季支付。租箱人应在收到租金付款通知单后,在规定时间内(一般为30d)支付。如延期则需按合同规定的费率加付利息。

(4)交、还箱手续费。租箱人应按合同规定支付交、还箱手续费。该费用主要用来抵偿因在堆场交、还箱时所产生的费用(装卸车费、单证费等),其数额或由合同规定,或按交、还箱所在堆场的费用确定。租箱合同中除上述条款外,一般还有设备标志更改条款及其他有关租箱责任、义务、保险和转租等条款。

任务二
整箱货的作业流程 ◆ ◣ ∥

一、集装箱堆场

（一）集装箱堆场的含义

集装箱堆场(Container Yard,CY)又称场站,是指办理集装箱重箱或空箱装卸、转运、保管、交接的场所。它是集装箱运输关系方的重要组成,在集装箱运输中起到重要作用。对于海运集装箱出口来说,堆场的作用就是把所有出口客户的集装箱在某处先集合起来(不论通关与否),到了截港时间之后,再统一上船(此时必定已经通关)。也就是说,堆场是集装箱通关上船前的统一集合地,在堆场的集装箱货物等待通关,这样便于船公司、海关等进行管理。

（二）集装箱堆场的类型

1. 集装箱前方堆场

集装箱前方堆场(Marshalling Yard)是指在集装箱码头前方,为加速船舶装卸作业,暂时堆放集装箱的场地。其作用是:当集装箱船到港前,有计划、有次序地按积载要求将出口集装箱整齐地集中堆放,卸船时将进口集装箱暂时堆放在码头前方,以加速船舶装卸作业。

2. 集装箱后方堆场

集装箱后方堆场(Container Yard)是指集装箱重箱或空箱进行交接、保管和堆存的场所。有些国家对集装箱堆场并不分前方堆场或后方堆场,统称为堆场。集装箱后方堆场是集装箱装卸区的组成部分,是集装箱运输"场到场"交接方式的整箱货办理交接的场所(实际上是在集装箱卸区"大门口"进行交接的)。

3. 空箱堆场

空箱堆场(Van Pool)是指专门办理空箱收集、保管、堆存或交接的场地。它是专为集装箱装卸区或转运站堆场不足时才予设立的。这种堆场不办理重箱或货物交接。它可以单独经营,也可以由集装箱装卸区在区外另设。

（三）集装箱堆场的作用

对于海运集装箱出口来说,堆场的作用就是把所有出口客户的集装箱在某处先集合起来(不论通关与否),到了截港时间之后,再统一上船(此时必定已经通关)。也就是说,堆场是集装箱通关上船前的统一集合地,在堆场的集装箱货物等待通关,这样便于船公司、海关等进行管理。

（四）集装箱堆场应具备的条件

（1）地面平整能承受所堆重箱的压力，有良好的排水条件；

（2）有必要的消防设施、足够的照明设施和通道；

（3）有必要的交通和通信设备；

（4）有符合标准并取得环保部门认可的污水、污染物处理能力；

（5）有围墙、保卫和检查设施；

（6）有一定的集装箱专业机械设备；

（7）有集装箱管理系统或电子计算机管理设备。

（五）集装箱堆场的业务职能

集装箱堆场的主要业务工作是办理集装箱的装卸、转运、装箱、拆箱、收发、交接、保管、堆存、搬运以及承揽货源等。此外，还有集装箱的修理、冲洗、熏蒸和有关衡量等工作。

以港口集装箱堆场为例，其主要业务如下。

1.集装箱堆存与保管

集装箱进场后，场站应按双方协议规定，按照不同的海上承运人将空箱和重箱分别堆放。空箱按完好箱和破损箱、污箱、自有箱和租箱分别堆放。

场站应对掌管期限内的集装箱和箱内货物负责，如有损坏或灭失，由场站经营人负责。

场站应严格按承运人的中转计划安排中转，避免倒箱、等待吊装等情况出现，影响转运。

2.集装箱的交接

发货人和集装箱货运站将由其或其代理人负责装载的集装箱货物运至码头堆场时，设在码头堆场的闸口对进场的集装箱货物核对订舱单、码头收据、装箱单、出口许可证等单据，同时，码头堆场的闸口还应检查集装箱的数量、编码、铅封号码是否与场站收据记载相一致，箱子的外表状况，以及铅封有无异常情况。如发现有异常情况，门卫应在堆场收据栏内注明；如异常情况严重，会影响运输的安全，则应与有关方联系后，决定是否接受这部分货物。对进场的集装箱，堆场应向发货人、运箱人出具收据。

3.制订堆场作业计划并作业

（1）堆场作业计划的定义

堆场作业计划是指对集装箱在堆场内进行装卸、搬运、贮存、保管的安排。这是为了经济、合理地使用码头堆场和有计划地进行集装箱装卸工作而制订的。

（2）堆场作业计划的主要内容

①堆场收箱

堆场收箱是船舶装船作业的开始，根据不同航线不同船舶的出口箱特点，如箱量、箱型、重量等级的分布，以及具体情况来分配场位、制定收箱规则、合理堆码。对于特种箱的堆场收箱，如危险品箱，在非夏季确保安全的情况下，采用单独集中堆码，如有不同危险等级的危品要隔离堆码。

②进口箱在场堆管理

在卸船前掌握空重箱的箱量和流向情况，掌握中转量及二程船的信息，进行分空重、分箱型堆码,并制订了堆场的作业计划。对外提箱做好催提工作,减少进口箱在场堆存时间,从而提高堆场的利用率。

4. 特殊集装箱的处理

（1）冷藏集装箱的处理

堆存在场内的冷藏集装箱应及时接通电源。每天还应定时检查冷藏集装箱和冷冻机的工作状况是否正常,箱内温度是否保持在货物所需要的限度内。在装卸和出入场内时,应及时解除电源。

（2）危险品集装箱的处理

危险品集装箱应根据可暂时存放和不能存放两种情况分别处理。能暂存的货箱应堆存在有保护设施的场所,而且堆放的数量不能超出许可的限度。不能暂存的货箱应在装船预定时间内,进场后即装上船舶。

5. 协调与处理和船公司的业务关系

集装箱码头应保证:

（1）根据船期表提供合适的泊位。

（2）船舶靠泊后,及时提供足够的劳力与机械设备,以保证装船速度。

（3）提供足够的场所,保证集装箱作业及堆存空间。

（4）适当掌握和注意船方设备,不违章操作。

船公司应保证:

（1）向码头确保船期,在船舶到港前一定时间提出确实到港通知。如船期改变,则应及时通知码头。

（2）装船前 2～10d 提供出口货运资料,以满足堆场制订堆场计划、装船计划的需要。

（3）应及时提供船图,以保证正常作业。

二、整箱货出口流程

1. 整箱货的定义

整箱货（Full Container Load,FCL）是指箱内货物只有一个提单号,即一票货物。发货人负责装箱、计数、积载并加铅封的货运。

2. 整箱货的拆箱

整箱货的拆箱一般由收货人办理,但也可以委托承运人在货运站拆箱。可是承运人不负责箱内的货损、货差。除非货方举证确属承运人责任事故的损害,承运人才负责赔偿。承运人对整箱货,以箱为交接单位。只要集装箱外表与收箱时相似和铅封完整,承运人就完成了承运责任。整箱货运提单上要加上"委托人装箱、计数并加铅封"的条款。整箱货应在箱体外表状况良好、封志完整的状态下完成交接。

3. 整箱货出口流程

（1）委托代理

在集装箱班轮货物运输过程中,货主一般都委托货运代理人为其办理有关的货运业务。

货运代理关系的建立也是由作为委托人的货主提出委托,由作为代理人的国际货运代理企业接受委托后建立。

在货主委托货运代理时,会有一份货运代理委托书。在订有长期货运代理合同时,可能会用货物明细表等单证代替委托书。

(2)订舱

货运代理人接受委托后,应根据货主提供的有关贸易合同或信用证条款的规定,在货物出运之前一定的时间内,填制订舱单并向船公司或其代理人申请订舱。船公司或其代理人在决定是否接受发货人的托运申请时,会考虑其航线、船舶、运输要求、港口条件、运输时间等方面能否满足运输的要求。船方一旦接受订舱,就会着手编制订舱清单,然后分送集装箱码头堆场、集装箱空箱堆场等有关部门,并将据此安排办理空箱及货运交接等工作。

在订舱时,货运代理人会填制"场站收据"联单、预配清单等单据。

(3)提取空箱

在订舱后,货运代理人应提出使用集装箱的申请,船方会给予安排并发放集装箱设备交接单。凭设备交接单,货运代理人就可安排提取所需的集装箱。

在整箱货运时,通常是货运代理人安排集装箱卡车运输公司到集装箱空箱堆场领取空箱,但也可以是货主自己安排提箱。无论是谁安排提箱,在领取空箱时,提箱人都应与集装箱堆场办理空箱交接手续,并填制设备交接单。

(4)货物装箱

整箱货的装箱工作大多是货运代理人安排进行的,并可以在货主的工厂、仓库装箱或是货主将货物交由货运代理人的集装箱货运站装箱。当然,也可以是货主自己安排货物的装箱工作。

装箱人应根据订舱清单的资料,并核对场站收据和货物装箱的情况,填制集装箱货物装箱单。

(5)整箱货交接签证

货运代理人或发货人自行负责装箱并加封志的整箱货,通过内陆运输运至承运人的集装箱码头堆场。码头堆场根据订舱清单,核对场站收据和装箱单后接收货物。整箱货出运前也应办妥有关出口手续。

集装箱码头堆场在验收货箱后即在场站收据上签字,并将签署的场站收据交还给货运代理人或发货人。货运代理人或发货人可以凭据经签署的场站收据要求承运人签发提单。

(6)换取提单

货运代理人或发货人凭经签署的场站收据,向负责集装箱运输的人或其代理人换取提单。发货人取得提单后,就可以去银行结汇。

由于在集装箱运输方式下,承运人的责任早于非集装箱运输方式就已开始,因此,理论上在装船前就应签发提单。这种提单是收货待运提单,而收货待运提单在使用传统价格术语的贸易合同下是不符合要求的。所以,为了满足贸易上的要求,也为了减少操作程序上的麻烦,实践中的做法是在装船后才签发提单,即已装船提单才符合使用传统价格术语的贸易合同的需要。

(7)装船

集装箱码头堆场或集装箱装卸区根据接受待装的货箱情况,制订出装船计划,等船靠泊后即可装船。

三、整箱货进口流程

海运进口的货运代理业务是我国货代业务中涉及面最广、线最长、量最大、货种最复杂的货代业务。完整的海运进口业务从国外接货开始,包括安排装船、安排运输、代办保险,直至货物运到我国港口后的卸货、接运报关报验、转运等业务。

1. 货运代理人接受委托

货运代理人与货主双方建立的委托关系可以是长期的,也可以是就某一批货物而签订的。在建立了长期代理关系的情况下,委托人往往会把代理人写在合同的一些条款中,这样,国外发货人在履行合约有关运输部分时会直接与代理人联系,从而有助于提高工作效率和避免联系脱节的现象发生。在货代与货主双方之间订立的协议中,通常应明确以下项目:

(1)委托人和代理人的全称、注册地址。

(2)代办事项的范围,如是否包括海洋运输,是否包括装运前的拆卸工作、集港运输等,到港后是提单交货还是送货上门等。明确了代办事项范围,如一旦发生意外,就能判明双方责任,也可避免因双方职责不明而造成的损失。

(3)委托方应该提供的单证及提供的时间,提供的时间应根据该单证需用的时间而定。

(4)服务费收取标准及支付时间、支付方法。

(5)委托方和代理人的特别约定。

(6)违约责任条款。

(7)有关费用如海洋运费、杂费及关税等支付时间。

(8)发生纠纷后,协商不成的解决途径及地点。通常解决争议的途径有仲裁或诉讼等,地点可以在双方同意的地点:仲裁一般在契约地;诉讼则可以在契约地,也可以在被告所在地。

(9)协议必须加盖双方公章并经法定代表人签字,这是协议成立的重要条件。

2. 卸货地订舱

如果货物以 FOB 价格条件成交,货运代理人接受收货人委托后,就负有订舱或租船的责任,并有将船名、装船期通知发货人的义务;特别是在采用特殊集装箱运输时,更应尽早预订舱位。

3. 接运工作

接运工作要做到及时、迅速,主要工作包括:

(1)加强内部管理,做好接货准备,及时告知收货人,汇集单证,及时与港方联系。

(2)谨慎接卸。

4. 报检报关

根据国家有关法律、法规的规定,进口货物必须办理验放手续后,收货人才能提取货物。因此,必须及时办理有关报检、报关等手续。

5. 监管转运

进口货物入境后,一般在港口报关放行后再内运,但应收货人要求,经海关核准也可运往另一设关地点办理海关手续。这称为转关运输货物,属于海关监管货物。

办理转关运输的进境地,申报人必须持有海关颁发的"转关登记手册";承运转关运输货物的承运单位必须是经海关核准的运输企业,持有"转关运输准载证";监管货物在到达地申报时,必须递交进境地海关转关关封、"转关登记手册""转关运输准载证";申报必须及时,并由海关签发回执,交进境地海关。

6. 提取货物

货运代理人向货主交货时有两种情况:一是象征性交货,即以单证交接,货物到港经海关验收,并在提货单上加盖海关放行章,将该提货单交给货主,即为交货完毕。二是实际性交货,即除完成报关放行外,货运代理人负责向港口装卸区办理提货,并负责将货物运至货主指定地点,交给货主;集装箱运输中的整箱货,通常还需要负责空箱的还箱工作。以上两种交货都应做好交货工作的记录。

任务三
拼箱货的作业流程 ◆▋

一、集装箱货运站

1. 集装箱货运站的含义

集装箱货运站(Container Freight Station,CFS)为拼箱货装箱和拆箱的船、货双方办理交接的场所。它是集装箱运输关系方的一个组成,在集装箱运输中起到重要作用。它办理拼箱货的交接、配载积载后,将箱子送往 CY,并接受 CY 交来的进口货箱,进行拆箱、理货、保管,最后拨给各收货人。同时也可按承运人的委托办理铅封和签发场站收据等业务。

2. 集装箱货运站的主要业务

(1)拼箱货的理货和交接;

(2)货物外表检验如有异状时,就办理批注;

(3)拼箱货的配箱积载和装箱;

(4)进口拆箱货的拆箱和保管;

(5)代承运人加铅封并签发站收据;

(6)办理各项单证和编制等。

3. 集装箱货运站的类型

集装箱货运站主要可分成以下三类:

(1)设置于集装箱码头内的集装箱货运站

它主要处理各类拼箱货,进行出口货的拼箱作业和进口货的拆箱作业。货主托运的拼箱货,凡是出口的,均先在码头集装箱货运站集货,在货运站拼箱后,转往出口堆箱场,准备装船;

凡是进口的，均于卸船后，运至码头集装箱货运站拆箱，然后向收货人送货，或由收货人提货。一般的集装箱码头均设有集装箱货运站。

（2）设置于集装箱码头附近的集装箱货运站

这类集装箱货运站设在码头附近，独立设置，不隶属于集装箱码头。之所以这样设置，一般有两种原因：一种原因是缓解码头的场地紧张，作为集装箱码头的一个缓冲地带。有的集装箱码头业务繁忙，自身集装箱货运站规模有限，或堆场紧张，有些拼、拆箱作业就拉到码头外集装箱货运站进行。有些拼箱货卸船后，直接拉到码头外集装箱货运站，可提高码头堆场的利用率。由于上海与香港的码头狭小，经常有这类集装箱货运站。另一种原因是集装箱码头内不设集装箱货运站，在集装箱码头外设独立的货运站。我国台湾地区的一些集装箱码头就有这样的集装箱货运站。

（3）内陆集装箱货运站

这类集装箱货运站设于内陆，既从事拼箱货的拆箱、装箱作业，也从事整箱货的拆箱、装箱作业。有的还办理空箱的发放和回收工作，代理船公司和租箱公司，作为空箱的固定回收点。内陆的拼箱货或整箱货可先在这类集装箱货运站集货、装货，然后通过铁路和公路运输，送往集装箱码头的堆场，准备装船。从口岸卸下的进口箱经铁路和公路运输，到内陆集装箱货运站拆箱，然后送到收货人处。

有的集装箱铁路基地站或办理站要从事一些拆箱和拼箱的业务，所以通常兼有集装箱货运站的性质。集装箱公路中转站一般都要进行拼箱货的拆装箱，所以，同时也是集装箱货运站。

4.装箱货运站的设备和设施

（1）带装货月台的仓库

集装箱货运站一般均要配备有一定面积的仓库，用以集货与暂时储存拆箱后等待提取的货物，仓库除了储存区，一般还应有装、拆箱区。同时，仓库应配备装、拆箱月台，便于不卸车直接进行装箱和拆箱。

（2）堆箱场地

集装箱码头内的集装箱货运站不一定要拥有自己单独的堆箱场地，集装箱码头附近的集装箱货运站及内陆集装箱货运站，则必须拥有一定面积的集装箱堆场，可以暂时堆存已装好或中转的重箱，同时也可以作为集装箱码头集中到达或卸船箱子的疏运地点。作为船公司或租箱公司收箱点的集装箱货运站，还应有较大的场地，用以堆放回收或周转的空箱。

（3）拆装箱机械与堆场机械

用于拆、装箱的机械主要是小型叉车，用于堆场的机械主要是集装箱叉车、汽车吊等。规模较大的集装箱货运站，可以配备集装箱正面吊，用于堆场和装车、卸车。

（4）辅助设施

洗箱场地用于某些集装箱装货前的清洗。

有条件的集装箱货运站可设置修箱部门，开展修箱业务。

重箱和空箱以及货物的运进、运出，一般都使用集装箱卡车进行，所以通常应备一定面积的集装箱卡车停车场和加油站。

修理车间用于修理集装箱货运站装拆箱机械和堆场机械。

管理与生活后勤设施包括集装箱货运站业务管理建筑和生活建筑。

5.集装箱货运站的主要作用和任务

(1)集装箱货运站的主要作用

①设置于集装箱码头内的集装箱货运站的作用主要是拼箱货的拆箱和装箱,同时要负责出口拼箱货的集货和进口拼箱货拆箱后的暂时储存工作。

②设置于集装箱码头附近的集装箱货运站的作用除与设在码头内的集装箱货运站相同外,通常还可能有以下两个作用:一是在出口箱大量到达与进口箱集中卸船,码头堆场难以应付的时候,作为码头的第二堆场;二是代理船公司与租箱公司,作为空箱提箱与交箱的场所。

③内陆集装箱货运站:除进行集装箱拼箱货的装箱与拆箱外,还充当联系经济腹地的纽带和桥梁,作为某一地区的集装箱集散点,进行一些箱务管理业务和空箱调度业务,加速箱子周转,提高整个地区集装箱多式联运的效率。

(2)集装箱货运站的主要任务

①集装箱货物的承运、验收、保管和交付;

②拼箱货的装箱和拆箱作业;

③整箱货的中转;

④重箱和空箱的堆存和保管;

⑤货运单的处理,运费、堆存费的结算;

⑥集装箱及集装箱车辆的维修、保养。

二、拼箱货的出口流程

1.拼箱货的定义

拼箱货(Less than Container Load,LCL),是指箱内货物有两个或两个以上提单号,也即有两票或两票以上货物。承运人(或代理人)接受货主托运的数量不足整箱的小票货运后,根据货类性质和目的地进行分类整理,把去同一目的地的货集中到一定数量拼装入箱。由于一个箱内有不同货主的货拼装在一起,所以叫拼箱。

2.拼箱货的分类

拼箱可以分为直拼或转拼。直拼是指拼箱集装箱内的货物在同一个港口装卸,在货物到达目的港前不拆箱。此类拼箱服务运期短,方便快捷,一般有实力的拼箱公司只提供此类服务。转拼是指集装箱内不是同一目的港的货物,需要在中途拆箱卸货或转船。此类拼箱服务因目的港不一,待船时间长等因素,运期较长,甚至运费偏高。

3.拼箱货的特点

从实际操作看,拼箱货的承运方式80%以上走 CFS to CFS(货运站到货运站),其次是 Door to Door(门到门),Door to CFS(门到货运站),CFS to Door(货运站到门)。主要原因是由拼箱货的性质决定的,拼箱中拼成的整箱由多个不同的发货人和收货人的货物所组成。

三、拼箱货进口业务流程

1.取得进口箱相关信息

集装箱货运站在船舶到港前几天,从船公司或其代理人处取到以下单证:

(1)提单副本或场站收据副本;

(2)货物舱单;

(3)集装箱装箱单;

(4)装船货物残损报告;

(5)特殊货物表。

货运站根据以上单据做好拆箱交货准备工作。

2.发出交货通知

货运站根据船舶进港时间及卸船计划等情况,联系码头堆场决定提取拼箱集装箱的时间,制订拆箱交货计划,并对收货人发出交货日期的通知。

3.从码头堆场领取重箱

货运站经与码头堆场联系后,即可以从码头堆场领取重箱。双方应在集装箱单上签字,出堆场的集装箱应办理设备交接手续。

4.拆箱交货

货运站从堆场取回重箱后,即开始拆箱作业,拆箱后,应将空箱退回码头堆场。收货人前来提货时,货运站应要求收货人出具船公司签发的提货单,经单货核对无误后,即可交货,双方应在交货记录上签字。如发现货物有异常,则应将这种情况记入交货记录的备注栏内。

5.收取有关费用

集装箱货运站在交付货物时,应检查保管费及有无再次搬运费,如已发生有关费用,则应收取费用后再交付货物。

6.制作报告

制作交货报告或未交货报告交送船公司,以便船公司据此处理有关事宜。

任务四
集装箱多式联运 ◆ ||

一、国际多式联运的基本概念

(一)国际多式联运的定义

《联合国国际货物多式联运公约》对国际多式联运的定义是:"由多式联运经营人按照国际多式联运合同,以至少两种不同的运输方式,由多式联运经营人将货物从一国境内接管货物的地点运至另一国境内指定的交付货物的地点的一种运输方式。"

国际多式联运是一种比区段运输高级的运输组织形式。20世纪60年代末美国首先试办多式联运业务,受到货主的欢迎。随后,北美、欧洲和远东地区才开始采用这种形式。20世纪80年代,国际多式联运已逐步在发展中国家推广。当今,国际多式联运已成为一种新型重要的国际集装箱运输方式,受到国际航运界的普遍重视。

国际多式联运经营人是指本人或通过其代表与发货人订立多式联运合同的任何人。它是事主,而不是发货人的代理人或代表,也不是参加多式联运的承运人的代理人或代表,并且负有履行合同的责任。该定义中的代理人是指传统意义上的代理人,而不是直接从事运输业务意义上的运输代理人。多式联运经营人是全程运输的组织者,负责完成或组织完成多式联运合同规定的货物的全程运输。

多式联运经营人可以分为两种:一种为有船经营;另一种为无船经营人。前者在接收货物后,不但要负责海上运输,还须安排汽车、火车与飞机的运输,对此有船经营人往往再委托给其他相应的承运人来运输,对交接过程中可能产生的装卸和包装储藏业务,也委托给有关行业办理。但是,有船经营人必须对货主货物整个运输过程负总责任。后者在接收货物后,也是将运输委托给各种方式的运输承运人进行,但无船经营人对货主货物整个运输过程负总责。无船经营人不拥有船舶,通常是内陆运输承运人、仓储业者或其他从事陆上货物运输中某一环节的人,也就是说无船经营人往往拥有除船舶以外一定的运输工具。

(二)国际多式联运的条件及特点

1. 国际多式联运的条件

按照《联合国国际货物多式联运公约》的解释,"国际多式联运"必须具备以下五个条件,否则不能称为国际多式联运。

(1)至少是两种不同运输方式的国际连贯运输

这一点是国际多式联运必不可少的条件,国际多式联运是以两种或两种以上不同运输方式联合完成货物运输,而且应该是不间断地完成货物的全程运输。为履行单一方式运输合同而进行的该合同所规定的短途货物接送业务,不能视为国际多式联运。某种运输方式所附带的另一种运输方式的服务,例如航空运输使用汽车接送的服务,只能视为航空运输的延伸,不属于国际多式联运。

在国际多式联运中,多式联运经营人所接管和运输的货物必须是国际货物。这是指多式联运经营人应负责将货物从一个国家运往另一个国家,并且在运输过程中还可能经过第三国。

(2)使用一份包括全程的多式联运单证

多式联运单据应该满足各种运输方式的需要。国际多式联运中所使用的单证和文件很多,可根据其用途分为两类:一类是进出口运输所需要和办理运输有关业务的单证,如多式联运提单、提单、各区段的运单、设备交接单、装箱单、提箱单、交货记录、场站收据等;另一类是向各口岸监管部门申报所使用的单证,如进出口许可证、商检证明、卫生检测证明、危险品清单、危险品准单、信用证副本、合同副本等。

(3)必须订立多式联运合同

国际多式联运合同是指多式联运经营人与托运人之间就国际货物多式联运而订立的合同。它规定了多式联运经营人与托运人之间的权利、义务、责任豁免的合同关系和多式联运的性质。根据多式联运合同,多式联运经营人负责货物全程运输责任并收取全程运费,同时多式联运经营人还会根据多式联运合同签发多式联运单证。多式联运合同与单一运输方式下签订的运输合同有明显区别,可以通过它来区分多式联运和传统运输方式。

(4)按全程单一的费率来收取运费

采用单一费率是多式联运的基本条件之一,没有单一费率的多式联运是很难成交的。多式联运经营人在对货主承担全程运输责任的基础上,制定一个全程单一费率并以此为依据向货主一次收取全程运输费用。全程单一费率一般包括运输总成本、经营管理费用和利润。由于各区段的运费可能发生变化,为保持单一费率的稳定性和透明度,因此确定单一费率时使用的数据是较长时间内数据的平均值。单一费率也要有较好的竞争性,因此在使用时有必要及时根据各类费用的变化对其进行合理的调整,否则将会由于各区段的费用升高引起亏损或由于费用的降低而造成竞争力的下降。

(5)由一个多式联运经营人对全程运输负责

国际多式联运必须要有一个多式联运经营人,它对货物全程运输负责,这是多式联运区别于分段运输的一个重要特征。多式联运经营人是订立多式联运合同的当事人,它对货主负有履行合同的责任并承担从接管货物时起到交付货物时止的全程运输责任,对货物在运输途中因灭失、损坏或延迟交付所造成损失负有赔偿责任。多式联运经营人可以自己完成货物的全程运输,也可以寻找其他实际承运人来实现分段的运输。

2. 国际多式联运的特点

(1)国际多式联运有多种收交货的经营方式,主要包括:①"门到门"方式;②"门到站"方式;③"门到场"方式;④"场到站"方式;⑤"站到场"方式;⑥"场到门"方式;⑦"站到站"方式。

(2)与传统的分段运输比较,国际多式联运是一种更复杂、更高级的运输组织形式,是运输组织工作现代化的具体表现。

(3)国际多式联运的货物一般是集装箱货或其他成组化货物,货主提供的集装箱或其他装运工具和包装属于货物的一部分。

(4)目前所有的国际多式联运的全程运输组织机制均为衔接式运输机制,即承包发运制。

（5）多式联运经营人可以在世界范围内的综合运输网中选择最佳运输路线,通过各种运输方式的最佳组合,最终实现合理运输。

（三）国际多式联运的优越性

国际多式联运是今后国际运输发展的方向,开展国际多式联运具有许多优越性,具体表现在以下几个方面。

1. 降低运输成本,节省费用支出

由于国际多式联运可以实行"门到门"运输,因此对货主来说,在将货物交由第一承运人以后即可取得货运单证,并根据单证来结汇,提前了结汇时间。这不仅有利于加速货物占用资金的周转,而且可以减少利息的支出。另外,由于大多数货物是利用集装箱运输的,从某种意义上来看,可相应节省货物的包装、理货和保险等费用的支出。

2. 托运手续简便

对于货主而言,国际多式联运可以将海、陆、空等多种运输方式的多段复杂的运输手续大大简化,所以不论运输路线多长、运输环节多少、沿途手续多么复杂,货主只需办理一次托运、支付一笔运费、取得一张多式联运单证即可将货物从起点托运到终点。

3. 缩短货物的运输时间,提高货运质量

在国际多式联运方式下,各个运输环节和各种运输工具之间配合密切,衔接紧凑,货物中转及时迅速,大大减少货物的在途停留时间,从根本上保证了货物迅速、准确、及时地运达目的地,因而也相应地降低了货物的库存量和库存成本。

4. 运输更加安全可靠

国际多式联运通常采用集装箱作为货运单元,尽管需要经过多次运输和装卸,都无须搬动箱中的货物,所以可以较好地保证货物安全。此外,集装箱内所装货物数量有限,相比零散货物装在一个船舱或车厢内时所受到的压力小,并且货物相隔清楚,因此可以减少货损货差,也不容易被盗窃。

5. 提高运输管理水平,实现运输合理化

对于区段运输而言,由于各种运输方式的经营人各自为政,自成体系,因此其经营业务范围受到限制,货运量相应也有限。国际多式联运将各个不同的运输经营人组织在一起,共同参与货物运输,这样经营的范围就可以大大扩展,同时可以最大限度地发挥现有设备的作用,选择最佳运输路线组织合理化运输。

6. 简化纠纷处理程序

在国际多式联运中,一旦发生货运事故或者其他事故,货主只需要根据国际多式联运合同和国际多式联运单证,找多式联运经营人交涉即可解决问题。

（四）国际多式联运责任制

1. 国际多式联运责任制的类型

对多式联运经营人赔偿责任的分析,首先必须确定责任制,即其应承担的责任范围。在目前的国际集装箱多式联运中,经营人所负的责任范围主要有以下两种类型:

（1）统一责任制

统一责任制（Uniform Liability System，又称同一责任制）就是多式联运经营人对货主负有不分区段的统一原则责任，也就是说经营人在整个运输中都使用同一责任向货主负责。即经营人对全程运输中货物的灭失、损坏或延期交付负全部责任，无论事故责任是明显的，还是隐蔽的，无论是发生在海运段，还是发生在内陆运输段，均按一个统一原则由多式联运经营人统一按约定的限额进行赔偿。但如果多式联运经营人已尽了最大努力仍无法避免或确实证明是货主的故意行为过失等原因所造成的灭失或损坏，经营人则可免责。

统一责任制是一种科学、合理、手续简化的责任制度。但这种责任制度对联运经营人来说责任负担较重，因此目前在世界范围内采用还不够广泛。

（2）网状责任制

网状责任制（Network Liability System，又称混合责任制）是指多式联运经营人对货主承担的全部责任局限在各个运输部门规定的责任范围内，也就是由经营人对集装箱的全程运输负责，而对货物的灭失、损坏或延期交付的赔偿，则根据各运输方式所适用的法律规定进行处理，如海上区段按《海牙规则》处理，铁路区段按《国际铁路运输公约》处理，公路区段按《国际公路货物运输公约》处理，航空区段按《华沙公约》处理。在不适用上述国际法时，则按相应的国内法规定处理。同时，赔偿限额也是按各区段的国际法或国内法的规定进行赔偿，对不明区段的货物隐蔽损失，或作为海上区段按《海牙规则》处理，或按双方约定的原则处理。

网状责任制是介于全程运输负责制和分段运输负责制这两种负责制之间的一种责任制，故又称混合责任制。也就是该责任制在责任范围方面与统一责任制相同，而在赔偿限额方面则与区段运输形式下的分段负责制相同。

目前，国际上大多采用的就是网状责任制。我国自"国际集装箱运输系统（多式联运）工业性试验"项目以来发展建立的多式联运责任制采用的也是网状责任制。

我国发展和采用网状责任制有以下有利之处：

①与国际商会1975年修订的《联合运输单证统一规则》有关精神相一致，也与大多数航运发达国家采用的责任形式相同。

②我国各运输区段如海上、公路、铁路等均有成熟的运输管理法规可以遵循，采用网状责任制，各运输区段所适用的法规可保持不变。

③相对于统一责任制而言，网状责任制减轻了多式联运经营人的风险责任，对保护多式联运经营人的积极性，保证我国多式联运业务的顺利、健康发展具有积极意义。

但是从国际多式联运发展来考虑，网状责任制并不理想，易在责任轻重、赔偿限额高低等方面产生分歧。因此，随着我国国际多式联运的不断发展与完善，统一责任制应更为符合多式联运的要求。

2. 国际货物多式联运公约采用的责任形式

《联合国国际货物多式联运公约》对于多式联运经营人的责任制形式采用了"修正统一责任制"，排除了"网状责任制"。根据这一责任形式，多式联运经营人对货损的处理，不管能否确定造成货损的实际运输区段，都将适用该公约的规定。但是，多式联运公约又做了这样的规定：如果货物的灭失或损坏发生于多式联运的某一特定区段，而对这一区段适用的一项国际公约或强制性国家法律规定的赔偿责任限额高于本公约规定的赔偿责任限额，则多式联运经营人对这种灭失或损坏的赔偿，应按照该国际公约或强制性国家法律予以确定。

多式联运公约中采用的这种责任形式,使国际多式联运中出现了双层赔偿责任关系,即多式联运经营人与货主(托运人)之间的赔偿责任关系,以及多式联运经营人与其分包人之间的赔偿责任关系。前者的赔偿责任关系受制于多式联运公约的规定。由于多式联运公约的强制性,这一规定中多式联运经营人不能放弃或降低赔偿责任限制,也不能将自己承担的责任转嫁给货主。而对多式联运经营人与其分包人的赔偿责任,多式联运公约并未做任何规定,这在国际多式联运中极易产生纠纷。如海运方面至今采用的是"不完全过失责任制",航空方面则采用"完全过失责任制",而陆路运输方面无论是公路还是铁路,均采用"严格责任制"。在上述几种责任制中,海上承运人的责任最轻。

3. 国际多式联运经营人的责任期间

责任期间是指行为人履行义务、承担责任在时间上的范围。不言而喻,承运人责任期间的长短,也在一定程度上体现了承运人承担义务的多少和责任的轻重。

对于海上承运人的责任期间,根据《海牙规则》的规定,承运人的责任期间是"自货物装上船时起至卸下船时止"这一段时间。就是说货物的灭失或损坏系在该期间产生的,才适用《海牙规则》。然而,由于人们对"装上船"和"卸下船"的理解存在差异,因而《海牙规则》的这一规定不是很明确的。

例如,在使用船上起重机的情况下,货物装上船至少可以有以下四种理解:货物被吊离地面、货物被吊过船舷、货物被吊至甲板上或与舱口围垂直的舱底、货物被放妥在预定的积载位置上。从中可以发现,根据每一种理解,承运人责任期间开始的时间是不同的。至于卸货,也不同程度地存在一些不同的理解。

基于上述情况,提单条款必须定出一个精确的时间作为承运人责任期间的开始与结束,而大多数船公司的提单都以"钩到钩"作为承运人的责任期间。

"钩到钩原则"规定,在使用装运船舶起重机起吊货物时,对于货物的风险,承运人只在货物被吊离地面时起至货物被吊离船落地面时为止这一段时间内负责。由于"钩到钩原则"所表示的责任期间在《海牙规则》规定的范围内,因此这样的规定是有效的。当然,在不使用船上起重机时,就可不以此原则来确定承运人的责任期间。一般规定,在使用岸上起重机的情况下,承运人的责任期间为船舷至船舷;在使用驳船装卸时,承运人的责任期间为货物被吊上钩起至全部货物被卸至驳船上止;石油和散货运输如使用管道和输送带,承运人的责任期间为:货物被输送至管道或输送带的入舱口起至货物被送到船舶与管道或输送带的最后一个接点止。

对于责任期间以外发生的货损货差,承托双方可在合同上自由约定。因此,《海牙规则》又进一步规定:"对货物没有装上船或货物已从船上卸下后,承运人的权利、义务不受本规则的限制,承托双方自由协商,即使其责任或权利大于本规则,也为法律所许可。"

值得注意的是,《海牙规则》中所规定的承运人的责任期间并非是绝对的,还要受有些国家国内法的规定和港口惯例的约束。这是因为《海牙规则》对于承运人责任期间的规定是较为有利于承运人的,因而有些国家为了保护货主的利益,以法律、港口规章或惯例的形式要求承运人负更多的责任。鉴于港口所在国法律对提单的强制适用,承运人就不得不承担这种责任。当然,承运人可以与港口、仓储经营人订立合同,对于它们的过失造成的货物损失保留追偿的权利。

二、国际多式联运的运输组织形式

国际多式联运是采用两种或两种以上不同运输方式进行联运的运输组织形式。这里所指的至少两种运输方式可以是海陆、陆空、海空等。这与一般的海海、陆陆、空空等形式的联运有本质的区别。后者虽也是联运，但仍是同一种运输工具之间的运输方式。众所周知，各种运输方式均有自身的优点与不足。一般来说，水路运输具有运量大、成本低的优点；公路运输则具有机动灵活，便于实现货物门到门运输的特点；铁路运输的主要优点是不受气候影响，可深入内陆和横贯内陆实现货物长距离的准时运输；而航空运输的主要优点是可实现货物的快速运输。由于国际多式联运严格规定必须采用两种和两种以上的运输方式进行联运，因此这种运输组织形式可综合利用各种运输方式的优点，充分体现社会化大生产、大交通的特点。

由于国际多式联运具有其他运输组织形式无可比拟的优越性，因而这种国际运输新技术已在世界各主要国家和地区得到广泛的推广和应用。目前，有代表性的国家多式联运主要有远东—欧洲，远东—北美等海陆空联运，其组织形式包括以下几种。

1. 海陆联运

海陆联运是国际多式联运的主要组织形式，也是远东—欧洲多式联运的主要组织形式之一。目前组织和经营远东—欧洲海陆联运业务的主要有班轮公会的三联集团、北荷、冠航和丹麦的马士基等国际航运公司，以及非班轮公会的中国远洋运输公司、台湾长荣航运公司和德国那亚航运公司等。这种组织形式以航运公司为主体，签发联运提单。

2. 陆桥运输

在国际多式联运中，陆桥运输（Land Bridge Service）起着非常重要的作用。它是远东—欧洲国际多式联运的主要形式。所谓陆桥运输，是指采用集装箱专用列车或卡车，把横贯大陆的铁路或公路作为中间"桥梁"，使大陆两端的集装箱海运航线与专用列车或卡车连接起来的一种连贯运输方式。严格地讲，陆桥运输也是一种海陆联运形式。只是因为其在国际多式联运中的独特地位，故在此将其单独作为一种运输组织形式。目前，远东—欧洲的陆桥运输线路有西伯利亚大陆桥和北美大陆桥。

(1) 西伯利亚大陆桥

西伯利亚大陆桥（Siberian Landbridge, SLB）是指使用国际标准集装箱，将货物由远东海运到俄罗斯东部港口，再经跨越欧亚大陆的西伯利亚铁路运至波罗的海沿岸如爱沙尼亚的塔林或拉脱维亚的里加等港口，然后再采用铁路、公路或海运运到欧洲各地的国际多式联运的运输线路。

东起俄罗斯的纳霍德卡，跨亚欧两大洲，到达荷兰鹿特丹港，全程13 700千米，是当今世界上最长的大陆桥。开发西伯利亚大陆桥运输，比原来取道苏伊士运河的航程缩短了3 700多千米，不但节省了运输时间，而且可以减少20%左右的运费。

由于西伯利亚大陆桥所具有的优势，因而随着它的声望与日俱增，也吸引了不少远东、东南亚以及大洋洲地区到欧洲的运输，使西伯利亚大陆桥在短短的几年时间中就得到了迅速发展。但是西伯利亚大陆桥运输在经营管理上存在的问题，如港口装卸能力不足、铁路集装箱车辆的不足、箱流的严重不平衡以及严寒气候的影响等，在一定程度上又阻碍了它的发展。尤其是随着我国兰新铁路与中哈边境的土西铁路的接轨,一条新的"欧亚大陆桥"形成,为远东至欧洲的国际集装箱多式联运又提供了一条便捷路线,西伯利亚大陆桥面临严峻的竞争形势。

(2)北美大陆桥

北美大陆桥(North American Landbridge)是指利用北美的大铁路从远东到欧洲的"海陆海"联运。该陆桥运输包括美国大陆桥运输和加拿大大陆桥运输。美国大陆桥有两条运输线路:一条是从西部太平洋沿岸至东部大西洋沿岸的铁路和公路运输线;另一条是从西部太平洋沿岸至东南部墨西哥湾沿岸的铁路和公路运输线。美国大陆桥于1971年底由经营远东—欧洲航线的船公司和铁路承运人联合开办"海陆海"多式联运线,后来美国几家班轮公司也投入营运。目前,主要有四个集团经营远东经美国大陆桥至欧洲的国际多式联运业务。这些集团均以经营人的身份,签发多式联运单证,对全程运输负责。加拿大大陆桥与美国大陆桥相似,船公司把货物海运至温哥华,经铁路运到蒙特利尔或哈利法克斯,再与大西洋海运相接。

北美大陆桥指从日本东向,利用海路运输到北美西海岸,再经由横贯北美大陆的铁路线,陆运到北美东海岸,再经海路运箱到欧洲的"海—陆—海"运输结构。北美大陆桥包括美国大陆桥运输和加拿大大陆桥运输。

这是世界上最早出现的大陆桥,它东起大西洋之滨的纽约,西至濒临太平洋的旧金山,全长4 500千米。有了这条横贯北美的铁路大动脉,从远东各港运往纽约的集装箱就不必绕道巴拿马运河了,而是在集装箱远涉重洋达到旧金山之后,换装火车,经大陆桥直达。这条捷径与原来走海路相比,仅航程就压缩了5天多,每个标准集装箱的运费还可节省140多美元。

(3)其他陆桥运输形式

北美地区的陆桥运输不仅包括上述大陆桥运输,而且还包括小陆桥运输(Minibridge)和微桥运输(Microbridge)等运输组织形式。

小陆桥运输从运输组织方式上看与大陆桥运输并无大的区别,只是其运送的货物的目的地为沿海港口。目前,北美小陆桥运送的主要是日本经北美太平洋沿岸到大西洋沿岸和墨西哥湾地区港口的集装箱货物。当然也承运从欧洲到美西及海湾地区各港的大西洋航线的转运货物。北美小陆桥在缩短运输距离、节省运输时间上效果是显著的。

微桥运输与小陆桥运输基本相似,只是其交货地点在内陆地区。北美微桥运输是指经北美东、西海岸及墨西哥湾沿岸港口到美国、加拿大内陆地区的联运服务。随着北美小陆桥运输的发展,出现了新的矛盾,主要反映在:如货物由靠近东海岸的内地城市运往远东地区(或反向),首先要通过国内运输,以国内提单运至东海岸交船公司,然后由船公司另外签发由东海岸出口的国际货运单证,再通过国内运输运至西海岸港口,然后海运至远东。货主认为,这种运输不能从内地直接以国际货运单证运至西海岸港口转运,不仅增加费用,而且耽误运输时间。为解决这一问题,微桥运输应运而生。进出美、加内陆城市的货物采用微桥运输既可节省运输时间,也可避免双重港口收费,从而节省费用。例如,往来于日本和美东内陆城市匹兹堡的集装箱货,可从日本海运至美国西海岸港口,如奥克兰,然后通过铁路直接联运至匹兹堡,这样可完全避免进入美东的费城港,从而节省了在该港的港口费支出。

3.海空联运

海空联运又被称为空桥运输(Airbridge Service)。在运输组织方式上,空桥运输与陆桥运输有所不同:陆桥运输在整个货运过程中使用的是同一个集装箱,不用换装,而空桥运输的货物通常要在航空港换入航空集装箱。不过两者的目标是一致的,即以低费率提供快捷、可靠的运输服务。

海空联运方式始于 20 世纪 60 年代，但到 80 年代才得到较大的发展。采用这种运输方式，运输时间比全程海运少，运输费用比全程空运便宜。20 世纪 60 年代，远东船运至美国西海岸的货物，再通过航空运至美国内陆地区或美国东海岸，从而出现了海空联运。

（1）远东—欧洲：目前，远东与欧洲间的航线有以温哥华、西雅图、洛杉矶为中转地，也有以香港、曼谷、海参崴为中转地。此外还有以旧金山、新加坡为中转地。

（2）远东—中南美：近年来，远东至中南美的海空联运发展较快，因为此处港口和内陆运输不稳定，所以对海空运输的需求很大。该联运线以迈阿密、洛杉矶、温哥华为中转地。

（3）远东—中近东、非洲、澳洲：这是以香港、曼谷为中转地至中近东、非洲的运输服务。在特殊情况下，还有经马赛至非洲、经曼谷至印度、经香港至澳洲等联运线，但这些线路货运量较小。

总的来讲，运输距离越远，采用海空联运的优越性就越大，因为同完全采用海运相比，其运输时间更短，同直接采用空运相比，其费率更低。因此，从远东出发将欧洲、中南美以及非洲作为海空联运的主要市场是合适的。

三、国际多式联运的主要业务程序概述

（一）国际多式联运的主要业务程序

国际多式联运经营人在全程运输中充当了运输组织者的角色。在组织国际多式联运时，其主要业务及程序有以下几个环节。

1. 订立多式联运合同

国际多式联运经营人以契约承运人的名义与托运人签订国际多式联运合同。托运人应根据货物运输的需要及时托运和备货，并准备各种出口所需的单证。也就是说，托运人要根据合同和信用证的要求进行备货，申请检验和出口，并制作贸易单证和运输单证。

国际多式联运经营人接受了托运后，就要对所托运的货物编制运输计划。运输计划的编制要符合运输线路的稳定性、经济性和合理性的要求。稳定性就是一旦计划确定，不是万不得已，最好不要改变计划。经济性就是要注意节约和优化，使各种费用尽可能少。合理性就是运输线路要短，运输工具安全可靠，运输时间短，中转尽可能快。

2. 空箱的发放、提运和运送

多式联运中使用的集装箱一般应由经营人提供。这些集装箱来源可能有三个途径：一是多式联运经营人自己购置的集装箱；二是向租箱公司租用的集装箱，这类箱一般在货物的起运地附近提箱，在交付地附近还箱；三是由全程运输中的某一分承运人提供，这类集装箱一般需要在多式联运经营人未完成合同中规定的运输任务，与该分承运人订立分运输合同时获得使用权。如果双方协议由发货人自行装箱，那么多式联运经营人应该签发提箱单或者把租箱公司或分运人签发的提箱单交给发货人或其代理人，由它们在规定的时间到指定的堆场提箱并自行将空箱运到装货地点，准备装货。

3. 出口报关

出口报关事宜一般由发货人或其代理人办理，也可委托多式联运经营人代为办理，但需要加收报关服务费和报关手续费。报关时应提供场站收据、装箱单和出口许可证等有关单证和文件。报关地随起运地而定,如果起运地在港口,就在港口报关;如果起运地在内陆地区,则应该在附近的内地海关办理报关。

4. 出运地的货物交接

托运人根据多式联运合同的规定将所托运的货物交至指定的地点。多式联运经营人对货物的状况进行检验,在确认无误后接受货物。然后,多式联运经营人根据具体的运输计划和所采用的运输方式签发多式联运单证。

5. 多式联运经营人安排货物运输

国际多式联运经营人按托运人的要求安排运输线路、定舱配载、接货、安排内陆运输、仓储、装箱,将装好的集装箱送到实际承运人指定的堆场或港口进行装运。实际承运人向多式联运经营人签发多式联运提单或运单。货物装上运输工具后,国际多式联运经营人应该随时注意货物的流转并将有关信息和单证及时交目的地。

多式联运经营人通常不是由自己来完成多式联运货物的全程运输,因此,要根据具体情况向合适的实际区段的承运人订舱或要求车皮进行货物运输。多式联运经营人可以向某一实际承运人一次性托运货物,再由该承运人与有关区段承运人订立区段分包运输合同。多式联运经营人也可以与各区段实际承运人分别签订分包运输合同,以完成全程货物运输的要求。

6. 办理保险

国际多式联运过程中涉及的保险业务是很多的,这里仅对多式联运合同双方(托运人和经营人)需要办理的保险业务做简要说明。

(1)货物运输险

该类保险一般由托运人投保或托运人出资由经营人代为办理。该类保险有多个险种,如平安险、水渍险、一切险等,托运人应根据实际需要(经营人可为其提供咨询服务)投保。可一次投保全程运输险,也可分段投保。

(2)集装箱保险

该类保险是由集装箱所有人投保的,发货人与经营人应对自有箱进行保险。集装箱保险通常以年为单位进行保险,但也有以次进行的保险。保险的内容可包括集装箱本身的保险(全损险和综合险)、集装箱所有人对第三者赔偿责任保险,集装箱经营人货物损害赔偿责任保险和对集装箱消毒、销毁、检疫费用支出保险等。对上述内容可分别投保,也可以选择其中一项或两项合在一起投保。

(3)运输责任险

该类保险由多式联运经营人投保,当由于经营人本人或其委托的代理人发生责任事故适合遇到隐藏损害时可以得到保险赔偿。

7. 运输过程中的海关业务

国际多式联运的全程运输均为国际货物运输,因此需要办理货物所经过的国家的通关手续和进口国内路段保税运输手续等海关业务。这些涉及海关的业务一般由多式联运经营人的派出机构或代理人办理,也可由各区段的实际承运人作为多式联运经营人的代表代为办理,由此产生的全部费用应该由发货人或收货人负担。

8.目的地交接货物

货物运达目的地后,多式联运经营人或其代理人将货物交给收货人。在货物运达目的地时,多式联运经营人通常应该通知收货人做好提货准备,并办理货物的进口手续。当收货人出具了多式联运单证或其他有效证明,并支付了到付的费用后,就可以办理货物的交接手续,将货物交给收货人。

9.货运事故处理

如果全程运输中发生了货物灭失、损害和延误运输,无论是否能确定损害发生的区段,发货人均可向多式联运经营人提出索赔。多式联运经营人根据提单条款或双方协议确定责任并做出赔偿。如果能确定损害发生区段和实际责任者,可向其进一步进行索赔;不能确定时,一般按在海运段发生处理。如果已经对货物及责任投保,则存在要求保险公司赔偿和保险公司进一步追索问题。如果受损人和责任人之间不能取得一致,则需要通过在诉讼时效内提起诉讼和仲裁来解决。

(二)国际多式联运单据

多式联运单据是由多式联运经营人在接管货物时签发给发货人,证明多式联运合同以及证明多式联运经营人接管货物并负责按照合同条款交付货物的单据。按照发货人的选择,多式联运单据可以做成可转让的单据,也可以做成不可转让的单据。

多式联运单据的内容包括以下几项:

(1)货物外表状况。

(2)货物品类、标志、危险货物的性质、包数或件数、货物的毛重。这些事项由发货人提供。

(3)联运人的名称和地址。

(4)发货人的名称。

(5)收货人的名称。

(6)联运人接管货物的地点和日期。

(7)联运人或经其授权人的签字。

(8)每种运输方式的运费,或者应由收货人支付的运费,包括用以支付的币种。

(9)预期经过的路线、运输方式和转运地点。

(10)法律声明。

(11)在不违背签发多式联运单据所在国的法律的情况下,双方同意列入多式联运单据的任何其他事项。

项目小结

本章首先阐述了集装箱租赁的概念、集装箱租赁方式、集装箱租赁合同的主要条款,然后阐述了整箱货、拼箱货的处理场所及业务流程,最后介绍了国际多式联运的条件、特点及责任制,大陆桥运输等内容,大陆桥运输是国际多式联运的形式之一。

项目训练

一、单选题

1. 租箱人在使用期届满后买下所租用的箱子是(　　)。
   - A. 金融租赁
   - B. 按实际使用租赁
   - C. 单程租赁
   - D. 来回程租赁

2. 一般有租箱人每月提箱、还箱数量及地点,租金按集装箱使用天数以及有关租箱人使用出租公司设备的规定等计算为(　　)合同。
   - A. 程租
   - B. 灵活租赁
   - C. 期租
   - D. 来回程租赁

3. 租箱合同的主要条款中属于制约租箱公司的条款,租箱公司应在合同规定的时间和地点将符合合同条件的集装箱交给租箱人是(　　)。
   - A. 租金及费用支付条款
   - B. 损害修理责任条款
   - C. 还箱条款
   - D. 交箱条款

4. 集装箱重箱或空箱进行交接、保管和堆存的场所是(　　)。
   - A. 集装箱后方堆场
   - B. 集装箱前方堆场
   - C. 空箱堆场
   - D. 重箱堆场

5. 整箱货出口流程在订舱时,货运代理人会填制预配清单、"(　　)"联单等单据。
   - A. 提单
   - B. 设备交接单
   - C. 场站收据
   - D. 订舱清单

6. 多式联运经营人的角色是(　　)。
   - A. 各区段实际承运人
   - B. 托运人
   - C. 看具体约定的事项
   - D. 全程负责人

7. 发货人在发货地向发运联运服务公司支付一切运输费用,多式联运费用常用的核收方式是(　　)。
   - A. 发付
   - B. 到付
   - C. 分付
   - D. 第三方付

8. 采用集装箱专用列车或卡车把横贯大陆的铁路或公路作为中间"桥梁",使大陆两端的集装箱海运航线与专用列车或卡车连接起来的一种连贯运输方式是(　　)。
   - A. 海陆联运
   - B. 陆桥运输
   - C. 海空联运
   - D. 公铁联运

二、多选题

1. 集装箱租赁因租箱人的需要,其租赁方式可以分为(　　)。
   - A. 期租
   - B. 程租
   - C. 灵活租赁
   - D. 短期租赁
   - E. 长期租赁

2. 交箱条款的内容主要有(　　)。
   - A. 交箱地点
   - B. 交箱时的箱子状况

C. 交箱量　　　　　　　　　　D. 交箱公司

E. 交箱期

3. 租箱合同的租金与费用支付条款主要包括(　　　)。

A. 租期

B. 租金计算方法

C. 租金支付方式

D. 交、还箱手续费

E. 保险费

4. 集装箱货运站的主要任务是(　　　)。

A. 集装箱货物的承运、验收、保管和交付

B. 拼箱货的装箱和拆箱作业

C. 整箱货的中转

D. 重箱和空箱的堆存和保管

E. 货运单的处理,运费、堆存费的结算

5. 国际多式联运必须具备的特征或称基本条件是(　　　)。

A. 必须具有一份多式联运合同

B. 必须使用一份全程多式联运单证

C. 按单一运费率计收全程运费

D. 必须是至少两种不同运输方式的连续运输

E. 必须由一个多式联运经营人对货物运输的全程负责

6. 国际多式联运的运输组织形式有(　　　)。

A. 海陆联运　　　　　　　　B. 陆桥运输

C. 海空联运　　　　　　　　D. 公铁联运

E. 陆空联运

三、判断题

1. 集装箱所有人一般是船公司或货主,为承租的一方,是承租人。(　　)

2. 对于海上承运人的责任期间,根据《海牙规则》的规定,承运人的责任期间是"自货物装上船时起至交到收货人止"这一段时间。(　　)

3. 远东—中近东、非洲、澳洲:这是以香港、曼谷为中转地至中近东、非洲的运输服务。(　　)

4. 集装箱货运站为整箱货装箱和拆箱的船、货双方办理交接的场所。(　　)

5. 设置于集装箱码头附近的集装箱货运站主要处理各类拼箱货,进行出口货的拼箱作业和进口货的拆箱作业。(　　)

6. 整箱货运提单上,要加上"承运人装箱、计数并加铅封"的条款。(　　)

7. 西伯利亚大陆桥是目前世界上最长的一条陆桥运输线。(　　)

8. 内陆集装箱货运站设于内陆,既从事拼箱货的拆箱、装箱作业,也从事整箱货的拆箱、装箱作业。(　　)

四、问答题

1. 在国际集装箱运输中,集装箱租赁所起的作用是什么?

2.集装箱堆场应具备的条件是什么?

3.整箱货的含义及进出口流程是什么?

4.国际多式联运业务包括哪些程序?

项目 五

特殊货物运输作业

●学习目标

知识目标

1. 掌握鲜活易腐货物的特点、分类及运输业务流程。

2. 了解常见鲜活易腐货物的特性。

3. 掌握鲜活易腐货物运输组织与管理中的注意事项。

4. 掌握危险货物的特点、分类及运输业务流程。

5. 了解常见危险货物的特性。

6. 掌握危险货物运输组织与管理中的注意事项。

7. 掌握长大笨重货物的特点、分类及运输业务流程。

8. 了解常见长大笨重货物的特性。

9. 掌握长大笨重货物运输组织与管理中的注意事项。

10. 掌握贵重货物的特点、分类及运输业务流程。

11. 了解常见贵重货物的特性。

12. 掌握贵重货物运输组织与管理中的注意事项。

技能目标

1. 能够分析鲜活易腐货物运输的关键作业环节。

2. 能够为常见鲜活易腐货物确定合理的运输车辆、运输时间和运输线路等。

3. 能够分析危险货物运输的关键作业环节。

4. 能够根据常见危险货物的不同性质,合理选定运输车辆、运输时间和运输线路等。

5. 能够分析长大笨重货物运输的关键作业环节。

6. 能够为常见的长大笨重货物合理选择运输车辆、运输时间和运输线路等。

7. 能够分析贵重货物运输的关键作业环节。

物流运输中,有一部分货物本身的性质特殊,对装卸、运送和保管等环节有其特殊的要求,这类货物统称为特殊货物。根据货物的特性,特殊货物通常可分为鲜活易腐货物、危险货物、长大笨重货物和贵重货物四类。

任务一
鲜活易腐货物运输作业

鲜活易腐货物是指一般运输条件下易于死亡或变质腐烂的货物。一般要求在运输和保管过程中采取一定的措施,如冷藏、保温等,以保持其鲜活品质。如鱼、虾、蟹类;肉类;花卉;水果;蔬菜;花木秧苗;乳制品;冰冻食品;活动物;药品;血清、疫苗、人体白蛋白、胎盘球蛋白等。

一、鲜活易腐货物概述

(一)鲜活易腐货物的分类

1.易腐货物和活动物

按其自然属性,鲜活易腐货物分为易腐货物和活动物两大类,其中占比例最大的是易腐货物。

易腐货物是指在一般条件下保管和运输时,极易受到外界气温及湿度的影响而腐坏变质的货物。易腐货物主要包括肉、鱼、蛋、水果、蔬菜、活植物等;活动物包括禽、畜、兽、蜜蜂、活鱼和鱼苗等。

2.冷冻货、冷却货和非冷却货

按运输时的温度要求不同,易腐货物可分为三类:冷冻货、冷却货和非冷却货。

冷冻货是指经过冷冻加工成为冻结状态的易腐货物。冻结货物的承运温度(除冰外)应在 $-10℃$ 以下。

冷却货是指经过预冷处理后货物温度达到承运温度范围之内的易腐货物。冷却货的承运温度,除香蕉、菠萝为 $11\sim15℃$ 外,其他冷却货的承运温度为 $0\sim7℃$。

非冷却货是指未经过任何冷冻工艺处理,完全处于自然状态的易腐货物。例如采收后以初始状态提交运输的瓜果、鲜蔬菜等。

按照运输温度要求的不同来划分易腐货物,可以便于正确确定易腐货物的运输条件,如车辆种类、车型的选用,装载方法的选取以及运输方式、控温范围、途中服务等,合理制定运价,提高综合经济效益。

(二)鲜活易腐货物的特点

1.季节性强,运量变化大

水果、蔬菜大量上市的季节,沿海渔场的鱼汛期等,都会随着季节的变化,运量呈大幅度的变化。

2.运送时间要求紧迫

大部分鲜活易腐货物极易变质,要求以最短的时间、最快的速度及时运到需求地。

3.运输途中需要特殊照顾

牲畜、家禽、蜜蜂、花木秧苗等的运输需配备专用车辆和设备,并有专人沿途进行饲养、浇水等特殊照顾。

图5-1　常见鲜活易腐货物

(三)鲜活易腐货物的保藏

鲜活易腐货物在运输过程中,除了少数部分确因途中照料或车辆不适造成死亡外,其中大多数都是因为发生腐烂导致变质。对于动物性食品来说，主要是微生物的作用。由于细菌、霉菌和酵母在食品内的繁殖，蛋白质和脂肪分解，变成氨、游离氮、硫化醛、硫化铜、二氧化碳等简单物质，同时产生臭气和有毒物质。此外，维生素受到破坏，有机酸分解，使食物腐败变质不能食用。对于植物性食物来说，腐烂原因主要是呼吸作用所致的。呼吸作用是一个氧化过程，能抵抗细菌入侵，但同时也不断地消耗体内的养分。随着体内各种养分的消耗，抗病性逐渐减弱，到了一定的程度，细菌就会乘虚而入，加速各种成分的分解，使水果、蔬菜很快腐烂。而水果蔬菜如被碰伤后，呼吸就会加强，也就加快了腐烂过程。

清楚了解鲜活易腐货物腐烂变质的原因，就可以找出保藏这些货物的方法。凡是能用以抑制微生物的滋长、减缓呼吸作用的方法，均可达到延长鲜活易腐货物保藏时间的目的。众多的方法中，尤以冷藏方法为最佳，它与其他保藏鲜活易腐货物的方法相比，具有独特的优点：能很好地保持食物原有的品质，包括色、味、香、营养物质；保藏的时间长；能进行大量的保藏及运输。由于上述原因，所以迄今为止人们还是以冷藏作为保藏鲜活易腐货物的主要方法，因而冷藏运输在世界各国得到了广泛的发展。

（四）鲜活易腐货物的运输温度

鲜活易腐货物要求低温运输的目的，主要是为了维持货物的呼吸以保持货物的鲜度。货物在运输过程中为了防止变质，需要保持一定的温度，该温度一般称作运输温度。运输温度的高低应根据具体的货种而定，同时也要考虑运输时间、冻结状态和货物成熟度等条件。如果上述条件不同，即使是同一货物，对运输温度的要求也会不同。一些具有代表性的鲜活易腐货物的运输温度见表5-1和表5-2。

表5-1　常见冷冻货的运输温度

货名	运输温度/℃	货名	运输温度/℃
鱼	−17.8 ~ −15	虾	−17.8 ~ −15
肉	−15 ~ −13.3	黄油	−12.2 ~ −11.1
蛋	−15 ~ −13.3	浓缩果汁	−20

表5-2　常见冷却货的运输温度

货名	运输温度/℃	货名	运输温度/℃
肉	−5 ~ +1	葡萄	+6 ~ +8
腊肠	−5 ~ +1	菠萝	+11 以下
黄油	−0.6 ~ +0.6	橘子	+2 ~ +10
带壳鸡蛋	−1.7 ~ +15	柚子	+8 ~ +15
苹果	−1.1 ~ +16	红葱	−1 ~ +15
白兰瓜	+1.1 ~ +2.2	土豆	−3.3 ~ +15
梨	0 ~ +5		

用冷藏方法来保藏和运输鲜活易腐货物时，温度是保证货物质量的主要条件，但湿度、通

风和卫生等条件是否适宜也会给货物的质量带来直接的影响。而且温度、湿度、通风、卫生四个条件存在相互联系又相互矛盾的关系，只有充分了解其内部规律，妥善处理其相互关系，才能真正保证鲜活易腐货物的运输质量。

二、鲜活易腐货物运输的主要设备

用冷藏方法来保藏和运输鲜活易腐货物，一个突出的特点就是必须连续冷藏。如果储运中某个环节不能保证连续冷藏的条件，那么货物就可能在这个环节中开始腐烂变质，这就要求在运输的过程中配备专门的冷藏或保温设备。鲜活易腐货物运输中的主要设备如下。

（一）冷藏车

冷藏车是指用来运输冷冻或保鲜货物的封闭式厢式运输车。它由专用汽车底盘的行走部分、制冷机组、隔热保温厢体和车厢内温度记录仪等部件组成（如图5-2所示）。

图5-2　冷藏车

1. 制冷机组

制冷机组是为保温厢体提供源源不断的"冷"的重要设备，一般加装在厢体的前面顶部，有空调般的外形，但比同体积的空调具有更强的制冷能力。

制冷机组一般分为两种：独立式机组和非独立式机组。其区别在于独立式机组完全通过另外的一个机组来发电供维持工作，非独立机式组是完全通过整车的发动机来带动机组的制冷工作。

2. 保温厢体

冷藏车的制冷机组用于温度的调控，而厢体的作用是用于温度的保持。如果说制冷机组是能量的提供者，那么厢体就是能量的储存者。在冷藏车的组成部件中，制冷机组和保温厢体是最重要的，去除底盘可以作为小型的保温、冷藏库。

隔热保温厢体一般由聚氨酯材料、玻璃钢或彩钢板、不锈钢等材料组成。可采用技术主要包括分片拼装的"三明治"板粘接式、分片拼装的注入发泡式、整体骨架注入发泡式、真空吸附式粘贴等。

（二）保温箱

保温箱一般放置在冷藏车中,用于存放有特殊要求的物品,具有隔离效果,可将不同温度要求的货品分开。保温箱不具有制冷源,但在外部制冷源停止制冷的情况下,自身温度仍能保持一定时间,有效防止物品变质。

根据制作材料的不同,保温箱可分为:塑料保温箱、布制保温箱、泡沫保温箱、金属保温箱、木制保温箱等。在使用过程中可将冰袋放入其中,收到很好的冷藏效果。

（三）冷藏冰袋

冷藏冰袋可分为一次性冰袋和可重复使用冰袋两种。

一次性冰袋:一面是高密度塑料,一面是无纺布,主要用于对易腐产品、生物制剂及所有需要冷藏运输的产品进行冷却降温,可随产品一起运走,不能回收重复使用。

可重复使用冰袋:是世界上所有冰产品中保温时间最长的(是同体积大小普通冰保温时间的6倍)。它可以多次重复使用,节省成本,冷热双用,最低可以被冷冻到 –190℃,最高可以被加热到200℃,可以任意切割尺寸,可以与食品直接接触,属于食品级的科技冰,安全无毒,环保节能。

三、冷藏货物的包装

包装是冷藏货物运输的重要组成部分,是防止货物损坏和污染的基础。适当的设计和高质量的包装材料应能承受冷冻和运输全过程。包装的作用如下:

(1)防止货物积压损坏;
(2)承受运输途中发生的冲击;
(3)标准的外形尺寸适于货盘或直接装入冷箱;
(4)防止货物脱水或减低水汽散失速度;
(5)防止氧化的氧气障碍作用;
(6)在低温和潮湿情况下保持强度;
(7)防止串味;
(8)经得住 –30℃ 或更低的温度;
(9)能支持堆放高度2.3 m(7′10″)的货物。

由于上述原因,不同货物要采用设计不同且达到质量要求的包装材料。易腐烂水果和蔬菜应使用能使空气在货物中间循环并带走因货物呼吸产生的气体、水汽和热量的包装。

四、鲜活易腐货物的运输组织工作

良好的运输组织工作对保证鲜活易腐货物的质量十分重要。如前所述,鲜活易腐货物的运输有其独特性,这就要求运输部门掌握这些特点,事前做好货源摸底和核实工作,根据其运输规律,适当安排运力,保证及时运输。

1.托运

发货人托运鲜活易腐货物前,应根据货物的不同特性做好相应的包装。托运时须向承运方提出货物最长的运到期限,某一种货物运输的具体温度及特殊要求,提交卫生检疫等有关证明,并在托运单上注明。

2.承运

承运鲜活易腐货物时,货运员对托运货物的质量、包装和温度进行认真的检查,要求质量新鲜,包装合乎规定,温度符合规定。已有腐烂变质特征的货物应加以适当处理,不符合规定质量的货物不予承运。

3.装车

运输部门在接受承运的同时,应根据货物的种类、运送季节、运送距离和运送地点确定相应的运输服务方法,及时地安排适宜车辆予以装运。

鲜活易腐货物装车前,必须认真检查车辆的状态,只有车辆及设备完好方能使用。车厢如果不清洁,应进行清洗和消毒,适当风干后,才能装车。装车时应根据不同货物的特点,确定其装载方法。如冷冻货物需保持货物内部蓄积的冷量,可紧密堆码;水果蔬菜等需要通风散热的货物,必须在货件之间保留一定的空隙;怕压的货物必须在车内加隔板,分层装载。

4.运送

鲜活易腐货物运送途中,应由托运方指派押运人沿途照料,承运方对押运人员应交代安全注意事项,并提供工作和生活上的便利条件。炎热天气运送时,应尽量利用早晚时间行驶。运送牲畜、蜜蜂等货物时,应注意通风、散热,尽量避免在运送途中掉膘或死亡。

鲜活易腐货物的运量在物流运输中所占的比重虽然不大,但呈发展趋势。它与人们生活需要及农业、食品工业和对外贸易的发展关系密切,所以加强鲜活易腐货物的运输组织工作,提高运输质量是运输部门的一项重要任务。

五、冷藏车装货注意事项

1.货物预冷

在装货前,车厢内使用的垫木、其他衬垫材料和货物要进行预冷处理,达到运输要求的温度。主要原因是冷箱设计制冷能力有限,仅能用于保持货物的温度。如果货物温度过高,将使制冷系统超负荷工作,导致该系统出现故障,影响货物安全。

2.冷藏车厢预冷

在一般情况下冷藏车厢不应预冷,因为预冷过的厢体门打开后,外界热空气进入时遇冷将产生水汽凝结,水滴会损坏货物外包装和标签,车厢内蒸发器表面凝结的水滴影响制冷量。当冷库的温度与车厢内温度一致,采用"冷风通道"装货时,可以预冷车厢。

3.预检测试(PTI)

每个冷藏车在交付使用前应对厢体、制冷系统等进行全面检查,保证厢体清洁、无损坏,制冷系统处于最佳状态。经检查合格的应贴有检查合格标签。

4.装车前的准备工作

根据不同易腐货物应确认下述事项:最佳温度的设定、新鲜空气换气量的设定、相对湿度的设定、运输总时间、货物体积、采用的包装材料和包装尺寸、所需的文件和单证等。

5.装车前及装货时需检查的内容

设定的温度应正确;设定的新鲜空气换气量应正确;设定的相对湿度应正确;装厢时制冷系统应停止工作;厢内堆装的货物应低于红色装载线和不超出 T 形槽的垂直面;厢内堆装的货物应牢固、稳妥;厢内堆装货物的总重量应不超过冷藏车最大允许载重量等。

6.脱离制冷时间

各种运输方式之间的交接可能出现短途运输或制冷系统故障,造成停止制冷。冷冻和冷藏保鲜货物短时间地停止制冷状态是允许的。许多产品出现几小时的停止制冷可以接受,但并非所有货物都如此。任何冷藏货物均不允许出现长时间地停止制冷。特种货物和温度敏感货物应保持制冷系统连续工作,避免任何温度波动造成货物质量下降。

任务二
危险货物运输作业

一、危险货物

(一)危险货物的定义

危险货物是指具有爆炸、易燃、毒害、感染、腐蚀等危险特性,在生产、经营、运输、储存、使用和处置中,容易造成人身伤亡、财产损毁或者环境污染而需要特别防护的物质和物品。

危险货物的定义包含如下几点。

1.具有爆炸、易燃、毒害、腐蚀、放射线等性质

这是危险货物能造成火灾、灼伤、中毒、辐射伤害与污染等事故的先决条件。

2.能引起人身伤亡和财产损毁

这是指危险货物在一定外界因素的作用下,如受热、明火、摩擦、振动、撞击、洒落及与其他性质相抵触的物品接触等,发生化学变化所产生的危险效应,不仅使货物本身受损,而且危及人身安全和破坏周围环境。

3.在运输、装卸、保管过程中需要特别防护

危险货物在运输、装卸和保管过程中需要特别防护,这里所指的特别防护,不仅是一般所说的轻拿轻放、谨防明火,而是指针对各种危险货物本身的特性所采取的"特别"防护措施。如对某种爆炸品必须添加抑制剂,对有机过氧化物必须控制环境温度等。大多数危险货物的

配载都有所忌物品。

以上三点缺一点都不能成为危险货物。精密仪器防震动,易碎器具防破损等都需特别防护,但这些物品不具有危险性,一旦防护失措,对货物本身以外的毁损程度有限,不属于危险货物。

(二)危险货物的分类

危险货物的运输存在巨大的危险性,稍不注意就可能造成物资损失或者人员伤亡。危险货物的危险性主要取决于它们自身的理化性质,但在具备一定外界条件的影响下,如摩擦、撞击、震动、接触火源、日光暴晒、遇水受潮、温度变化或与其他性质抵触的物质相接触,往往会酿成爆炸、燃烧、毒害等严重事故。因此,掌握各类危险货物的性质,认真做好危险货物的包装、装卸、保管、运送、交付、防护等项工作,对于保证危险货物的运输安全和完好十分重要。

国家标准《危险货物品名表》(GB 12268—2012)将危险货物分为9大类:①爆炸品;②气体;③易燃液体;④易燃固体、易于自燃的物质、遇水放出易燃气体的物质;⑤氧化性物质和有机过氧化物;⑥毒物质和感染性物质;⑦放射性物质;⑧腐蚀性物质;⑨杂项危险物质和物品。

1.爆炸品

本类化学品是指在外界作用下(如受热、受压、撞击等),能发生剧烈的化学反应,瞬时产生大量的气体和热量,使周围压力急骤上升,发生爆炸,对周围环境造成破坏的物品,也包括无整体爆炸危险,但具有燃烧、抛射及较小爆炸危险,或仅产生热、光、音响或烟雾等一种或几种作用的烟火物品。

爆炸性是一切爆炸品的主要特性。这类物品对撞击、摩擦、温度等非常敏感,有的爆炸品还有一定的毒性,有些爆炸品与酸、碱、盐、金属发生反应更易爆炸。

2.气体

本类化学品是指压缩、液化或加压溶解的气体,并应符合下述两种情况之一者:

临界温度低于50℃时,或在50℃时,其蒸气压力大于294 kPa的压缩或液化气体;

温度在21.1℃时,气体的绝对压力大于275 kPa,或在54.4℃时,气体的绝对压力大于715 kPa的压缩气体;或在37.8℃时,雷德蒸气压大于275 kPa的液化气体或加压溶解气体。

它包括:易燃气体,此类气体极易燃烧,与空气混合能形成爆炸性混合物等;非易燃无毒气体,系指无毒、不燃气体,包括助燃气体,但高浓度时有窒息作用等;毒性气体,此类气体有毒,毒性指标与上述第⑥类毒性指标相同,对人畜有强烈的毒害、窒息、灼伤、刺激作用,其中有些还具有易燃、氧化、腐蚀等性质。

3.易燃液体

本类化学品是指易燃的液体、液体混合物或含有固体物质的液体,但不包括由于其危险性已列入其他类别的液体。其闭环闪点等于或低于61℃。

易燃液体的主要特性是具有高度易燃性、易爆性、受热膨胀性,部分易燃液体具有易积聚电荷性,大多数易燃液体及其蒸气均有不同程度的毒性。

4.易燃固体、易于自燃的物质、遇水放出易燃气体的物质

(1)易燃固体

本项化学品是指燃点低,对热、撞击、摩擦敏感,易被外部火源点燃,燃烧迅速,并可能散发

出有毒烟雾或有毒气体的固体,但不包括已列入爆炸品的物质。

易燃固体的主要特性是容易被氧化,受热易分解或升华,遇明火常会引起强烈、连续的燃烧;与氧化剂、酸类等接触,反应剧烈而发生燃烧爆炸;对摩擦、撞击、震动也很敏感。许多易燃固体有毒,或燃烧产物有毒或腐蚀性。

(2)易于自燃的物质

本项化学品是指自燃点低,在空气中易于发生氧化反应,放出热量,而自行燃烧的物质。

燃烧性是易于自燃物质的主要特征。由于易于自燃物质在化学结构上无规律性,因此其有各自不同的自燃特性。一旦发生自燃,应根据易于自燃物质的不同特性采取相应的措施。

(3)遇水放出易燃气体的物质

本项化学品是指遇水或受潮时发生剧烈化学反应,放出大量的易燃气体和热量的物质。有些不需明火,即能燃烧或爆炸。

遇水放出易燃气体的物质除遇水反应外,遇到酸或氧化剂也能发生反应,而且比遇到水发生的反应更为强烈,危险性也更大。因此,储存、运输和使用这类化学品时,应注意防水、防潮,严禁火种接近,应与其他性质相抵触的物质隔离存放。遇水放出易燃气体的物质起火时,严禁用水、酸碱泡沫、化学泡沫扑救。

5.氧化性物质和有机过氧化物

(1)氧化性物质

氧化性物质是指处于高氧化态,具有强氧化性,易分解并放出氧和热量的物质。它包括含有过氧基的有机物,其本身不一定可燃,但能导致可燃物的燃烧;与松软的粉末状可燃物能组成爆炸性混合物,对热、震动或摩擦较为敏感。

氧化性物质具有较强的获得电子能力,有较强的氧化性,遇酸碱、高温、震动、摩擦、撞击、受潮或与易燃物品、还原剂等接触能迅速分解,有引起燃烧、爆炸的危险。

(2)有机过氧化物

有机过氧化物是指分子组成中含有过氧基的有机物。其本身易燃易爆、极易分解,对热、震动和摩擦极为敏感。

6.毒物质和感染性物质

(1)毒物质

本项化学品具有强烈杀害或毒害性,少量侵入人体内或接触皮肤即造成中毒或死亡。

(2)感染性物质

本项化学品是指含有致病的微生物,能引起病态甚至死亡的物质。

7.放射性物质

本类化学品是指含有放射性核素且放射性比活度大于 7.4×10 Bq/kg 的物质。

放射性物质具有放射性,各种射线对人体的危害都大。许多放射性物质毒性都很大。不能用化学方法中和使其不放出射线,只能设法把放射性物质清除或者用适当物质予以吸收屏蔽。

8.腐蚀性物质

本类化学品是指能灼伤人体组织并对金属等物品造成损坏的固体或液体。它与皮肤接触在 4 小时内出现可见坏死现象,或温度在 55℃ 时,对 20 号钢的表面均匀年腐蚀超过 6.25 mm。

该类化学品按化学性质分为酸性腐蚀品、碱性腐蚀品和其他腐蚀品。

二、危险货物的包装

(一)危险货物包装的类别

按具有的危险程度,需要包装的危险货物划分为如下三个包装类别:

Ⅰ类包装:货物具有高度危险性,对包装要求程度高;

Ⅱ类包装:货物具有中等危险性,对包装要求程度较高;

Ⅲ类包装:货物具有轻度危险性,对包装要求程度一般。

(二)危险货物包装的基本要求

1.包装所用的材质应与所装的危险货物的性质相适应

危险货物包装容器与所装物品直接接触的部分,不应受该物品的化学或其他作用的影响。包装与内装物直接接触部分,必要时应有内涂层或进行相应处理,以使包装材质能适应内装物的物理、化学性质,不使包装与内装物发生化学反应而形成危险产物或导致削弱包装强度。

危险货物对不同材料的腐蚀作用要求相应的包装材质必须耐腐蚀。例如同属强酸,浓硫酸可用铁质容器,其他任何酸都不能用铁器盛装。因为75%以上的浓硫酸会使铁的表面氧化生成一层薄而结构致密的氧化物保护膜,阻止了浓硫酸与铁质容器的连续反应。不过不能将盛装浓硫酸的铁器敞开置放,因为浓硫酸会吸收空气中的水分而变稀,稀硫酸能破坏已形成的四氧化三铁,而使铁容器被腐蚀。再如铝可以做硝酸、醋酸的容器,但不能盛装其他酸;氢氟酸不能使用玻璃容器等。

2.包装应具有抗冲撞、震动、挤压和摩擦的作用

包装应有一定的强度,以保护包装内的货物不受损失,这是一般货物的共同要求。

危险货物的包装强度与货物的性质密切相关。如压缩气体和液化气体处于较高的压力下,使用的包装是耐压钢瓶,强度极大;又因各种气体的临界温度和临界压力不同,钢瓶耐受的压力也应该不同。

考虑到液体货物的热胀冷缩系数比固体大,盛装液体货物的包装强度应比固体高。同是液体货物,沸点低的可能产生较高的蒸气压力;同是固体货物,密度大的在搬动时产生的动能亦大,这些都要求包装有较大一些的强度。

一般来说,货物性质比较危险的,发生事故危害性较大的,其包装强度要大一些。同一种危险货物,单件包装重量越大,包装强度也应越大。同一类包装运距越长、倒载次数越多,包装强度应越大。

3.包装的封口应与所装危险货物的性质相适应

危险货物包装的封口,一般说应严密不漏。特别是挥发性强或腐蚀性强的危险货物,封口更应严密。严密的封口应能承受在正常运输条件下产生的内部压力和外部压力,保证危险化学品在运输中不因温度、湿度或者压力的变化而发生任何渗(洒)漏。

（三）危险货物包装标志

根据国家标准《危险货物包装标志》（GB 190—2009），危险货物包装标志的图形共 21 种，19 个名称，其图形分别标示了 9 类危险货物的主要特性，见本项目附表危险货物包装标志。

1. 标志的尺寸、颜色

（1）标志的尺寸一般分为 4 种，见表 5-3。

表 5-3　包装标志尺寸表

号别	长/mm	宽/mm
1	50	50
2	100	100
3	150	150
4	250	250

注：如遇特大或特小的运输包装件，标志的尺寸可按规定适当扩大或缩小。

（2）标志的颜色按标志 1~21 规定。

2. 标志的使用方法

（1）标志的标打可采用粘贴、钉附及喷涂等方法。

（2）标志位置的规定：

箱状包装：位于包装端面或侧面的明显处；

袋、捆包装：位于包装的明显处；

桶形包装：位于桶身或桶盖；

集装箱、成组货物：粘贴四个侧面。

3. 危险货物包装标志的使用

（1）每种危险品包装件应按其类别粘贴相应的标志。如果某种物质或物品还有属于其他类别的危险性质，包装上除了粘贴该类标志作为主标志以外，还应粘贴表明其他危险性的标志作为副标志，副标志图形的下角不应标有危险货物的类项号。

（2）储运的各种危险货物性质的区分及其应标打的标志，应按《危险货物分类和品名编号》（GB 6944—2012）、《危险货物品名表》（GB 12268—2012）及有关国家运输主管部门规定的危险货物安全运输管理的具体办法执行，出口货物的标志应按我国执行的有关国际公约（规则）办理。

（3）标志应清晰，并保证在货物储运期内不脱落。

（4）标志应由生产单位在货物出厂前标打，出厂后如改换包装，其标志由改换包装单位标打。

三、道路危险货物运输许可

危险品作为经济发展的必备物品而存在，但由于它的损伤性巨大，所以一定要进行严格管理和监控。从事道路危险货物运输活动，须经交通运输主管部门许可。

（一）运输经营单位

申请从事道路危险货物运输经营,应当具备下列条件。

1. 有符合下列要求的专用车辆及设备

（1）自有专用车辆(挂车除外)5 辆以上;运输剧毒化学品、爆炸品的,自有专用车辆(挂车除外)10 辆以上。

（2）专用车辆的技术要求应当符合《道路运输车辆技术管理规定》有关规定。

（3）配备有效的通信工具。

（4）专用车辆应当安装具有行驶记录功能的卫星定位装置。

（5）运输剧毒化学品、爆炸品、易制爆危险化学品的,应当配备罐式、厢式专用车辆或者压力容器等专用容器。

（6）罐式专用车辆的罐体应当经质量检验部门检验合格,且罐体载货后总质量与专用车辆核定载重量相匹配。运输爆炸品、强腐蚀性危险货物的罐式专用车辆的罐体容积不得超过 20 m³,运输剧毒化学品的罐式专用车辆的罐体容积不得超过 10 m³,但符合国家有关标准的罐式集装箱除外。

（7）运输剧毒化学品、爆炸品、强腐蚀性危险货物的非罐式专用车辆,核定载重量不得超过 10 t,但符合国家有关标准的集装箱运输专用车辆除外。

（8）配备与运输的危险货物性质相适应的安全防护、环境保护和消防设施设备。

2. 有符合下列要求的停车场地

（1）自有或者租借期限为 3 年以上,且与经营范围、规模相适应的停车场地。该停车场地应当位于企业注册地市级行政区域内。

（2）运输剧毒化学品、爆炸品专用车辆以及罐式专用车辆,数量为 20 辆(含)以下的,停车场地面积不低于车辆正投影面积的 1.5 倍,数量为 20 辆以上的,超过部分,每辆车的停车场地面积不低于车辆正投影面积;运输其他危险货物的,专用车辆数量为 10 辆(含)以下的,停车场地面积不低于车辆正投影面积的 1.5 倍;数量为 10 辆以上的,超过部分,每辆车的停车场地面积不低于车辆正投影面积。

（3）停车场地应当封闭并设立明显标志,不得妨碍居民生活和威胁公共安全。

3. 有符合下列要求的从业人员和安全管理人员

（1）专用车辆的驾驶人员取得相应机动车驾驶证,年龄不超过 60 周岁。

（2）从事道路危险货物运输的驾驶人员、装卸管理人员、押运人员应当经所在地设区的市级人民政府交通运输主管部门考试合格,并取得相应的从业资格证;从事剧毒化学品、爆炸品道路运输的驾驶人员、装卸管理人员、押运人员,应当经考试合格,取得注明为"剧毒化学品运输"或者"爆炸品运输"类别的从业资格证。

（3）企业应当配备专职安全管理人员。

4. 有健全的安全生产管理制度

（1）企业主要负责人、安全管理部门负责人、专职安全管理人员安全生产责任制度。

（2）从业人员安全生产责任制度。

（3）安全生产监督检查制度。

（4）安全生产教育培训制度。

（5）从业人员、专用车辆、设备及停车场地安全管理制度。

（6）应急救援预案制度。

（7）安全生产作业规程。

（8）安全生产考核与奖惩制度。

（9）安全事故报告、统计与处理制度。

（二）非经营单位

使用自备专用车辆从事为本单位服务的非经营性道路危险货物运输活动,应具备以下条件：

（1）属于下列企事业单位之一：

①省级以上安全生产监督管理部门批准设立的生产、使用、储存危险化学品的企业。

②有特殊需求的科研、军工等企事业单位。

（2）具备从事道路危险货物运输经营规定的条件。

但自有专用车辆(挂车除外)的数量可以少于5辆。

四、危险货物运输作业程序

危险货物运输比普通货物运输更需有严格的要求,图5-3为危险货物运输主要作业活动。以下分述危险货物的作业程序。

图5-3　危险货物运输主要作业活动

（一）托运与承运

托运危险货物仅限于道路运输危险货物品名表内列载的品名,托运人提交技术说明书。承运危险货物,须经有关部门审核批准后方可办理。办理危险货物的托运单必须是红色的或带有红色标志的,以引起注意。

（二）包装与标志

危险货物在包装时,应根据不同的货种,要求用特定的材料来制造容器,并要以一定的包装方法进行包装。容器的封口、衬垫、捆扎以及每件最大重量等都必须符合规定要求,每件包装上应有规定的包装标志及危险货物包装标志。

（三）配装

危险货物必须严格按照《危险货物配装表》的规定进行配装,不同性质而相互有影响的货物不得拼装一车。装运火药类的爆炸品,以车辆核定吨位的80%为限。装运一级腐蚀性酸类物资,不得超过两层。严禁用铁车厢、平板车装运危险品,并一律不带挂车。装运危险货物的车厢,应配备必要的消防防护设备;装运易燃物资车辆排气管应装置火星熄灭器,防止火星飞溅造成火灾。

（四）装车

在危险货物装车之前,先要调查清楚该危险货物的特性、处理方法、防止措施等。作业场所最好选在避免日光照射、隔离热源和火源、通风良好的地点。要详细检查所装危险货物与运输文件上所载内容是否一致,容器、包装、标志是否完好。如发现包装有损坏、容器有泄漏的现象,应请发货单位调换包装、容器,或经修理加固,符合安全运输要求方可装运,严禁冒险装运。装车时,装卸人员要注意防护,穿戴必要的防护用品,严格执行装卸安全操作规程,不得使用发生火花的工具,必须轻装轻卸,防止货物撞击、震动、摩擦、重压、倒置、滚翻、摔倒,确保安全装卸。

（五）运送

运送危险货物时,应选择政治上可靠、技术良好、熟悉道路的驾驶员担任。装载爆炸性、放射性物品时,托运方必须派人随车押运。凡装载危险货物的车辆,除押运人员外,不得乘搭其他人员。车前应悬挂有危险字样的三角旗,并按当地公安部门指定的路线、时间行驶。行驶中,驾驶员应严格遵守交通规则和操作规程,思想集中,谨慎驾驶,保持一定车距和中速行驶,并做到经过不平路面要慢,经过铁路道口要慢,转弯要慢,上坡、下坡、起步、倒车也要慢,避免紧急制动,严禁超速和强行超车,中途停车应选择安全点停放,押运人员不得远离。

（六）卸车交付

危险货物卸车时,不得采用抛扔、坠落、拖曳等方法,避免货物之间的撞击和摩擦。要做到交付无误,交付后应对车辆进行清洗、消毒处理。

（七）漏散处理

在装运危险货物过程中,出现漏散现象时,应该及时采取措施。现将各种危险品漏散处理方法简介如下。

1.爆炸品

将爆炸品迅速移至安全处修理或更换包装,对漏散物品及时用水湿润,撒以锯屑或棉絮等松软物。轻轻收集后,通知公安消防人员处理。

2.气体

将爆炸品迅速打开车门、库门,立即移至室外通风场所,并向漏气钢瓶口喷水;液氨漏气时,可浸入水中;其他剧毒气体应浸入石灰水中。施救操作人员应佩上防毒面具,其他人员站在上风方向。

3.易燃液体

易燃液体应及时将渗漏部位朝上,并及时移至安全通风场所修补或更换包装。撒漏物用黄沙、干土盖没后扫净,遇温度较高容器膨胀时,应用水冷。

4.易于自燃的物质、遇水放出易燃气体的物质

迅速将渗漏包装移至安全处所。黄磷散落后要立即浸入水中;金属钠、钾等必须浸入盛有煤油或无水液状石蜡的铁桶中。

5.氧化性物质

硝酸盐或化肥散落时,用扫帚收集;其他氧化剂散落时应先撒沙土,扫除干净后再用水冲洗。

6.有毒物质

有毒物质要迅速用砂土、锯屑掩盖,清扫干净,清理物要联系卫生部门深埋地下,污染处要用水冲洗。

7.放射性物质

不要随便处理、不要接近放射物。要保护好现场,在科研和卫生部门的指导下进行处理。

8.腐蚀性物质

散落的腐蚀性物质要及时撒以泥沙,扫净后用水冲洗漏散处。

(八)消防措施

装运危险货物的车辆发生火警,有关人员应根据所装货物的特性,采取不同的灭火方法,立即尽力扑救,防止火势蔓延,减少损失。

五、道路危险货物运输企业专用车辆和设备的管理规定

根据 2016 年 4 月 11 日《交通运输部关于修改〈道路危险货物运输管理规定〉的决定》(中华人民共和国交通运输部令 2016 年第 36 号),道路危险货物运输企业或者单位应当按照《道路运输车辆技术管理规定》中有关车辆管理的规定,维护、检测、使用和管理专用车辆,确保专用车辆技术状况良好。

(1)专用车辆技术性能应当符合《道路运输车辆技术管理规定》要求,同时要求:

①专用车辆按要求投保危险货物承运人责任险;

②配备必需的应急处理器材、安全防护设施设备和专用车辆标志;

③配备具有行驶记录功能的卫星定位装置。

专用车辆每年一次在设区的市级道路运输管理机构审验,合格后使用。

（2）不能使用报废的、擅自改装的、检测不合格的、车辆技术等级达不到一级的和其他不符合国家规定的车辆从事道路危险货物运输。

除铰接列车、具有特殊装置的大型物件运输专用车辆外，不能使用货车列车从事危险货物运输；倾卸式车辆只能运输散装硫黄、萘饼、粗蒽、煤焦沥青等危险货物。

不能使用移动罐体（罐式集装箱除外）从事危险货物运输。

（3）装卸危险货物的机械及工具的技术状况应当符合行业标准《汽车运输危险货物规则》（JT 617—2004）规定的技术要求。

（4）罐式专用车辆的常压罐体应当符合国家标准《道路运输液体危险货物罐式车辆第1部分：金属常压罐体技术要求》（GB 18564.1—2006）、《道路运输液体危险货物罐式车辆第2部分：非金属常压罐体技术要求》（GB 18564.2—2008）等有关技术要求。

使用压力容器运输危险货物的，应当符合国家特种设备安全监督管理部门制订并公布的《移动式压力容器安全技术监察规程》（TSG R0005—2011）等有关技术要求。

压力容器和罐式专用车辆应当在质量检验部门出具的压力容器或者罐体检验合格的有效期内承运危险货物。

（5）重复使用的危险货物包装物、容器，在重复使用前应当进行检查；发现存在安全隐患的，应当维修或者更换。检查情况应做出记录，记录的保存期限不得少于2年。

（6）道路危险货物运输企业或者单位要到具有污染物处理能力的机构对常压罐体进行清洗（置换）作业，将废气、污水等污染物集中收集，消除污染，不得随意排放，污染环境。

道路危险货物运输企业或者单位应当严格按照道路运输管理机构决定的许可事项从事道路危险货物运输活动，不得转让、出租道路危险货物运输许可证件。

非经营性道路危险货物运输单位不得从事道路危险货物运输经营活动。

（7）危险货物托运人应当委托具有道路危险货物运输资质的企业承运。

危险货物托运人应对托运的危险货物种类、数量和承运人等相关信息予以记录，记录的保存期限不得少于1年。

（8）危险货物托运人应当严格按照国家有关规定妥善包装并在外包装设置标志，并向承运人说明危险货物的品名、数量、危害、应急措施等情况。需要添加抑制剂或者稳定剂的，托运人应当按照规定添加，并告知承运人相关注意事项。

危险货物托运人托运危险化学品的，还应当提交与托运的危险化学品完全一致的安全技术说明书和安全标签。

（9）不得使用罐式专用车辆或者运输有毒、感染性、腐蚀性危险货物的专用车辆运输普通货物。

其他专用车辆可以从事食品、生活用品、药品、医疗器具以外的普通货物运输，但应当由运输企业对专用车辆进行消除危害处理，确保不对普通货物造成污染、损害。

不得将危险货物与普通货物混装运输。

（10）专用车辆应当按照国家标准《道路运输危险货物车辆标志》（GB 13392—2005）的要求悬挂标志。

（11）运输剧毒化学品、爆炸品的企业或者单位，应当配备专用停车区域，并设立明显的警示标牌。

（12）专用车辆应当配备符合有关国家标准以及与所载运的危险货物相适应的应急处理

器材和安全防护设备。

（13）道路危险货物运输企业或者单位不得运输法律、行政法规禁止运输的货物。

对于法律、行政法规规定的限运、凭证运输货物，道路危险货物运输企业或者单位应当按照有关规定办理相关运输手续。

法律、行政法规规定托运人必须办理有关手续后方可运输的危险货物，道路危险货物运输企业应当查验有关手续齐全有效后方可承运。

（14）道路危险货物运输企业或者单位应当采取必要措施，防止危险货物脱落、扬散、丢失以及燃烧、爆炸、泄漏等。

（15）驾驶人员应当随车携带"道路运输证"。驾驶人员或者押运人员应当按照《汽车运输危险货物规则》（JT 617—2004）的要求，随车携带"道路运输危险货物安全卡"。

（16）在道路危险货物运输过程中，除驾驶人员外，还应当在专用车辆上配备押运人员，确保危险货物处于押运人员监管之下。

（17）道路危险货物运输途中，驾驶人员不得随意停车。

因住宿或者发生影响正常运输的情况需要较长时间停车的，驾驶人员、押运人员应当设置警戒带，并采取相应的安全防范措施。

运输剧毒化学品或者易制爆危险化学品需要较长时间停车的，驾驶人员或者押运人员应当向当地公安机关报告。

（18）危险货物的装卸作业应当遵守安全作业标准、规程和制度，并在装卸管理人员的现场指挥或者监控下进行。

危险货物运输托运人和承运人应当按照合同约定指派装卸管理人员；若合同未予约定，则由负责装卸作业的一方指派装卸管理人员。

（19）驾驶人员、装卸管理人员和押运人员上岗时应当随身携带从业资格证。

（20）严禁专用车辆违反国家有关规定超载、超限运输。

道路危险货物运输企业或者单位使用罐式专用车辆运输货物时，罐体载货后的总质量应当和专用车辆核定载重量相匹配；使用牵引车运输货物时，挂车载货后的总质量应当与牵引车的准牵引总质量相匹配。

（21）道路危险货物运输企业或者单位应当要求驾驶人员和押运人员在运输危险货物时，严格遵守有关部门关于危险货物运输线路、时间、速度方面的有关规定，并遵守有关部门关于剧毒、爆炸危险品道路运输车辆在重大节假日通行高速公路的相关规定。

（22）道路危险货物运输企业或者单位应当通过卫星定位监控平台或者监控终端及时纠正和处理超速行驶、疲劳驾驶、不按规定线路行驶等违法违规驾驶行为。

监控数据应当至少保存 3 个月，违法驾驶信息及处理情况应当至少保存 3 年。

（23）道路危险货物运输从业人员必须熟悉有关安全生产的法规、技术标准和安全生产规章制度、安全操作规程，了解所装运危险货物的性质、危害特性、包装物或者容器的使用要求和发生意外事故时的处置措施，并严格执行《汽车运输危险货物规则》（JT 617—2004）、《汽车运输、装卸危险货物作业规程》（JT 618—2004）等标准，不得违章作业。

（24）道路危险货物运输企业或者单位应当通过岗前培训、例会、定期学习等方式，对从业人员进行经常性安全生产、职业道德、业务知识和操作规程的教育培训。

（25）道路危险货物运输企业或者单位应当加强安全生产管理，制定突发事件应急预案，配备应急救援人员和必要的应急救援器材、设备,并定期组织应急救援演练,严格落实各项安全制度。

(26)道路危险货物运输企业或者单位应当委托具备资质条件的机构,对本企业或单位的安全管理情况每3年至少进行一次安全评估,出具安全评估报告。

(27)在危险货物运输过程中发生燃烧、爆炸、污染、中毒或者被盗、丢失、流散、泄漏等事故,驾驶人员、押运人员应当立即根据应急预案和"道路运输危险货物安全卡"的要求采取应急处置措施,并向事故发生地公安部门、交通运输主管部门和本运输企业或者单位报告。运输企业或者单位接到事故报告后,应当按照本单位危险货物应急预案组织救援,并向事故发生地安全生产监督管理部门和环境保护、卫生主管部门报告。

道路危险货物运输管理机构应当公布事故报告电话。

(28)在危险货物装卸过程中,应当根据危险货物的性质,轻装轻卸,堆码整齐,防止混杂、撒漏、破损,不得与普通货物混合堆放。

(29)道路危险货物运输企业或者单位应当为其承运的危险货物投保承运人责任险。

(30)道路危险货物运输企业异地经营(运输线路起讫点均不在企业注册地市域内)累计3个月以上的,应当向经营地设区的市级道路运输管理机构备案并接受其监管。

任务三
长大笨重货物运输作业 ◆ ||

随着经济的不断发展,在重量、形状或体积方面较特殊的货物的运送数量在不断增加,特别是一些重工业产品,如汽车、农业机具、矿山机械、起重机、大型机床、锅炉、大型变压器及大型钢柱等。它们不仅对装载和加固的技术条件有较高的要求,而且由于某些货物过于庞大,以至于在体积或重量上超出了普通车辆所允许的范围,必须用特种车辆方能装运。

一、长大笨重货物与大型物件

(一)概念

长大笨重货物运输是指所运货物的尺寸或质量超过了规定界限的货物的运输。当所运货物具备长度超过6 m,高度超过2.7 m,宽度超过2.5 m,质量超过4 t中一个及以上条件且为单体货物或不可解体的成组(捆)货物时,称为长大笨重货物,也称大型货物。大型货物运输如图5-4所示。

在长大笨重货物中,当具备下列条件之一时,称其为大型物件,也称大件货物:

(1)货物外形尺寸:长度在14 m以上或高度在3 m以上或宽度在3.5 m以上的货物;

图 5-4　大型物件运输

（2）重量在 20 t 以上的单体货物或不可解体的成组（捆）货物。

长大笨重货物又可分为均重货物与集重货物。

均重货物是指货物的重量能均匀地或近乎均匀地分布于装载车辆底板上。集重货物是指货物的重量集中于装载车辆底板的某一小部分上。装载集重货物需要铺垫一些垫木，使其重量能够均匀地分布。

（二）货物级别

按外形尺寸和重量（含包装和支承架）的不同，货物分为不同级别。其级别按长、宽、高及重量四个条件中级别最高的确定。

（1）长大笨重货物分级见表 5-4。

表 5-4　长大笨重货物分级表

级别	分级标准
一级	长度大于 6 m（含 6 m）小于 10 m；重量大于 4 t（含 4 t）小于 8 t
二级	长度大于 10 m（含 10 m）小于 14 m；重量大于 8 t（含 8 t）小于 20 t
三级	长度大于 12 m（含 12 m）小于 14 m；高度大于 2.7 m（含 2.7 m）小于 3 m；宽度大于 2.5 m（含 2.5 m）小于 3.5 m；重量大于 20 t（含 20 t）小于 40 t

（2）大型物件分级见表5-5。

表5-5　大型物件分级表

级别	分级标准
一级	长度大于14 m（含14 m）小于20 m；高度大于3 m（含3 m）小于3.8 m；宽度大于3.5 m（含3.5 m）小于4.5 m；重量大于20 t（含20 t）小于100 t
二级	长度大于20 m（含20 m）小于30 m；高度大于3.8 m（含3.8 m）小于4.4 m；宽度大于4.5 m（含4.5 m）小于5.5 m；重量大于100 t（含100 t）小于200 t
三级	长度大于30 m（含30 m）小于40 m；高度大于4.4 m（含4.4 m）小于5 m；宽度大于5.5 m（含5.5 m）小于6 m；重量大于200 t（含200 t）小于300 t
四级	长度在40 m及以上；高度在5 m及以上；宽度在6 m及以上；重量在300 t及以上

二、长大笨重货物运输的特殊性

与一般货物运输相比，长大笨重货物运输在组织上存在很大不同。

1. 特殊装载要求

大型货物运输对车辆和装载有特殊要求，在一般情况下大型货物装载在超重型挂车上，用超重型牵引车牵引。超重型车组是非常规的特种车组，车组装载大型货物后，其重量和外形尺寸往往大大超过普通汽车、列车，因此，超重型挂车和牵引车都是用高强度钢材和大负荷轮胎制成的，价格昂贵。

2. 特殊运输条件

大型货物对运输条件有特殊要求，途经道路和空中设施必须满足所运货物的车载负荷及外形界限的通行需要。道路必须具备足够的宽度、净空以及良好的曲度，桥涵要有足够的承载能力。这些要求在一般道路上往往难以满足，必须事先进行勘测，并对相关道路设施进行改造，在运输中采取适当的组织技术措施，分段封闭交通，保证大型车组顺利通过。

3. 特殊安全要求

大型货物通常为重点工程的关键设备，必须确保安全。其运输是一项系统工程，相关运输企业要提交申请，组织有关部门对运输路线进行勘查筛选，排除地空障碍，加固桥涵，指定护送方案；在运输中，严密组织，协调关系，处理突发问题，保证万无一失。

三、道路大型物件运输业户的类别划分

按设备、人员等条件，营业性道路大型物件运输业户分为四类：一类能承运一级大型物件；二类能承运一、二级大型物件；三类能承运一、二、三级大型物件；四类能承运一、二、三、四级大型物件。县级交通主管部门负责一类大型物件运输业户的开业审批；二、三类大型物件运输业户经县级交通主管部门审核后，报市（设区的市，下同）级交通主管部门审批；四类大型物件运输业户经县、市级交通主管部门逐级审核后，报省级交通主管部门审批。

非营业性运输单位从事一次性道路大型物件运输，须向当地县级以上交通主管部门提出

书面申请。运输管理部门对申请单位的设备情况、人员技术力量进行审查,经审查批准,方可进行作业。

(一)一类道路大型物件运输业户条件

1. 车辆装备

具有装载整体大型物件实际能力在 20 t 以上 100 t 以下的超重型车组,包括牵引车和挂车(半挂车、凹式低平台挂车),并有相应的配套附件。车组技术状况良好,在重载条件下能顺利通过 8% 的坡度。

2. 技术人员

具有助理工程师以上职称的汽车运用专业技术人员不少于 1 人;主管技术的车队长须有从事大型物件运输两年以上的实际经验。

3. 技术工人

具有符合《交通行业工人技术等级标准》的超重型汽车列车驾驶员、超重型汽车列车挂车工、公路运输起重工,其中各类工种工人的等级不低于初级。凡尚未按该等级标准考核的地区,可根据该等级标准规定的技术要求进行应知、应会、工作实例等考核。

4. 技术、安全规章

具有上级或本单位制定印发的车组和起重装卸机工具的使用技术、操作规定、质量保证制度等规章。

5. 历史记录

已开业业户应提供以往运过的主要大型物件重量、外形尺寸、件数、安全情况和货主反映情况。

(二)二类道路大型物件运输业户条件

1. 车辆装备

具有装载整体大型物件实际能力在 100 t 及以上 200 t 以下的超重型车组,包括牵引车和挂车(半挂车、凹式低平台挂车、长货挂车、其他变形挂车),并有相应的配套附件。车组技术状况良好,在重载条件下能顺利通过 8% 的道路坡度。

2. 技术人员

设有分管技术的副经理;具有工程师以上职称的汽车运用专业技术人员不少于 1 人;主管技术的车队长须有从事大型物件运输四年以上的实际经验。

3. 技术工人

具有符合《交通行业工人技术等级标准》的超重型汽车列车驾驶员、超重型汽车列车挂车工、公路运输起重工,其中各类工种的中级工人不少于 1 人。凡尚未按该等级标准考核的地区,可根据该等级标准规定的技术要求进行应知、应会、工作实例等考核。

4. 技术、安全规章

具有上级或本单位制定印发的车组和起重装卸机工具的使用技术、操作规定、质量保证制度等规章。

5.历史记录

已开业业户应提供以往运过的主要大型物件重量、外形尺寸、件数、安全情况和货主反映情况。

(三)三类道路大型物件运输业户条件

1.车辆装备

具有装载整体大型物件实际能力在200 t及以上300 t以下的超重型车组,包括牵引车和挂车(半挂车、凹式低平台挂车、长货挂车、3纵列或4纵列挂车、其他变形挂车),并有相应的配套附件。车组技术状况良好,在重载条件下能顺利通过8%的道路坡度。

2.技术人员

设有分管技术的副经理;具有高级工程师职称的汽车运用专业技术人员不少于1人;主管技术的车队长须有从事大型物件运输六年以上的实际经验。

3.技术工人

具有符合《交通行业工人技术等级标准》的超重型汽车列车驾驶员、超重型汽车列车挂车工、公路运输起重工,其中各类工种的高级工人不少于1人。凡尚未按该等级标准考核的地区,可根据该等级标准规定的技术要求进行应知、应会、工作实例等考核。

4.技术、安全规章

具有上级或本单位制定印发的车组和起重装卸机工具的使用技术、操作规定、质量保证制度等规章。

5.历史记录

已开业业户应提供以往运过的主要大型物件重量、外形尺寸、件数、安全情况和货主反映情况。

(四)四类道路大型物件运输业户条件

1.车辆装备

具有装载整体大型物件实际能力在300 t及以上的超重型车组,包括牵引车和挂车(半挂车、凹式低平台挂车、长货挂车、3纵列或4纵列挂车、其他变型挂车),并有相应的配套附件。车组技术状况良好,在重载条件下能顺利通过8%的道路坡度。

2.技术人员

设有分管技术的副经理或总工程师;具有高级工程师职称的汽车运用专业技术人员不少于2人;主管技术的车队长须有从事大型物件运输十年以上的实际经验。

3.技术工人

具有符合《交通行业工人技术等级标准》的超重型汽车列车驾驶员、超重型汽车列车挂车工、公路运输起重工,其中各类工种的高级工人不少于1人。凡尚未按该等级标准考核的地区,可根据该等级标准规定的技术要求进行应知、应会、工作实例等考核。

4.技术、安全规章

具有上级或本单位制定印发的车组和起重装卸机工具的使用技术、操作规定、质量保证制度等规章。

5.历史记录

已开业业户应提供以往运过的主要大型物件重量、外形尺寸、件数、安全情况和货主反映情况。

四、大型货物运输业务的组织

大型货物运输的组织具有极强的特殊性,其组织工作环节主要包括办理托运、理货、验道、制定运输方案、签订运输合同、运输工作组织等。

1.办理托运

托运人向已取得大型货物运输经营资格的运输业户或其代理人办理托运,托运人必须在托运单上如实填写大型货物的名称、规格、件数、件重、启运日期、收发货人详细地址及运输过程中的注意事项。凡未按上述要求办理托运或运单填写不明确的,一旦发生事故,托运人承担全部责任。

2.理货

理货是指大型货物运输企业对货物的几何形状、重量和重心位置事先进行了解,取得可靠数据和图样资料的工作过程。理货工作分析可为确定大型货物级别、运输形式、查验道路以及制定运输方案提供依据。

理货工作的主要内容包括:确定大型货物的几何形状和重量、大型货物的重心位置和质量分布情况、货物承载位置及装卸方式,查看特殊大型货物的有关技术资料,并完成书面形式的理货报告。

3.验道

验道工作的主要内容包括:查验运输沿线全部道路的路面、路基、纵向坡度、横向坡度及弯道超高处的横向坡度、道路的竖曲线半径、通道弯度及弯道半径,查验沿线桥梁涵洞、高空障碍,查看装卸现场、倒载转运现场,了解沿线地理环境及气候情况。根据上述查验结果预测作业时间,编制运行路线图,完成验道报告。

4.制定运输方案

在充分研究分析理货报告及验道报告的基础上,制定安全可靠、可行的运输方案。其主要内容包括:配备牵引车、挂车组及附件,配备动力机组及压载块,限定最高车速,制定运行技术措施,配备辅助车辆,制定货物装载与捆扎加固方案,制定和验算运输技术方案,完成运输方案书面文件。

5.签订运输合同

根据托运方填写的委托运输文件及承运方进行理货分析、验道、制定运输方案的结果,承托双方签订书面形式的运输合同,其主要内容包括:明确大型货物数据及运输车辆数据、运输起讫地点、运距与运输时间,明确合同生效时间、承托双方应负责任、有关法律手续及运费结算方式、付款方式等。

6.运输工作组织

线路运输工作组织包括:建立临时性的大型货物运输工作领导小组,由其负责实施运输方案,执行运输合同和对外联络。组织大型物件运输工作需牵引车驾驶员、挂车操作员、修理工、装卸人员、工具材料员、技术员和安全员等各类人员依照运输工作岗位责任及整体要求认真操作、协调工作,保证大型运输工作全面、准确完成。

五、运输大型货物时的注意事项

1.托运

托运大型货物时,除按一般货物办理托运手续外,发货人还应向运输单位提交货物说明书,必要时应附有货物外形尺寸的三面视图(以"+"表示重心位置)和计划装载、加固等具体意见及要求。在特殊情况下,还须向有关部门办理准运证。

2.受理

受理货物时,应按发货人提出的有关资料对货物进行审核,掌握货物的特性及长、宽、高度,实际重量,外形特征,重心位置等。合理选择车型,计算允许装载货物的最大重量,不准超载。指派专人观察现场道路和交通情况,附近有无电缆、电话线、煤气管道或其他地下建筑物,车辆能否进入现场,现场是否适合装卸工作以及调车等情况,并研究装载和运送办法。

3.查验线路

了解运行路线上桥涵、渡口、隧道、道路的负荷能力及道路的净空高度。如需修筑便道或改拆建筑物时,应事先与托运方沟通解决。

4.货物的装卸

应尽可能使用适宜的装卸机械。装车时应使货物的全部支承面均匀、平稳地放置在车辆底板上,以免损坏底板或大梁。

5.加装衬垫

对于集重货物,为使其重量能均匀地分布在车辆底板上,必须将货物安置在纵横垫木上或相当于起垫木作用的设备上。

6.货物重心位置

货物重心应尽量置于车底板纵、横中心交叉点的垂线上;如无可能时,则对其横向位移应严格限制。在任何情况下,纵向位移不得超过轴荷分配的技术数据。

7.加固措施

装运长大笨重货物时,除应考虑合理装载的技术条件外,还应视货物重量、形状、大小、重心高度、车辆和线路、运送速度等具体情况,采用不同的加固措施,以保证运输质量。重件在加固时,应在与重件的重心相同高度处捆扎为"八"字形,拉线纵横角度尽量接近45°,拉线必须牢固铰紧,避免货物在行进中发生移位,而使重心偏离。

8.货物配重

重车重心高度应控制在1.8 m以下。如重车重心偏高,除应认真加固外,还应采取配重措施,以降低其重心高度,必要时车辆应限速行驶。

9.悬挂标志

大型货物运输时需按指定的路线和时间行驶,并在货物最长、最宽、最高部位悬挂明显的安全标志,日间挂红旗,夜间挂红灯,以引起往来车辆的注意。运输特殊的货物时要有专门车辆在前引路,以便排除障碍。

掌握上述基本要点是完成大型货物运输的可靠保证。如遇困难,应与托运部门共同研究解决,有把握时再予运输,不能冒险尝试。在市区运送大型货物时,要经公安及市政工程部门审查并发给准运证,方能运送。

任务四
贵重货物运输作业 ◆▮▮

一、贵重货物及其分类

贵重货物是指单件货物价格比较昂贵,运输责任重大的货物。贵重货物可分为:货币及主要证券、贵重金属及稀有金属、珍贵艺术品、贵重药材和药品、贵重皮毛、珍贵食品、高级精密机械及仪表、高级光学玻璃及其制品、高档日用品等九个档次。贵重货物分类如表5-6所示。

表5-6 贵重货物分类

贵重货物等级	各类货物范围或货物名称
1	货币及主要证券:货币、国库券、邮票等
2	贵重金属及稀有金属:贵重金属,如金、银、钡、白金等及其制品;稀有金属,如钴、钛等制品
3	珍贵艺术品:古玩字画、象牙、珊瑚、珍珠、玛瑙、水晶、宝石、钻石、翡翠、琥珀、猫眼、玉及其制品、景泰蓝制品、各种雕刻工艺品、仿古艺术制品等
4	贵重药料和药品:鹿茸、麝香、犀角、高丽参、西洋参、冬虫草、牛黄、藏红花、马宝等为主要原料的制品和贵重西药
5	贵重毛皮:水獭皮、海龙皮、貂皮、灰鼠皮、玄虎皮、猞狸皮、金丝猴皮及其制品
6	贵重食品:海参、干贝、鱼肚、鱼翅、燕窝、鱼唇、鱼皮、鲍鱼、猴头、熊掌等
7	高级精密机械及仪表:显微镜、笔记本电脑、高级摄影机、录像机及其他精密仪器仪表
8	高级光学玻璃及其制品:照相机、放大机、显微镜等的镜头片,各种光学玻璃镜片,各种科学实验用的光学玻璃仪器和镜片
9	高档日用品:高档家用电器、手表等

贵重货物如图5-5所示。

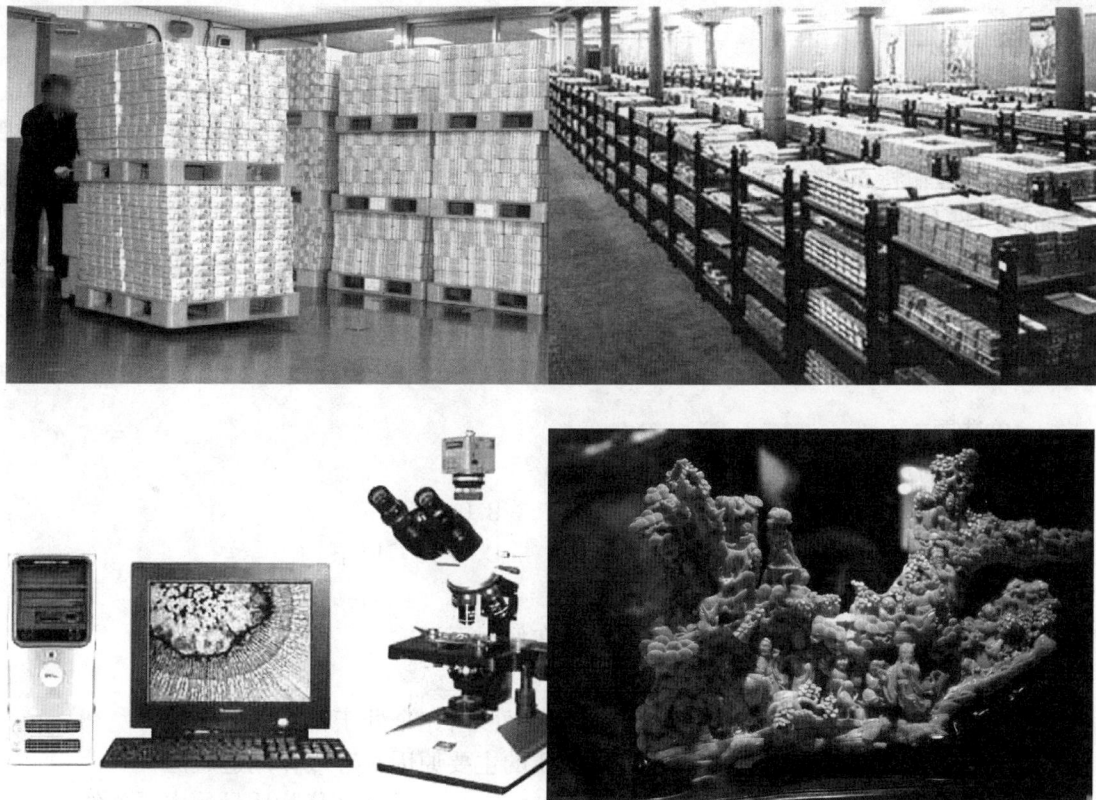

图 5-5 贵重货物

二、贵重货物运输时的注意事项

贵重货物价格昂贵,运输责任重大,运输贵重货物时应认真做好每个环节,确保安全。

(1)贵重物品必须用坚固、严密的包装箱包装,原包装上不得有其他粘贴物,包装箱接缝处必须有铅封或火漆封志,封志应当完好,封志上应有托运人的特别标识。

(2)贵重物品的外包装上严禁使用贴签,每件货物上应使用两个挂牌,拴挂在货物的两侧。

(3)贵重物品需用精确的磅秤称重,实际毛重以 0.1 kg 为单位。

(4)货物收到后,应立即与仓库保管室联系,安排货物入贵重物品仓库,并做好记录和交接工作。

(5)装车时应进行严格的清查。检查包装是否完整,货物的品名、重量、件数和货单是否相符,装卸时怕震的贵重货物要轻拿轻放,不要压挤。

(6)提货应凭到达地的提货通知单、收货人的居民身份证(或其他有效身份证件)和由收货单位出具的提货介绍信办理。如是货运单列明的收货人委托他人提货,应同时出具委托人和代理提货人的居民身份证(或其他有效身份证件),并由收货单位出具委托提货介绍信。

项目小结

本项目分别介绍了鲜活易腐货物、危险货物、长大笨重货物和贵重货物四类特殊货物的概念、分类及其运输特点;详细阐述了鲜活易腐货物运输时所需的设备条件,危险货物运输企业应具备的条件和运输车辆及设备的管理规定,大型物件运输企业应具备的条件;同时阐述了四类特殊货物运输环节及运输过程中的注意事项。

项目训练

一、单选题

1.冷冻货的承运温度(除冰外)应为(　　　)。

    A.0℃   B.0 ~ 4℃

    C. － 4℃ ~ 10℃   D. － 10℃以下

2.下列说法中正确的是(　　　)。

    A.鲜活易腐货物应经过冷冻处理工艺,在低温下运输

    B.鲜活易腐货物应在冷冻的状态下运输

    C.有的鲜活易腐货物运输时不需冷冻工艺处理,完全处于自然状态

    D.对动物性食品来说,发生腐烂导致变质的主要原因是呼吸作用造成的

3.用冷藏方法来保藏和运输鲜活易腐货物时,(　　　)是保证货物质量的主要条件。

    A.湿度   B.温度

    C.通风   D.卫生

4.用冷藏方法来保藏和运输鲜活易腐货物,一个突出的特点就是必须(　　　)。

    A.分段冷藏   B.适时冷藏

    C.连续冷藏   D.视情况冷藏

5.下列关于放射性物品的说法中正确的是(　　　)。

    A.各种射线对人体的危害很小

    B.许多放射性物品基本没有毒性

    C.可以用化学方法中和使放射性物品不放出射线

    D.可以设法把放射性物质清除,或者用适当的材料予以吸收屏蔽

6.(　　　)安全生产监督管理部门批准设立的生产、使用、储存危险化学品的企业,可使用自备专用车辆从事为本单位服务的非经营性道路危险货物运输活动。

    A.省级   B.省级以上

    C.市级   D.市级以上

7.危险货物运输时,驾驶人员、装卸管理人员和押运人员上岗时应当随身携带(　　　)。

    A.从业资格证   B.驾驶证

    C.工作证   D.上岗证

8.四类大型物件运输业户可以从事(　　　)大型物件的运输活动。

    A.一级   B.四级

C. 一、二、三、四级　　　　　　　　　　D. 三、四级

9. 大型货物运输时应按指定的路线和时间行驶,并在货物最长、最宽、最高部位悬挂明显的安全标志,夜间挂(　　　)灯,以引起往来车辆的注意。

    A. 红　　　　　　　　　　　　　　　　B. 黄

    C. 绿　　　　　　　　　　　　　　　　D. 蓝

10. 贵重物品必须用坚固、严密的包装箱包装,包装箱(　　　)必须有铅封或火漆封志且完好,封志上应有托运人的特别标志。

    A. 正面　　　　　　　　　　　　　　　B. 侧面

    C. 顶面　　　　　　　　　　　　　　　D. 接缝处

二、多选题

1. 根据货物的特性,特殊货物可分为(　　　)。

    A. 鲜活易腐货物　　　　　　　　　　B. 危险货物

    C. 大型货物　　　　　　　　　　　　D. 贵重货物

    E. 散装货物

2. 下列货物中属于易腐货物的是(　　　)。

    A. 肉、蛋、鱼　　　　　　　　　　　B. 活植物

    C. 活动物　　　　　　　　　　　　　D. 蔬菜、水果

    E. 家禽

3. 下列关于冷藏车的说法中正确的是(　　　)。

    A. 冷藏车的制冷机组用于温度的调控

    B. 冷藏车厢体的作用是用于温度的保持

    C. 冷藏车是指用来运输冷冻或保鲜货物的封闭式厢式运输车

    D. 在冷藏车的组成部件中,专用汽车底盘的行走部分是最重要的

    E. 冷藏车由专用汽车底盘的行走部分、制冷机组、隔热保温厢体和车厢内温度记录仪等部件组成

4. 按具有的危险程度,需要包装的危险货物可划分为(　　　)。

    A. Ⅰ类包装　　　　　　　　　　　　B. Ⅲ类包装

    C. Ⅲ类包装　　　　　　　　　　　　D. Ⅳ类包装

    E. Ⅴ类包装

5. 危险货物包装标志的尺寸有(　　　)。

    A. 25 mm × 25 mm　　　　　　　　　B. 50 mm × 50 mm

    C. 100 mm × 100 mm　　　　　　　　D. 150 mm × 150 mm

    E. 250 mm × 250 mm

6. 从事道路危险货物运输经营的企业,应当具备下列条件(　　　)。

    A. 符合要求的专用车辆及设备　　　　B. 符合要求的停车场地

    C. 符合要求的从业人员　　　　　　　D. 符合要求的安全管理人员

    E. 健全的安全生产管理制度

7. 不能使用(　　　)从事道路危险货物运输。

    A. 报废的车辆　　　　　　　　　　　B. 擅自改装的车辆

C. 检测不合格的车辆   D. 车辆技术等级达不到二级的车辆

E. 其他不符合国家规定的车辆

8. 交通主管部门对申请从事大型物件运输业户的(   )进行审查。

A. 车辆装备   B. 技术人员

C. 技术工人   D. 技术、安全规章

E. 历史记录

9. 贵重货物交接时,要检查(   )。

A. 包装是否完整

B. 货物的品名、重量、件数与货单是否相符

C. 装箱封志应当完好

D. 开箱查验货物

E. 准确清点箱内货物的数量

三、判断题

1. 鲜活易腐货物中,易腐货物占比例最大,活植物不属于易腐货物。(   )

2. 冷藏方法是最佳的保藏鲜活易腐货物的方法。(   )

3. 在不同运输条件下,同一种鲜活易腐货物要求的运输温度相同。(   )

4. 可以说冷藏车的制冷机组是能量的提供者,厢体是能量的储存者。(   )

5. 运输过程中,任何冷藏货物均不允许出现停止制冷。(   )

6. 危险货物运输、储存过程中的特别防护,指的是轻拿轻放、谨防明火等。(   )

7. 危险货物包装所用的材质应与所装的危险货物的性质相适应。(   )

8. 装运火药类的爆炸品时,以车辆核定吨位装载货物。(   )

9. 道路危险货物运输途中,需要较长时间停车的,驾驶人员、押运人员应当设置警戒带,并采取相应的安全防范措施。(   )

10. 汽车运输煤炭时装载的高度为3.2 m,属于大型货物运输。(   )

11. 对于均重货物,为使其重量能均匀地分布在车辆底板上,必须将货物安置在纵横垫木上或相当于起垫木作用的设备上。(   )

12. 大型货物运输车辆应在指定的路线和时间行驶,并在货物最高部位悬挂明显的安全标志,以引起往来车辆的注意。(   )

13. 贵重货物即价格比较昂贵,运输责任重大的货物。(   )

14. 贵重物品需用精确的磅秤称重,实际重量以0.001 kg为单位。(   )

四、问答题

1. 鲜活易腐货物具有什么特点?

2. 冷藏货物的包装有哪些要求?

3. 危险货物应具备哪些基本要求?

4. 什么是爆炸品?它具备哪些主要特征?

5. 请简述危险货物包装的基本要求。

6. 请简述危险货物运输作业程序。

7. 大型物件是如何分级的?

8. 大型货物运输有哪些特殊性?

9.大型货物运输业务的主要工作环节有哪些？各工作环节有哪些工作要点？

五、案例分析

（一）渝宜高速危化品车辆泄漏

2009年4月14日凌晨，一辆装载12.68 t浓盐酸的罐车在渝宜高速发生泄漏，1 t多重的盐酸泄漏在外。

据重庆市高速公路执法第七大队工作人员介绍，14日凌晨2时4分，执法人员巡逻发现一辆运输危化品的罐车停在渝宜高速往重庆方向70 km处，车尾冒出大量白雾。经过查探，现场执法人员得知该罐车装载的是浓盐酸，且根据该车散发出的刺激性气味以及越来越大的白雾，估计该车发生了盐酸泄漏。

当地高速公路执法部门立即关闭该高速路段上道口，避免社会车辆进入危险区域。当地消防部门随即赶到现场。经过约5 h的救援，泄漏得到基本控制。7时23分，在工作人员完成路面清洗后，交通管制解除，路段恢复正常通行。高速公路执法人员透漏，该危化品车辆核载4.875 t，但实际装载浓盐酸12.68 t，严重超载，影响了该车的安全性能，且该车输送管破裂，加之密封罐阀门关闭不严，从而引发了泄漏。因处理及时，泄漏出的1 t浓盐酸没有对周边环境产生较大影响。

试分析：

1.浓盐酸具有怎样的危险特性？浓盐酸一旦泄漏，应采取哪些措施进行处理？

2.通过案例分析该事故发生的主要原因。

3.危险货物运输作业应如何组织？应注意哪些关键点，以确保运输安全？

（二）湖南邵阳县变压器的运输

货物名称：变压器

货物参数：外形尺寸（mm，长×宽×高）9 890×3 457×3 850，重量(t)158.7。

运输线路：衡阳变压器厂厂区→西外环→衡邵高速→沪昆高速→二广高速→邵阳县→邵阳县变电站，全程180 km。

试分析：

1.所运货物变压器属于哪个级别大型货物？为什么？

2.运输此类货物的企业应达到哪些要求？

3.衡阳变压器厂厂区到邵阳县变电站，这条路线的具体情况是怎样的？能否保证变压器顺利通行？

4.完成运输需经过哪些工作环节？为保证运输安全，应采取什么具体措施？

附表　危险货物包装标志

标志号	标志名称	标志图形	对应的危险货物类项号
标志 1	爆炸品	**1.3** 爆炸品 1 （符号：黑色；底色：橙红色）	1.1 1.2 1.3
标志 2	爆炸品	**1.4** 爆炸品 1 （符号：黑色；底色：橙红色）	1.4
标志 3	爆炸品	**1.5** 爆炸品 1 （符号：黑色；底色：橙红色）	1.5
标志 4	易燃气体	易燃气体 2 （符号：黑色或白色；底色：正红色）	2.1

续表

标志号	标志名称	标志图形	对应的危险货物类项号
标志5	不燃气体	 （符号：黑色或白色；底色：绿色）	2.2
标志6	有毒气体	 （符号：黑色；底色：白色）	2.3
标志7	易燃液体	 （符号：黑色或白色；底色：正红色）	3

续表

标志号	标志名称	标志图形	对应的危险货物类项号
标志 8	易燃固体	 （符号：黑色；底色：白色红条）	4.1
标志 9	自燃物品	 （符号：黑色；底色：上白下红）	4.2
标志 10	遇湿易燃物品	 （符号：黑色或白色；底色：蓝色）	4.3

标志号	标志名称	标志图形	对应的危险货物类项号
标志 11	氧化剂	氧化剂 5.1 （符号：黑色；底色：柠檬黄色）	5.1
标志 12	有机过氧化物	有机过氧化物 5.2 （符号：黑色；底色：柠檬黄色）	5.2
标志 13	剧毒品	剧毒品 6 （符号：黑色；底色：白色）	6.1

续表

标志号	标志名称	标志图形	对应的危险货物类项号
标志 14	有毒品	（符号：黑色；底色：白色）	6.1
标志 15	有害品（远离食品）	（符号：黑色；底色：白色）	6.1
标志 16	感染性物品	（符号：黑色；底色：白色）	6.2

续表

标志号	标志名称	标志图形	对应的危险货物类项号
标志 17	一级放射性物品	一级放射性物品 Ⅰ 7 （符号：黑色；底色：白色，附一条红竖条）	7
标志 18	二级放射性物品	二级放射性物品 Ⅱ 7 （符号：黑色；底色：上黄下白，附二条红竖条）	7
标志 19	三级放射性物品	三级放射性物品 Ⅲ 7 （符号：黑色；底色：上黄下白，附三条红竖条）	7

续表

标志号	标志名称	标志图形	对应的危险货物类项号
标志 20	腐蚀品	 （符号：上黑下白；底色：上白黑下）	8
标志 21	杂类	 （符号：黑色；底色：白色）	9
注：表中对应的危险货物类项号及各标志角号是按 GB 6944 的规定编写的。			

项目六

物流运输合同与保险

●学习目标

知识目标

1. 熟悉运输合同的内涵。
2. 熟悉运输合同的订立程序。
3. 掌握运输合同的内容。
4. 掌握运输当事人的权利、义务及责任。
5. 掌握运输纠纷类型。
6. 了解运输合同纠纷的解决方法。
7. 了解运输保险及相关责任范围。

技能目标

1. 能够对运输合同内容进行审定并完成合同订立。
2. 能够正确判断运输当事人的责任。
3. 能够完成运输纠纷处理工作。
4. 能够办理运输保险与处理索赔事务。

任务一
运输合同的订立 ◆ ||

一、运输合同概述

1. 运输合同的概念

运输合同是指承运人将旅客或者货物从起运地点运输到约定地点，旅客、托运人或者收货人支付票款或者运输费用的合同。货物运输合同是指承托双方签订的，明确双方权利义务关系、确保货物有效位移的，具有法律约束力的合同文件。

运输合同的定义包含了以下四个方面的内涵：

（1）运输合同的主体。运输合同的主体是运输合同权利义务的承担者，即运输合同的当事人。当事人一方是享受收取运费或者票款权利并承担运送义务的承运人，另一方是享受运送权利并支付运费的旅客和托运人。双方当事人的数目视具体合同关系而定，在运输合同中，承运人作为一方当事人，可以是一人或者数人，如在相继运输中承运人可分为缔约承运人和实际承运人，在多式联运合同中有多式联运经营人和各区段承运人。承运人多为法人或者组织，但也可以是个人。

（2）运输合同中的托运人。托运人有时就是收货人，但是在多数情况下另有收货人，此时收货人不是运输合同的一方当事人。

在存在收货人的情况下，托运人与承运人订立运输合同是为了收货人的利益，承运人应当依照运输合同向收货人交付，但收货人的权利产生于请求交付之时，而非运输合同订立时，收货人是运输合同的第三人，也是运输合同中重要的关系人。

（3）运输合同中，承运人提供将旅客或者货物运输到约定地点的服务。由此可见运输合同的客体是承运人提供的运输服务，不是货物和旅客。

（4）在运输合同中，承运人的义务是将旅客或者货物运输到约定地点，权利是收票款或者运费；而旅客、托运人的权利和义务与其对应，权利是要求承运人将其运输到约定地点，义务是向承运人支付票款或者运费。这里的票款是指在旅客运输合同中，旅客向承运人支付的报酬；这里的运费是指在货物运输合同中，托运人向承运人支付的报酬。

2. 运输合同的特征

货物运输合同除具有合同普遍的法律特征外，还具有以下特征：

（1）运输合同是有偿合同。一些运输合同的单证，如运单、提单等是有价单据，托运人或收货人是以支付票款或者运输服务费用为代价，获得承运人提供的运输服务。

（2）运输合同是双务合同。运输合同中双方当事人都享有权利和负有义务：承运人负有将货物按约定送到目的地的义务，同时拥有收取运输费用的权利；托运人或收货人负有支付运费的义务,同时享有运输服务的权利。

(3)运输合同一般为格式合同。运输合同属于格式合同,这是由运输业的特征所决定的,一些主要内容和条款由有关部门统一制定。货运单、包裹单、提单等均按标准格式制定,大宗或长期承运以及特殊要求的货物运输也可以不采用格式合同,双方当事人按合同法制定的原则和程序另行协商约定。

二、运输合同的分类

(1)按运输方式划分,运输合同可分为铁路运输合同、公路运输合同、水路运输合同、航空运输合同和联合运输合同。

(2)按运输对象划分,运输合同可分为旅客运输合同和货物运输合同。

(3)按运输组织方式划分,运输合同可分为单一运输合同和多式联运合同。

(4)按合同形式划分,运输合同可分为书面合同和契约合同。书面合同是指签订正式书面协议书形式的合同;契约合同是指托运人按规定填写货物运输托运单、货单或提单等,这些单证具有契约性质。

(5)按货物数量划分,运输合同可分为批量合同和运次合同。批量合同一般是一次托运货物数量较多的大宗货物运输合同;运次合同一般是托运货物较少,一个运次就可以完成的运输合同。

三、运输合同的订立

(一)运输合同订立的程序

运输合同的订立是指当事人依法就运输合同的主要条款达成一致意见的过程。当事人订立运输合同要经过要约和承诺两个主要步骤。

1.要约

要约是指当事人一方向他方提出订立运输合同的提议。其中发出要约的一方为要约人,另一方为受要约人或相对人。要约是一种法律行为,其应具备以下条件:

(1)要约应明确表示以要约内容订立运输合同的意思或愿望。

(2)要约的内容应具体、肯定,涵盖合同的主要条款。

(3)要约应送达受要约人。

2.承诺

承诺是指受要约人向要约人做出的对要约完全同意的意思表示,也可称为接受提议。受理过程包括双方协商一致的过程。承诺也是一种法律行为,其应具备以下条件:

(1)承诺必须由受要约人做出。

(2)承诺的内容与要约的内容应完全一致。

(3)承诺应在要约的有效期内做出。

(4)承诺应送达要约人。

（二）影响运输合同订立的因素

承运人在与托运人订立合同前应做好对托运人的经营状况与行业信誉的调查,以此来决定是否与其签订合同。即使对托运人做了充分的资信调查,但市场瞬息万变,托运人或承运人在承运期间就有可能发生危机。因此,运输合同的订立过程一般受以下因素影响:

(1)运输方式;

(2)货物种类;

(3)特殊运输要求;

(4)运输组织形式;

(5)国家对商品、产品的一些具体规定,是否需有关管理部门批准;

(6)是否是禁运品或不允许进出口的商品;

(7)承运人是否具有承运资格。

（三）运输合同的内容

货物运输合同通常包括以下主要内容:

(1)托运人和收货人的名称及地址;

(2)货物起运和到达地点的详细地址、运距;

(3)货物的名称、性质、数量、重量、体积和规格等;

(4)货物装卸责任和方法;

(5)包装要求及标准;

(6)货物交接手续及要求;

(7)批量货物运输的起止时间及运输计划;

(8)运杂费计算标准及结算方式;

(9)变更、解除合同的期限及条件;

(10)违约责任;

(11)合同纠纷解决方式;

(12)双方约定的其他事项等。

● 资 料 链 接 6 - 1

货物运输合同范本

甲方(托运人):

乙方(承运人):

甲、乙双方经过协商,根据合同法有关规定,订立货物运输合同,条款如下:

一、货物运输期限从　年　月　日起到　年　月　日为止。货物由_____运至_____。

二、货物运输期限内,甲方委托乙方运输货物,运输方式为_____运输,具体货物、收货人等事项,由甲、乙双方另签运单确定,所签运单作为本协议的附件与本协议具有同等的法律效力。

三、甲方须按照货物买卖合同约定的标准对货物进行包装。

四、乙方须按照运单的要求,在约定的期限内,将货物运到甲方指定的地点,交给甲方指定的收货人。

五、甲方委托乙方的运输货物总价为人民币　　元,乙方运输费用总价为人民币　　元。自运输之日起甲方付清乙方全部费用。

六、乙方在将货物交给收货人时,同时应协助收货人亲笔签收货物以作为完成运输义务的证明。如乙方联系不上收货人时,应及时通知甲方,甲方有责任协助乙方及时通知收货人提货。

七、甲方交付乙方承运的货物,乙方对此应予以高度重视,避免暴晒、雨淋,确保包装及内容物均完好按期运达指定地。运输过程中如发生货物灭失、短少、损坏、变质、污染等问题,乙方应确认数量并按照甲方购进或卖出时价格全额赔偿。

八、因发生自然灾害等不可抗力造成货物无法按期运达目的地时,乙方应将情况及时通知甲方并取得相关证明,以便甲方与客户协调;非因自然灾害等不可抗力造成货物无法按时到达,乙方须在最短时间内运至甲方指定的收货地点并交给收货人,且赔偿逾期承运给甲方造成的全部经济损失。

九、本协议未尽事宜,由双方协商解决,协商不成,可向甲方住所地法院提起诉讼。

十、本协议一式两份,双方各持一份,双方签字盖章后生效。

甲方:　　　　　　　　　　　　　　乙方:
　年　月　日　　　　　　　　　　　年　月　日

四、多式联运合同及订立

以多式联运方式进行货物的运输在我国的贸易实践中已经大量出现,并且随着社会主义市场的发展,以多式联运的方式进行运输的行为会越来越普遍。这就需要有关多式联运合同方面的法律来对多式联运行为进行规范。

(一)多式联运合同的特点

多式联运合同是指多式联运经营人以两种以上的不同运输方式,负责将货物从接收地运至目的地并交付收货人,收取全程运费的合同。

多式联运合同与一般运输合同相比具有以下特点:

(1)运输合同的运输方式为两种以上。例如水运加铁运,如果几个承运人用同一方式运输,则为相继运输。

(2)多式联运合同的承运人一般为两人以上。虽然联合运输合同涉及多个承运人,但托运人或旅客只需与联合运输经营人签订运输合同。其他承运人根据联合运输经营人代理自己与托运人或旅客订立的联运合同在自己的运输区段内完成运输任务。

(3)托运人一次性交费并使用同一凭证。货物由一承运人转至另一承运人时,无须另行交费或办理有关手续。

联合运输的第一承运人在合同法上称为联合运输的承运人,其他承运人在合同法上称为各区段承运人。

（二）签订多式联运合同时应注意的问题

1. 多式联运经营人负责履行或者组织履行多式联运合同

在多式联运合同中，多式联运经营人是指本人或者委托他人以本人名义与托运人订立多式联运合同的人。他是事主，而不是托运人的代理人或者代表人，也不是参加多式联运的各承运人的代理人或者代表人，要根据多式联运合同履行运输义务或者组织承运人履行运输义务。

多式联运经营人可分为两种类型：第一种是多式联运经营人自己拥有运输工具，并且直接参加了运输合同的履行；第二种是多式联运经营人自己不拥有运输工具或者不经营运输工具，也不直接从事运输活动，而是在签订多式联运合同后，通过双边合同与各运输方式承运人又单独签订各区段运输合同，组织其他承运人进行运输。但是不管多式联运经营人属于哪一种情形，多式联运经营人都要对与之签订合同的托运人或者收货人承担全程运输的义务，同时根据我国合同法的规定，多式联运经营人要承担全程运输所发生的责任和风险。

2. 多式联运经营人可以与各区段承运人约定相互之间的责任

多式联运经营人对全程运输中所发生的责任事故负全责，但是多式联运经营人可以与参加多式联运的各区段运输约定相互之间的责任，例如在一个海陆空的多式联运合同中，多式联运经营人与海上运输区段的承运人、陆路运输区段的承运人、航空运输区段的承运人分别对每一段的运输责任约定，在多式联运经营人对托运人或者收货人负全程的运输责任后，可以依据其与每一区段的运输承运人签订的合同，向其他承运人追偿。

3. 多式联运经营人收到托运人交付的货物时应当签发多式联运单据

在多式联运中，当多式联运经营人收到托运人交付的货物时，应当向托运人签发多式联运单据。所谓多式联运单据，是指证明多式联运合同存在及多式联运经营人接管货物并按合同条款提交货物的证据。多式联运单据一般包括以下15项内容：

（1）货物品类、标志、危险特征的声明、包数或者件数、重量；
（2）货物的外表状况；
（3）多式联运经营人的名称与主要营业地；
（4）托运人的名称；
（5）收货人的名称；
（6）多式联运经营人接管货物的时间、地点；
（7）交货地点；
（8）交货日期或者期间；
（9）多式联运单据可转让或者不可转让的声明；
（10）多式联运单据签发的时间、地点；
（11）多式联运经营人或其授权人的签字；
（12）每种运输方式的运费、用于支付的货币、运费由收货人支付的声明等；
（13）航线、运输方式和转运地点；
（14）关于多式联运遵守本公约的规定的声明；
（15）双方商定的其他事项。

以上一项或者多项内容的缺乏，不影响单据作为多式联运单据的性质。如果多式联运经营人知道或者有合理的根据怀疑多式联运单据所列的货物品类、标志、包数或者数量、重量等没有准确地表明实际接管货物的状况，或者无适当方法进行核对的，多式联运经营人应在多式联运单据上做出保留，注明不符合之处及怀疑根据或无适当核对方法。如果不加批注，则应视为已在多式联运单据上注明货物外表状况的良好。

多式联运单据依托运人的要求，可以是可转让的单据，也可以是不可转让的单据。在实践中，只有单据的签发人（即多式联运经营人）承担全程责任时，多式联运单据才有可能成为可转让的单据。此时，多式联运单据具有物权凭证的性质和作用。当签发一份以上可转让多式联运单据正本时，应当注明正本份数，收货人只有提交可转让多式联运单据时才能提取货物，多式联运经营人按其中一份正本交货后，即履行了交货人的义务；如果签发副本，则应当注明"不可转让副本"字样。如果多式联运经营人按托运人的要求签发了不可转让多式联运单据，则应当指明记名的收货人，多式联运承运人将货物交给不可转让单据所指明的记名收货人才算履行了交货的义务。

4.因托运人托运货物时的过错造成多式联运经营人损失的，托运人仍然应当承担损害赔偿责任

在多式联运中，托运人一般应当承担以下三方面的责任：

（1）保证责任。在多式联运经营人接管货物时，发货人应视为已经向多式联运经营人保证其在多式联运单据中所提供的货物品类、标志、件数、重量、数量及危险特性的陈述的准确无误，并应对违反这项保证造成的损失负赔偿责任。

（2）凡是因为托运人或者其受雇人或者代理人在受雇范围内行事时的过失或者大意而给多式联运经营人造成损失的，托运人应当向多式联运经营人负赔偿责任。

（3）运送危险物品的特殊责任。托运人将危险品交多式联运经营人时，应当告知多式联运经营人危险物品的危险特性，必要时应告之应采取的预防措施，否则其要对多式联运经营人因运送这类货物所遭受的损失负赔偿责任。

在多式联运中，即使托运人已经转让多式联运单据，但如果托运人因自己的过错给多式联运经营人造成损失的，托运人仍然应当承担损害赔偿责任。也就是说托运人赔偿多式联运经营人的损失不受多式联运单据是否转让的影响，只要因托运人的过错造成多式联运经营人的损失，不管多式联运单据在谁手中，多式联运经营人都可向托运人要求赔偿，而不能向持票人或者收货人要求赔偿。

货物的毁损、灭失发生于多式联运的某一运输区段的，多式联运经营人的赔偿责任和责任限额适用调整该区段运输方式的有关法律规定。货物毁损、灭失发生的运输区段不能确定的，依照规定承担损害赔偿责任。

5.承运人赔偿责任问题

在传统的单一运输方式中，关于承运人的赔偿问题基本上都有专门的运输法或者行政法规做了规定。但在多式联运中，由于其最大的特点就是用不同的运输方式进行运输，而我国的各专门运输法或者行政法规对不同的运输方式中的赔偿责任和赔偿限额的规定是不相同的，所以就存在一个问题，即一旦货物发生毁损、灭失，多式联运经营人根据什么法律或者行政法规承担赔偿责任和赔偿限额。在一般情况下承运人赔偿责任遵循以下两个原则：

一是如果货物发生毁损灭失的区段是确定的，则多式联运经营人的赔偿责任和责任限额适用调整该区段运输方式的有关法律的规定。该原则体现了目前国际通行的多式联运经营人

的"网状责任制"。例如托运人与多式联运经营人签订了一项从北京至纽约的多式联运合同，全程运输分为三个区段，首先是从北京至天津的公路运输，其次是天津到旧金山的国际海运，最后是从旧金山到纽约的铁路运输，如果货物的毁损、灭失能够确定发生在中国的公路运输区段，则多式联运经营人的赔偿责任和责任限额就按中国的公路运输方面的法律或者行政法规进行办理；如果发生在国际海运区段，则按《中华人民共和国海商法》的有关规定进行赔偿；如果发生在美国的铁路运输区段，就应按照美国的铁路法的规定进行办理。本条规定的网状制度的主要缺点是责任制度不确定，随发生损失的区段而定，事先难以把握。它的优点是多式联运经营人承担的赔偿责任与发生损坏区段承运人所负责任相同，组织多式联运的经营人不承担不同责任的风险，便利了多式联运的组织工作和多式联运的发展。这也是国际上通行此项责任制度的主要原因。

二是对于货物发生毁损、灭失的运输区段不能确定的，多式联运经营人应当依照规定承担损害赔偿责任。在多式联运中，货损发生的运输区段有时不易查清，网状责任制通常用"隐蔽损害一般原则"规定多式联运经营人的责任，即对这一类货损采用某项统一的规定的办法确定经营人的责任。对于隐蔽货损，即货损发生区段不能确定时，多式联运经营人应当按照《中华人民共和国合同法》第十七章中关于承运人赔偿责任和责任限额的规定负赔偿责任。

任务二
运输合同的履行

运输合同签订后具有法律效力，合同当事人必须按照合同规定的条款认真履行各自的义务、承担相应的责任，同时享有相应的权利。

一、托运人的权利、义务和责任

1. 托运人的权利
(1)托运人最主要的权利是要求承运人按照合同规定的时间将货物运送到目的地。
(2)货物托运后，在承运人将货物交付收货人之前，托运人可以请求承运人中止运输、返还货物、变更到达地或者将货物交给其他收货人；但应当赔偿承运人因此受到的损失。

2. 托运人的义务
(1)在承运人全部、正确履行运输义务的情况下，托运人有按照规定支付运费、保管费以及其他杂费的义务。
(2)托运人办理货物运输时，有如实申报义务，应当向承运人准确表明以下各项内容：
①收货人的名称或者凭指示的收货人。这在货物运输合同中是很重要的，因为在运输合同中签订合同的一方托运人很多时候不是货物的接收方，接收方往往是与承运人并不相识的

第三方,为了便于承运人及时交货,就需要托运人在运输开始之前向承运人在运单上或者以其他方式表明收货人的名称或者姓名。托运人还应当向承运人表明"凭指示的收货人"的意思。这主要是针对在海上货物运输的情况下,托运人在交付货物进行运输,还没有确定货物给谁时,就在提单上写明"凭指示交付"的字样,也就是承运人凭托运人的指示交付或者提单持有人的指示交付货物。

②收货地点。这对承运人的正确运输是非常重要的,如果承运人不知道收货人的收货地点,就无法在某个确定的地点交付货物,也就无法完成运输任务。

③货物的名称、性质、重量、数量等内容。这里货物的性质是指货物的属性。除了上面列举的各种情况外,托运人还应当向承运人准确提供货物运输必要的其他情况说明,如货物的表面情况、包装情况等。托运人申报不实或者遗漏重要的情况往往会给承运人造成损失,例如托运人把 5 t 重的货物误报为 3 t,承运人的起重机负荷仅为 3 t,将造成机毁货损。因托运人申报不实或者遗漏重要情况,造成承运人损失的,托运人应当承担损害赔偿责任。

(3)货物运输需要办理审批、检验等手续的,托运人有义务将办理完有关手续的文件提交承运人。

货物的运输往往会涉及各种手续。如国际货物运输合同,就必须向海关办理出口货物的报关,同时还必须为出口的货物办妥检疫、检验等手续;有些货物的运输还必须经过有关政府主管部门审批和同意。在运输危险品时,需要办理危险品运输的许可手续。货物运输中所涉及的各种手续是运输所必需的,如果没有这些手续,承运人就不能进行正常运输。所以托运人一般应当在承运人进行货物运输前向承运人及时提供这些手续,如果不及时向承运人提供这些手续,就有可能造成运输的迟延,或者给承运人造成损失。托运人没有向承运人提供这些手续或者提供的手续不完备或者没有及时提供这些手续,给承运人造成损失的,托运人应当赔偿损失。

(4)托运人有义务按照约定的方式包装货物。

对包装方式没有约定或者约定不明确的,应当按照通用的包装方式;没有通用包装方式的,应当采取足以保护标的物的包装方式。

在货物运输中,对货物进行包装是很重要的。我们知道,货物的运输实际上就是货物在两地之间的位移,其一般都要经过长时间的移动。而移动的过程中可能遇到各种地形、气候以及运输工具本身的影响,这种影响有可能对货物的安全构成威胁,所以对货物进行妥善包装就涉及运输过程中运输货物的安全。例如易腐烂变质的货物,如不对其进行包装,有可能在运输过程中就腐烂变质了。当然并不是说任何货物的运输都必须进行包装,货物是否需要包装要根据货物本身的特性、运输路程的情况以及所使用的运输工具来决定。如果运输的货物是硬货,并且运输的路程很短,不包装对货物的安全不构成任何问题,那么此时不包装也是可以的。提出货物包装要求的一般是承运人或者主管运输的部门,运输合同的当事人一般在运输合同中对包装的方式或者其他具体要求也会做出约定。

(5)托运人托运易燃、易爆、有毒、有腐蚀性、有放射性等危险物品的,有义务按照国家有关危险物品运输的规定对危险物品妥善包装,做出危险物标志和标签,并将有关危险物品的名称、性质和防范措施的书面材料提交承运人。托运人违反规定的,承运人可以拒绝运输,也可以采取相应措施以避免损失的发生,因此产生的费用由托运人承担。

3. 托运人的责任

（1）托运人未按合同规定的时间和要求提供托运的货物，或应由托运人负责装卸的货物，超过合同规定装卸时间所造成的损失，托运人承担赔偿责任。

（2）由于在普通货物中夹带、匿报危险货物，错报笨重货物重量等导致吊具断裂、货物摔损、吊机倾翻、爆炸、腐烛等事故，托运方应承担赔偿责任。

（3）由于货物包装缺陷产生破损，致使其他货物或运输工具、机械设备被污染腐蚀、损坏，造成人身伤亡的，托运方应承担赔偿责任。

（4）在托运方专用线或在港、站公用线、专用线自装的货物，在到站卸货时，发现货物损坏、缺少，在车辆施封完好或无异状的情况下，托运方应承担赔偿责任。

（5）不如实填写运单，错报、误填货物名称或装卸地点，造成承运人错送、卸货落空以及由此引起损失，或因未随车附带规格质量证明或化验报告，造成收货方无法卸货时，托运方应承担赔偿及违约责任。

二、承运人的权利、义务和责任

1. 承运人的权利

（1）承运人有权利向托运人收取运杂费。

（2）承运人对托运人违反约定的包装方式包装货物的，有权利拒绝运输。

（3）承运人对托运人或收货人未支付运费、保管费以及其他运输费用的，对相应的运输货物享有留置权，但当事人另有约定的除外。

（4）承运人对收货人不明或者收货人拒绝受领货物的，承运人应当及时通知托运人并请求其在合理期限内对货物的处置做出指示。无法通知托运人，或者托运人在合理的期限内未做指示或者指示事实上不能实行的，承运人可以提存货物。货物不宜提存的，承运人有权利依法拍卖或者变卖该货物，扣除运费、保管费以及其他运输费用后，提存剩余价款。

2. 承运人的义务

（1）承运人有义务按合同约定调配适当的运输工具和设备，接收承运的货物，按期将货物运到指定的地点。

（2）承运人从接收货物时起至交付收货人之前，负有安全运输和妥善保管的义务。承运责任期间，承运人对货物安全及质量负责，保证货物无短缺、无人为损坏。

（3）货物运到目的地后，承运人在规定的期限内负责保管并及时通知收货人收货。

3. 承运人的责任

（1）承运人的过错责任

由于承运人过错，致使运输合同不能履行或不能完全履行，承运人应承担违约责任。承运人违约责任主要有以下四种情况：

①逾期运送责任。承运人不按合同规定的时间和要求配车、发运的，造成货物逾期送达，承运方应承担损失赔偿责任。但赔偿金额不得超过货物在全部灭失情况下可请求的赔偿额。

②错运错交责任。货物错运到达地点或错交收货人，由此造成延误时间和损失，按货物逾期送达处理。承运人应无偿运至合同规定的到货地点或接货人，并偿付逾期交货的违约金。

③货损货差责任。运输过程中货物灭失、短少、变质、污染、损坏,承运方应按货物的实际损失(包括包装费、运杂费)赔偿托运方。

④故意行为责任。经核实确属故意行为造成的事故,按合同规定赔偿损失。

(2)非承运人的过错责任

在符合法律和合同规定条件下运输,由于下列原因造成的货物灭失、短少、变质、污染和损坏的,承运方不承担违约责任:

①不可抗力。

②货物本身的自然属性或者合理损耗。

③货物包装的内在缺陷,造成货物受损。

④货物外包装完好而内装货物损毁。

⑤托运方或收货方本身的过错。

⑥托运人违反国家有关法令规定,致使货物被有关部门查扣、弃置或做其他处理。

⑦押运人员责任造成货物损毁或灭失。

三、收货人的权利和义务

1.收货人的权利

收货人的主要权利是在货物运到指定地点后以凭证领取货物。必要时,收货人有权向到站或中途货物所在站提出变更到站或变更收货人的要求,以及签订变更协议的要求。

2.收货人的义务

(1)及时提货的义务。

(2)及时验收的义务。

(3)支付运费和保管费的义务。

四、运输合同的变更和解除

运输合同签订后,在正常情况下,合同双方应根据合同内容履行各自的权利和义务,但如果遇到特殊情况,则可能需要变更或解除合同。

1.运输合同变更和解除的概念

运输合同的变更和解除是指在合同尚未履行或未完全履行的情况下,遇到特殊情况而使合同不能履行,或者需要变更时,经双方协商同意,并在合同规定的变更、解除期限内办理变更或解除。任何一方不得单方擅自变更、解除运输合同。

(1)变更合同是指在合同成立后,履行完毕之前,当事人依法对合同的部分内容和条款进行修改补充。

(2)解除合同是指解除由合同规定的双方的法律关系,提前终止合同的履行。

2.运输合同变更和解除的条件

凡发生下列情况之一者,允许变更和解除:

(1)由于不可抗力使运输合同无法履行。

(2)合同当事人违约,使合同的履行成为不可能或不必要。

(3)由于合同当事人一方的原因,在合同约定的期限内确实无法履行运输合同。

(4)经合同当事人双方协商同意变更或解除,但承运人提出解除运输合同的,应退还已收取的运费。

任务三
运输纠纷处理

一、运输纠纷的类型

运输纠纷是指因运输合同的生效、解释、履行、变更、终止等行为而引起的合同当事人的所有争议。托运人把货物交给承运人后,承运人会根据双方之间的合同和行业的惯例履行运输的义务,把货物安全、及时地送交收货人。无论是海运、公路运输、铁路运输还是航空运输,承运人都深刻地意识到货运质量对于业务发展的重要性。虽然加强货运质量管理在一定程度上可以防止运输纠纷的发生,但由于各种危险的存在以及货物在长途运输途中和多环节作业的情况下,货运事故、运输纠纷的发生难以完全避免,而纠纷的及时、妥善解决也是运输服务的延伸,更是整个物流链不可缺少的一部分。

可能是承运人的经营管理不善、意外、过失等原因造成对货方的损失,也可能因货方的原因造成承运人的损失所引起的运输纠纷,可分为以下几大类。

(一)货物灭失纠纷

造成货物灭失的原因有很多,其后果是使货方遭受损失。绝大多数情况是收货人未能收到货物,也有的是托运人在未转移货物所有权的情况下,无法取得货物。

1. 交通事故造成货物灭失

货物交付承运人后装上指定的运载工具进行运输,此时承运人往往无法直接掌控运输工具,可能由于承运人的运输工具发生事故,如车辆发生交通事故等,使得货物连同运输工具一起灭失。而上述交通事故既可能是由于无法避免的风险,如突如其来的恶劣气候、其他车辆的过失等造成的,也可能是由于承运人的过失造成的,如车辆在未出行前就存在的不安全因素、不适航状况等导致在途事故的发生,或是因为承运人所雇佣的驾驶员的过失引起碰撞、翻车等。因此,对交通事故引起的货物灭失,承运人承担的责任往往根据实际情况的不同而大小不一。另外,还有因为货物本身的原因导致运输工具发生事故,从而造成货物的全部灭失,如易燃易爆货物引起的火灾等。

2. 因政府法令禁运和没收、盗窃、战争行为造成货物灭失

目前,世界局部地区战争还时有发生,战争的突发会造成民用运输工具被误伤而导致货物

的灭失。另外,有些国家为保护本国的动植物和人类的卫生状况而对到境的货物实施没收和禁运。在2004年年初时,有些国家发生了禽流感,为了防止疫情的扩散、传播,未发现疫情的国家就通过政府法令没收有关货物,造成货物的全部灭失。货物处于承运人掌控时,因涉及的环节较多,其间也可能遭受偷盗致损。

● 资料链接 6-2

2004年2月19日,经加拿大卫生部证实,加拿大西部不列颠哥伦比亚省的一个养鸡场发生了禽流感,疑为H7病毒禽流感,并将进行进一步诊断。对此,2004年2月22日,中国国家质检总局发出公告,暂停直接或间接从加拿大进口禽类及其产品,以防止新近发生于该国的禽流感疫情传入中国。

公告要求,暂停签发从加拿大进口禽类及其产品的"进境动植物检疫许可证",撤销已经签发的"进境动植物检疫许可证"。加拿大禽类及其产品已运抵我国口岸尚未报检的,一律退回或销毁;已经接受报检的增加禽流感检测项目,检验结果合格方可放行。禁止邮寄或旅客携带来自加拿大的禽类及其产品进境,一经发现一律退回或销毁。

公告提出,对途经我国或在我国停留的国际航运船舶、飞机和火车等运输工具,如发现有来自加拿大的禽类及其产品,一律封查。交通员工自养自用的禽鸟,必须装入完好的笼具中,不得带离运输工具;其废弃物、泔水等,一律在出入境检验检疫机构的监督下做无害化处理,不得擅自抛弃。

对海关、边防等部门截获的走私入境的来自加拿大的禽类及其产品,一律移交就近的出入境检验检疫机构,并在其监督下销毁。

其后,中国又对来自其他国家的禽类及其产品采取了相同的措施。虽然相关法律中允许货物退回,但在其实际情况中,往往也考虑到退回也同样无法处理,而采取销毁的比例较大。货主会由此遭受货物全部灭失的损失。造成这类货物灭失的原因往往是相关人员都无法控制的。

3. 承运人的管理过失造成灭失

由于装运积载不当,货物毁损、集装箱坠落也是货物灭失的重要原因之一。另外,由于管理的过失,如相关手续混乱造成错装错卸,使一部分货物无法交给正确的收货人也视为灭失。

4. 故意行为造成货物灭失

这种情况包括承运人故意、恶意毁坏运输工具以骗取保险,从而造成所运货物全部灭失。而目前更多发生的,则是利用运输进行诈骗活动,或是利用单据骗取货物,令货主受损或承运人承担货物灭失的责任。

● 资料链接 6-3

2003年9月18日,中国香港地区消费者蔡先生电话委托深圳爱普司运输公司转运一批灯箱到香港。可是,时间已过去了一年,却仍未收到货物。深圳市消委会通过网络发现,根本没有该企业的登记资料,打电话询问,接电话的人也不承认是该公司的员工,曾经办理蔡先生转运业务的人也一口否认有此事,该公司的地址更无法查核。

然而,深圳市消委会经调查发现,公路货物托运丢失货物的现象非常严重,而且所丢失的货物多为未投保的贵重物品。其主要的问题是:个别货物运输企业管理混乱;一些不法分子利用货物运输搞诈骗活动,通常的做法是做虚假广告引诱消费者上当受骗;托运货物时所签订的合同、合约、保单等手续不规范、不合理,漏洞百出;货物运单上所制定的规定对消费者或委托者不利,并有明显违反《中华人民共和国消费者权益保护法》的责任条款;出了问题不负责任,以推诿、拖拉的方法应付消费者,如托运多件商品,丢失其中某件贵重商品时按件计赔,消费者托运贵重物品时,不提示消费者投保,或在托运单上既不体现货物价值,又不写明货物名称。

(二)货损、货差纠纷

货损包括货物破损、水湿、汗湿、污染、锈蚀、腐烂变质、焦损、混票和虫蛀鼠咬等,货差即货物数量的短缺。在运输过程中发现的货损的原因极多,归纳起来有以下几种。

1. 未装运输工具前已受损或存在潜伏的致损因素

例如,玉米的水分含量高于安全运输的限度则会先发热后发霉,而不论在运输途中通风或不通风。货损的主要原因是散谷原先含水量过高,而不是不通风。在发达国家中,散谷装入筒仓时要除尘去湿,故其在运输过程中很难发生因不通风而引起的货损。这说明干燥的散谷是无须通风的,散谷的货损往往是因为其本身的原因所致。

2. 装卸作业中受损

在装卸及中转过程中,由于装卸工具选择不当或装卸方式不合理,导致货物碰撞挤压,甚至作业人员野蛮装卸,从而造成货物受损。

●资料链接 6-4

某收货人在验收货物时,发现5箱货物外包装严重破损,内货外露,39号锡林筒脱位,34号锡林筒被刮伤,29号机头倾斜,降轴、左手轮轴、变速箱弯曲变形,并有不少缺件。经查,货损原因系在运输过程中粗鲁装卸碰撞挤压所致,同时几方当事人也认识到鉴于卖方包装标记不清,使野蛮装卸成为可能,托运人(卖方)也应对货损负一定责任。

3. 运输工具积载不当

货物在运输工具中应做到安全积载,合理堆装。若积载不当或捆扎不牢,则会导致货物碰撞挤压或跌落遗失。

4. 装运后与途中及卸货前的期间内保管不当

如运输途中的通风不当,车辆抵达温度较高而相对湿度很大的地区时,若骤然打开车厢或强力通风,则车厢外空气中的水汽就会在货物表面凝结成小水珠。这些小水珠会使货物受潮霉烂、发热自燃、加速腐败,从而造成货损。

5. 自然灾害

自然灾害,如台风、海啸、泥石流等人力无法控制和预测的灾害会造成运输货物受损。

(三)货物延迟交付纠纷

货物延迟交付一般是因承运货物的交通工具发生事故,或因承运人在受理托运时未考虑到本班次载货能力而必须延误到下一班期才能发运,或在货物中转时因承运人的过失使货物在中转地滞留,或因承运人为自身的利益绕道而导致货物晚到卸货地。

（四）单证纠纷

承运人未使用签发提单，或托运人未要求签发提单而造成托运人受损，承运人应托运人要求倒签、预借提单，从而影响到收货人的利益，收货人在得知后向承运人索赔，继而承运人又与托运人之间发生纠纷；或因承运人（或其代理人）在单证签发时的失误引起承托双方的纠纷；此外，也有因货物托运过程中的某一方伪造单证引起的单证纠纷。

（五）其他纠纷

运输中，除了发生与货物直接相关的纠纷以外，还会有运费、租金纠纷等，如承租人或货方的过失或故意，未能及时或全额交付运费或租金；承租的运输工具的技术规范达不到原合同的要求而产生的纠纷；由于运输市场行情变化，导致交易一方因原先订立的合同使其在新的市场情况下受损，故毁约而产生的纠纷；因双方在履行合同过程中对其他费用如滞期费、装卸费等发生纠纷；因托运人的过失，造成对承运人的运输工具，如船舶、集装箱、汽车、火车及航空器等的损害引发的纠纷。

二、运输纠纷的解决

在运输过程中产生纠纷以至于引起诉讼是常有的事。如前文所述，一方面，货主可能会因为货物在运输途中发生的各种损失而向承运人索赔；另一方面，承运人也可能会因为未支付或其他应付款项而向货主索赔。这些索赔并不一定都是承运人的过失引起的。以货差索赔为例，它可能是承运人在运输途中对货物照管不周的过错引起的，也可能是在受理接收货物时由于其他人的过错而引起的，如托运人交付了错误的重量而理货人员没有发现，或者是理货人员自己计算错误。装货过程中装卸工人或其他人员偷货是货物短量的另一常见原因，装卸不当引起的货物泄漏等也是常见原因。正确解决这些纠纷时不仅要找到真正的过失方，还要清楚是承运人还是托运人应对过失负责。这是一个复杂的任务，其中不仅涉及货物运输法，还涉及代理法、合同法等许多其他法律规范。

1. 解决运输纠纷的措施

（1）造成货损或货物灭失的，先向保险公司索赔，再由保险公司行使代位求偿权向责任人追偿；考虑到物流经营人或直接承运人的责任期间比较复杂，且有各种免责、责任限制的可能，这是在运输货物投保的情况下货物利益方最适宜采用的方式。

（2）如所涉及货物未投保、未足额投保，或货损在免赔额以内，或货物利益人认为货损远超过保险赔偿额，则可依物流合同向物流经营人提出赔偿请求，再由物流经营人向责任人追偿。因为货方一旦把货物交付给物流经营人，就很难了解货损、货差发生在哪个实际承运人的责任期间内，故只能向物流经营人先行索赔。

（3）如果货方直接订立物流作业分合同的，而且也知道货损、货差发生的确切责任期间，则可依分合同向实际履行人追偿。

（4）以侵权为由向没有合同关系的责任人提出赔偿请求。

2. 解决运输纠纷的途径

目前，我国解决运输纠纷一般有四种途径：第一，当事人互相协商；第二，进行行政调解；第三,提交仲裁解决;第四,诉讼解决。其中诉讼和仲裁是司法或准司法的解决途径。运输纠纷出现后,在大多数情况下,纠纷双方会考虑到多年的或良好的合作关系和商业因素,互相退一步,争取友好协商解决,同时为以后的进一步合作打下基础。但也有的纠纷双方之间产生的分歧比较大,无法友好协商解决,双方可以寻求信赖的行业协会或组织进行调解,在此基础上达成和解协议,解决纠纷。但还有一部分纠纷经过双方较长时间的协商,甚至在行业协会或其他组织介入调解的情况下还是无法解决,双方只能寻求司法或准司法的途径。

（1）仲裁

仲裁是指在发生合同纠纷,当事人自行协商不成时,经济合同仲裁机构就双方当事人的约定或事后达成的书面仲裁协议,依法做出具有约束力裁决的一种活动。

依据我国仲裁法的规定,我国的仲裁机构是直辖市和省、自治区人民政府所在地市以及其他地市人民政府组织有关部门和商会统一组建的仲裁委员会。仲裁委员会独立于行政机关,与行政机关没有隶属关系,仲裁委员会之间也没有隶属关系。

（2）诉讼

如果承托双方未对纠纷的解决方法进行约定,或事后无法达成一致的解决方法,则通过法院进行诉讼是解决纠纷的最终途径。各种运输纠纷可以按照我国的诉讼程序,由一方或双方向有管辖权的法院起诉,然后由法院根据适用法律和事实进行审理,最后做出判决。当然,如果某一方乃至双方对一审不服,还可以根据诉讼法进行上诉、申诉等。通过法院诉讼解决纠纷,耗时且费用高。

任务四
运输保险 ◆ Ⅱ

一、运输保险概述

1. 运输保险概念

运输保险是指在运输过程中基于运载工具或货物产生的财产保险、责任保险。运载工具或货物在由托运人所在地至收货人所在地整个运输、装卸、储存过程中,可能会遇到各种难以预料的风险,从而遭受损失。为了能得到一定的经济补偿,就需要事先办理运输保险。

2. 运输相关保险

（1）货物运输保险

货物运输保险是指以运输途中的货物作为保险标的的保险。保险人对运输途中的各种保险货物因保单承担风险造成的损失负赔偿责任。

（2）运输工具保险

运输工具保险是指以各种运输工具作为保险标的的保险。保险人对各种运输工具因保单中规定的承保风险造成的损失负赔偿责任。该类保险险种繁多,如汽车保险是以汽车驾驶员和乘客及第三者责任为保险对象的保险,具体可分为:车辆损失险、第三者责任险、盗抢险、车上责任险和自燃损失险等。

（3）火灾保险

火灾保险是指以各种处于固定地点,或存放于固定地点处于静止状态的物质财产,以及有关的利益作为保险标的,以保险标的发生火灾损失作为保险事故的保险。

3. 运输保险的作用

货物在运输的过程中,因存在自然灾害、人为因素、战争等各种原因,发生货损货差是在所难免。货物运输保险可以帮助当事人将损失降到最低,所以作为物流中的重要环节,货物运输更是离不开保险。企业可以把保险费支出列入成本。货物在运输途中遭受损失的企业可以获得保险公司的经济补偿,减少灾害的损失,有利于企业经营活动的正常进行。

二、货物运输保险

（一）货物运输保险的特点

货物运输保险属于损害保险范畴,是有形财产险的一种。与其他财产保险相比,它具有以下特点:

（1）货物运输保险的标的为处于运动中的货物,而其他有形财产保险的标的多为处于静止状态的财产。

（2）货物运输保险的责任期限一般为一个运程,并无具体严格的限制,而其他有形财产险的责任期限往往有固定的期限(如一年)。

（3）货物运输保险的保单可通过背书而转让,而其他有形财产的保险单一般不得转让。

（4）在保险期限内货物运输保险的标的往往是在承运人管理之下,一旦发生事故就可能涉及承运人的责任,因此,向有责任的承运人进行追偿是货物运输保险的一项重要内容。

（5）货物运输保险一般为定值保险,即认为保险金就是保险标的的价值,发生损失后以其作为计算赔偿的标准,除有欺诈行为外,不再考虑保险标的的实际价值。

（二）货物运输保险的责任

道路货物运输保险包括基本险和综合险两大险别。其中,综合险是附属在基本险别下的险别。

1. 基本险的责任范围

（1）因火灾、爆炸、雷电、冰雹、暴风、暴雨、洪水、地震、海啸、地陷、滑坡、泥石流等所造成的损失。

（2）因运输工具发生碰撞、倾翻所造成的损失。

（3）在装货、卸货或转载时,因遭受不属于包装质量不善或装卸人员违反操作规程所造成的损失。

（4）在发生上述灾害、事故时,因纷乱而造成货物的散失及因施救或保护货物所支付的直接合理的费用。

2. 综合险的责任范围

综合险在基本险责任的基础上扩展了以下责任：

（1）因受震动、碰撞、挤压而造成货物破碎、弯曲、凹陷、折断、开裂或包装破裂致使货物散失的损失。

（2）液体货物因受震动、碰撞或挤压致使所用容器（包括封口）损坏而渗漏的损失，或用液体保藏的货物因液体渗漏而造成保藏货物腐烂变质的损失。

（3）遭受盗窃或整件货提不着的损失。

（4）符合安全运输规定而遭受雨淋所致的损失。

3. 除外责任

由于下列原因造成保险货物的损失，保险人不负赔偿责任：

（1）战争或军事行动。

（2）核事件或核爆炸。

（3）保险货物本身的缺陷或自然损耗以及由于包装不善。

（4）被保险人的故意行为或过失。

（5）全程是公路货物运输的，遭受盗窃和整件货提不着的损失。

（6）其他不属于保险责任范围内的损失。

4. 责任起讫

保险责任自签发保险凭证后，保险货物运离起运地发货人的最后一个仓库或储存处所时起，至该保险凭证上注明的目的地的收货人在当地的第一个仓库或储存处所时止。但保险货物运抵目的地后，如果收货人未及时提货，则保险责任的终止期最多延长至保险货物卸离运输工具后的十五天为限。

（三）保险金额及保险费率

1. 保险金额

在货物运输保险中，保险金额是指保险人根据运输保单对保险标的所受损失给予补偿的最高金额。国内陆路货物运输保险的保险金额可以按货价确定，也可按货价加运杂费确定。

2. 保险费率

保险费率是指保险人向投保人收取保险费的计算依据，通常按占保险金额一定的千分比来计算。保险金额与保险费率的乘积即为保险人应向投保人收取的保险费。

（四）货物运输保险索赔

被保险人向保险人申请索赔时，必须提供下列有关单证：

（1）保险单（凭证）、运单（货票）、提货单、发票（货价证明）；

（2）承运部门签发的事故签证、交接验收记录、鉴定书；

（3）收货单位的入库记录、检验报告、损失清单及救护保险货物所支付的直接合理的费用单据；

（4）被保险人所能提供的其他与确认保险事故的性质、原因、损失程度等有关的证明和资料。

保险人收到被保险人的赔偿请求后，应当及时就是否属于保险责任做出核定，并将核定结果通知被保险人。对属于保险责任的，在与被保险人达成有关赔偿金额的协议后十日内，履行赔偿义务。

项目小结

本项目主要介绍了运输合同的基本内涵、分类及订立；详细阐述了运输合同的内容及承运人、托运人、收货人的权利、义务和责任；阐述了签订多式联运合同的基本要求；对运输纠纷的产生原因、特点、纠纷类型、责任划分及纠纷解决进行了全面分析，介绍了运输相关保险及货物运输保险责任及理赔。

项目训练

一、单选题

1. 承托双方签订的，明确双方权利、义务关系、确保货物有效位移的，具有法律约束力的合同文件是（　　）。
   A. 运输合同　　　　　　　　　B. 托运单
   C. 运输保险　　　　　　　　　D. 货物运输合同

2. 托运人按规定填写货物运输托运单、货单或提单等，这种运输合同属于（　　）。
   A. 书面合同　　　　　　　　　B. 契约合同
   C. 口头合同　　　　　　　　　D. 运次合同

3. 以下属于承运人义务的是（　　）。
   A. 及时提货　　　　　　　　　B. 货物包装
   C. 安全运输和妥善保管　　　　D. 办理审批检验手续

4. 运输合同中规定货物的包装责任人是（　　）。
   A. 托运人　　　　　　　　　　B. 承运人
   C. 收货人　　　　　　　　　　D. 理货人员

5. 以下属于承运过错承担责任的是（　　）。
   A. 货物包装不符合规定　　　　B. 夹带禁运物品
   C. 货物合理损耗　　　　　　　D. 逾期送达

6. 下列情况所致者，承运人可不负赔偿责任的是（　　）。
   A 不可抗力　　　　　　　　　B. 货物灭失
   C 货物短少　　　　　　　　　D. 货物变质

7. 以下属于综合险责任范围的是（　　）。
   A. 战争或军事行动
   B. 符合安全运输规定而遭受雨淋所致的损失
   C. 保险货物本身的缺陷或自然损耗以及由于包装不善

D. 被保险人故意行为或过失

8. 保险人根据运输保单对保险标的所受损失给予补偿的最高金额是(　　　)。

A. 保险金额　　　　　　　　　　　B. 保险费率

C. 保险费用　　　　　　　　　　　D. 保险赔偿额

9. 作为保险人向投保人收取保险费的计算依据,通常用占保险金额一定的千分比来计算的是(　　　)。

A. 保险金额　　　　　　　　　　　B. 保险费率

C. 保险费用　　　　　　　　　　　D. 保险成本

二、多选题

1. 运输合同的签订程序包括(　　　)。

A. 要约　　　　　　　　　　　　　B. 承诺

C. 订立　　　　　　　　　　　　　D. 履行

E. 变更或解除

2. 运输合同的特征包括(　　　)。

A. 运输合同是有偿合同　　　　　　B. 运输合同是双务合同

C. 运输合同是长期合同　　　　　　D. 运输合同是单次合同

E. 运输合同一般为格式合同

3. 以下属于托运人义务的有(　　　)。

A. 及时提货　　　　　　　　　　　B. 货物包装

C. 安全运输和妥善保管　　　　　　D. 办理审批检验手续

E. 支付运费、保管费以及其他杂费

4. 由于下列原因造成货物灭失、短少、变质、污染和损坏的,承运方不承担违约责任的有(　　　)。

A. 不可抗力

B. 货物本身的自然属性或者合理损耗

C. 货物包装的内在缺陷,造成货物受损

D. 货物外包装完好而内装货物损毁

E. 托运方或收货方本身的过错

5. 运输合同允许变更和解除的条件有(　　　)。

A. 由于不可抗力因素

B. 货物已送达交付地点

C. 当事人双方协商同意

D. 当事人一方原因在合同约定期限内确实无法履行

E. 当事人违约使合同的履行变为不必要

6. 运输纠纷一般包括(　　　)。

A. 货物灭失纠纷　　　　　　　　　B. 货损货差纠纷

C. 延迟交付纠纷　　　　　　　　　D. 单证纠纷

E. 运费、租金纠纷

7. 道路货物运输保险包括(　　　)。

A. 一切险　　　　　　　　　B. 火灾险

C. 基本险　　　　　　　　　D. 附加险

E. 综合险

8. 被保险人向保险人申请索赔时，必须提供的单证包括(　　　)。

A. 保险单　　　　　　　　　B. 运单

C. 提货单　　　　　　　　　D. 发票

E. 事故鉴定单

三、判断题

1. 运输合同主体是运输合同权利义务的承担者，即运输合同的当事人，不涉及第三者。(　　　)

2. 运输合同中通常约定承运人将旅客或者货物运输到约定地点。由此可见，运输合同的客体是货物和旅客。(　　　)

3. 运输合同属于格式合同，这是由运输业的特征所决定的，一些主要内容和条款由有关部门统一制定。(　　　)

4. 批量合同一般是托运货物较少，一个运次就可以完成的运输合同。(　　　)

5. 要约是当事人一方向他方提出订立运输合同的提议，一般口头通知受要约人。(　　　)

6. 货物托运后，在承运人将货物交付收货人之前，托运人不可以请求承运人中止运输、返还货物、变更到达地或者将货物交给其他收货人。(　　　)

7. 托运人托运易燃、易爆、有毒、有腐蚀性、有放射性等危险物品的，有义务按照国家有关危险物品运输的规定对危险物品妥善包装，做出危险物标志和标签，并将有关危险物品的名称、性质和防范措施的书面材料提交承运人。(　　　)

8. 在托运方专用线或在港、站公用线和专用线自装的货物，在到站卸货时，发现货物损坏、缺少，在车辆施封完好或无异状的情况下，承运方应承担赔偿责任。(　　　)

9. 货物运达后无人收货或拒绝收货，而造成承运人车辆放空的损失，托运人应负赔偿责任。(　　　)

10. 货物运输保险一般为定值保险，即认为保险金就是保险标的的价值，发生损失后以其作为计算赔偿的标准，除有欺诈行为外，不再考虑保险标的的实际价值。(　　　)

四、问答题

1. 什么是运输合同？其内涵是什么？

2. 请简述运输合同的特征。

3. 托运人、收货人、承运人分别有哪些权利和义务？

4. 什么是多式联运合同？多式联运单据一般包括哪些内容？

5. 运输纠纷的类型有哪几种？产生的原因是什么？

6. 承运人可以免责条件有哪些？

7. 运输相关保险有哪几种？

8. 请简述货物运输保险的责任范围。

五、综合技能训练

实训项目　模拟签订运输合同

1. 知识点

(1) 运输合同的分类与表现形式。

(2) 运输合同的签订程序。

(3) 运输合同的内容。

(4) 运输合同当事人的权利与义务。

(5) 运输合同的变更与解除条件。

2. 实训任务

天津立达面粉厂欲将其产品发往呼和浩特特伦食品有限公司仓库,拟委托捷通物流公司完成该项运输任务,请模拟完成运输合同的签订任务,合同期为一年。

发货地址:天津市西青区西青道××号

收货地址:呼和浩特市科尔沁北路××号

产品信息:面粉,袋装,25 kg/袋

运输批量及周期:每半月一次,每次 1 000 袋

3. 实训目标

(1) 通过实训,学生能够掌握运输合同的签订过程及合同内容。

(2) 能够明确合同当事人的权利、义务与责任。

(3) 培养学生收集资料、谈判沟通的能力。

4. 实训组织

本任务由教师布置合同任务的背景资料,学生以小组为单位进行,每组分成承运方和托运方,结合运输任务资料,进行相关调查,双方模拟协商运输方式、运输路线、运价及相关费用,完成运输合同文本拟定任务。

5. 实训检验

实训效果考核表

序号	考核标准	满分	得分
1	小组成员分工合理,协调配合	10	
2	收集资料方法多样,调查内容全面	20	
3	拟定的运输合同格式规范,文字表述严密、准确	20	
4	合同内容全面,能够明确当事人的权利与义务	50	
总　分		100	

项目
七

物流运输决策

● 学习目标

知识目标

1. 了解物流运输决策的过程。
2. 熟悉决策中的主要环节。
3. 熟悉运输合理化的概念。
4. 掌握运输中的不合理现象。
5. 掌握运输合理化的途径。
6. 了解影响运输方式选择的因素。
7. 掌握运输路线优化方法,包括图上作业法及表上作业法。

技能目标

1. 能运用所学知识促进运输作业合理化。
2. 能应用非竞争因素分析法、竞争因素分析法、综合因素分析法进行运输方式的决策。
3. 能运用图上作业法进行线路优化。
4. 能运用表上作业法进行物资调拨。
5. 能运用最短路法进行路线选择。

任务一
运输合理化 ◆ ‖

一、物流运输合理化的内涵

（一）物流运输合理化的定义

物流运输合理化是指从物流运输系统的总目标出发,选择合理的运输线路和运输工具,以最短的路径、最少的环节、最快的速度和最少的劳动消耗,组织好物流运输活动。物流运输合理化具体包括运输方式的合理化和运输路径的合理化。

1. 运输方式的合理化

各种运输方式及其所使用的运输工具各具特点,各类物品对运输要求不尽相同,因此,合理选择运输方式就是合理利用各种运输方式,以确保运输的高效、准时、经济、安全。运输方式的选择一般要考虑以下基本因素:一是运输方式的速度问题;二是运输费用问题;三是各种可选运输方式的合理组合。从物流运输功能来看,快捷的运输是物流服务的基本要求。但是,速度快往往意味着运输费用高。同时,在考虑运输的经济性时,仅从运输费用来判断是片面的,快捷的运输可以缩短货物的备运及仓储时间,使库存减少,从而减少货物的保管费等。所以,运输方式或运输工具的选择,应在综合考虑上述各种因素之后,寻求运输费用与保管费用最低的运输方式或运输工具。由于运输空间上所存在的运输方式的限制,并不能选择最理想的运输方式组合,在更多情况下,还需要从物流运输的功能来研究,用综合评价的方法选择运输方式和运输工具。

2. 运输路径的合理化

组织合理的运输路径就是通过合理安排和筹划,使每次运输或每批次的运输在运送路径、流程等方面达到最佳或接近最佳,以使货物运输达到准时、经济、安全。运送路径最佳化一般是指运送距离最短,或运送时间最少,或运送成本最低。运输线路一般是通过整体规划、优化设计、恰当管理来实现合理化的。在实际工作中,运输线路的合理化与运输方式的合理化是紧密相关、相辅相成的。

（二）物流运输合理化的意义

开展物流运输合理化,对社会和企业来说意义非常重大。

1. 加速社会再生产的过程,促进国民经济持续、稳定、协调发展

合理组织运输,可以使货物迅速地从生产地向消费地转移,加速资金周转,促进社会再生产过程的顺利进行。

2. 节约运输费用,降低物流运输成本

降低物流运输费用就是提高物流运输效益、实现物流系统目标。通过运输方式、运输工具和运输路线的选择,进行运输方式的优化,实现货物运输的合理化。运输合理化必须缩短运输里程,提高运输工具的运用效率,从而达到节约费用、降低物流运输成本的目的。

3. 缩短运输时间

合理组织运输,可使被运输货物的在途时间尽可能地缩短,达到物流的时间要求,降低库存货物的数量,加快物流速度,提高产品的使用效率。

4. 节约运力,缓解运力紧张状况,节约能源

运输合理化节约了运力,起到了合理利用运力的作用,同时,降低了运输部门的能源消耗,提高了能源的有效利用。可以这样说,运输合理化是环境保护的一种途径,是绿色物流的主要实现手段。

二、物流运输合理化的原则

合理的物流运输是从整个企业的经济利益出发,在综合利用各种物流运输方式的条件下,选择经济的物流运输线路和物流运输工具,减少以至于消除各种不合理的运输现象,以社会消耗最小为前提,量大、迅速、优质地完成物流运输任务。物流运输合理化的核心问题是从企业利益出发,综合运用各种运输方式,选择经济合理的运输线路、运输工具和运输方式。物流运输合理化的原则如下。

1. 综合考虑全局利益

物流运输要根据自然地理、经济和社会发展、技术进步等条件制定运输政策。研究运输需求的变化,充分发挥运输方式的技术优势和功能,合理配置和协调发展,力求达到合理地满足运输需求,保证运输安全,合理利用自然资源,保护环境等目标。物流运输合理化要从社会和企业的全局利益出发,综合考虑各方面的利益,不能只考虑单个部门的利益,要特别注意社会和企业的利益协调。

2. 精心组织运输方式

在激烈的运输市场竞争中,各种运输方式之间是相互竞争的,通过运价和提高服务来争夺客货运市场,政府则通过协调运输与经济和社会发展关系来推动各种运输方式的综合利用和协调发展。物流运输合理化要考虑综合利用各种运输方式,并组成一个统一的运输网。不能单纯发挥某一种运输方式的作用,单纯考虑某一种运输方式的利益,要在综合利用各种运输方式的同时,充分发挥各种运输方式的长处,保持运量在各种运输方式之间的合理分配。

3. 优化运输线路和运输工具

物流运输合理化的核心问题是要解决货物运输中运输线路和运输工具的经济合理。产品从生产到消费,要靠物流运输来实现,物流运输部门的生产组织是否合理固然重要,但货物运输的整个过程是否合理,需以货物运输的线路和运输工具选择是否经济合理为前提。评价运输线路和运输工具的合理性的标准是经济效果,也就是在整个社会劳动消耗量最小的情况下,量大、优质、迅速地完成运输任务。

4.充分考虑各种可能条件

物流运输合理化要充分考虑采取各种运输方式的可能条件,货物合理运输方案是能付之实现的优越方案,而不是凭主观愿望的设想。因此,必须考虑实现的客观条件和可能性,有的货物运输方案理论上是合理的,但因客观条件不具备而一时做不到,那就应该在现实可行的方案中找出尽可能经济合理的方案,所以,合理运输是相对具体的。

三、不合理物流运输的主要表现形式

运输合理化是相对于不合理运输而言的,进一步分清不合理运输的界限及其表现形式,有助于在实际工作中采取有针对性的措施,消除和避免不合理运输。不合理运输主要表现为以下几种。

1.空驶

造成空驶的原因包括:利用自备车送货提货,往往是单程重车、单程空驶;由于工作失误或计划不周,造成货源没有落实,车辆空去空回的情况,导致双程空驶。

2.对流运输

这是不合理运输中最突出、最普遍的一种。对流运输是指同类的或可以互相代替(对流)的运输。对流运输有明显的和隐蔽的两种,前者是指同类货物沿着同一线路相向运输,为显形对流(如图7-1所示);后者是指同类货物由不同运输方式在平行线路上进行的相反方向运输,为隐形对流(如图7-2所示)。明显的对流运输人们容易发现,隐蔽的对流运输人们则不容易觉察,而被忽视。对流运输的不合理性主要表现在:造成运力的浪费及运输费用的额外支出,造成无效运输工作量。因为对流运输所产生的无效的运输工作量等于发生了对流区段的运量和运距乘积的两倍,其超支的运输费用就是无效运输工作量与运价的乘积。其计算公式如下:

$$浪费的吨千米 = 最小对流吨数 \times 对流区段里程 \times 2$$

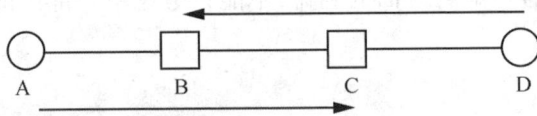

图 7-1 显性对流运输

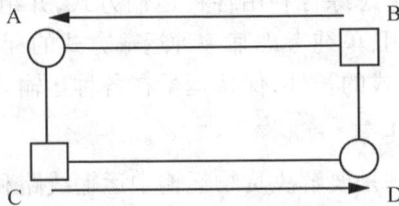

图 7-2 隐形对流运输

3. 迂回运输

迂回运输是指货物从发送地至目的地不按最短线路而绕道运输。也就是"近路不走走远路"。迂回运输的不合理性是非常明显的，它将会引起运输能力的浪费、运输费用的超支。因为道路施工、事故等因素被迫绕道是允许的，但应当尽快恢复。迂回运输造成的损失可表示如下：

浪费的费用 = 浪费的吨千米 × 该种货物每吨千米的平均运费

迂回运输如图 7-3 所示。

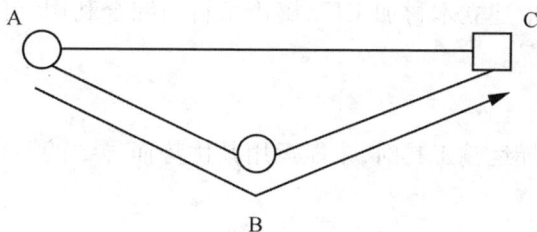

图 7-3　迂回运输

4. 重复运输

重复运输是指同一批货物由生产地运至消费地后，不经过任何加工或必要的作业，又重新装车运往别处的现象。这种重复运输使货物在流转过程中造成多余的中转和倒装，它虚耗装卸费用，造成运输工具非生产性停留，增加货物作业量，延长了货物流转过程，额外地占用了企业流动资金。重复运输如图 7-4 所示。

图 7-4　重复运输

5. 过远运输

过远运输是指所需物资供应不去就近组织，相反地却从较远的地方组织运来，以至于造成运输工具不必要的长途运行。这里必须指明，判明某种物资运输是否属于过远运输，需要经过细致的分析，不能单纯看它的运距长短。如果某种物资因运距长而增加了运输费用，但仍然能保证所供应物资的价廉物美，这样的运输仍可以说是合理的。所以，组织物流运输要注意区别不合理的过远运输与远距离运输。过远运输损失计算如下：

浪费的吨千米 = 过远运输货物吨数 × (过远运输全部里程 − 该货物合理运输里程)

浪费的费用 = 浪费的运输吨千米 × 该货物的平均运费

过远运输如图 7-5 所示。

6. 无效运输

无效运输是指被运输的货物杂质较多，使运输能力浪费于不必要的物资运输。例如，我国每年有大批原木进行远距离运输，若用材率为 70%，则原木中有 30% 的边角废料基本上属于

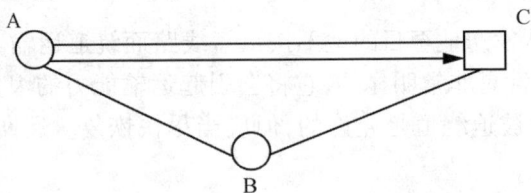

图 7-5 过远运输

无效运输。如果在林区集中建立木材加工厂,搞边角料的综合利用,可以减少此类无效运输,可大大缓和运力紧张的状况。

7. 运力选择不当

运力选择不当是指选择运输工具时,未能运用其优势而导致的不合理运输。其表现为以下几方面:

(1)弃水走陆

有条件利用水运或实行水陆联运的物资,违反了水陆合理分工的规定,既不能充分利用水运,使水运的潜力得不到充分有效的发挥,又增加了其他运输工具的压力,影响了物资的合理周转及企业人力、物力、财力的浪费。

(2)运输工具承载能力不当

一是亏载,大马拉小车,造成亏吨及运力浪费;二是严重超载,造成运输车辆早期损坏,甚至交通事故。

(3)铁路和大型船舶过近运输

它是指不符合铁路及大型船舶的经济里程却利用这些运力进行运输的不合理现象。火车及大型船舶起运及到达目的地的装卸时间长,且机动灵活性不足,在过近运输中发挥不了快速的优势,延长运输时间。

除上述所举的各种形式之外,不合理运输的表现还很多,例如有合理流向的物资违反规定的合理流向、未能充分利用空车方向的运输、铁路的短途运输等。不合理运输的最终后果就是造成运力浪费及运输费用增加。

四、组织物流运输合理化的主要途径

研究不合理运输的种类及其表现形式,目的就是防止各种不合理运输的产生,进一步推行和搞好物流运输的合理化。

1. 合理选择运输方式

各种运输方式都有合理的适用范围和不同的技术经济特征,选择时应进行综合分析和比较。首先要考虑运输成本的高低和运行速度的快慢,还应考虑货物的性质、数量大小和运距远近等因素。

2. 合理选择运输工具

根据不同商品的性质、数量及对温度、湿度等要求,选择不同类型、吨位的车辆。尽可能提高运输工具实载率,即充分利用运输工具的最大额定能力,最大可能减少车船空驶和不满载行驶的公里数,从而达到运输合理化。

3.合理选择运输路线

在选择运输路线时,一般应尽量安排直达、快速的运输,尽可能缩短运输时间,按照货物合理流向,选择最短路径,避免迂回、倒流等不合理运输现象的发生。提高里程利用率,从而达到节省运输费用、节约运力的目的。

4.减少动力投入,增加运力

减少动力投入即尽量减少能源投入,具体做法如下:

(1)铁路运输满载超轴法。它是指在铁路运输中,根据机车的运输能力,加挂车皮增加运输量的方法。

(2)水路运输拖排拖带法。它是指在水路运输中,利用竹、木等物品本身的浮力,不用运输工具载运,而是采取拖带运输,以减少动力消耗、增加运力的方法;或将无动力驳船编成纵列队形,用拖船拖带行驶,加大船舶运载能力的方法。

(3)公路运输挂车法。它是指在公路运输中,根据汽车的运载能力,加挂拖车增加运输量的方法。

5.提高运输工具装载能力

提高运输工具装载能力是指充分利用运输工具的载重量与容积,采用多种配装技术装运货物,提高运输效率,具体做法如下:

(1)货物实行轻重搭配装载。它通常是指在重货为主的装运情况下,同时搭配装载轻泡货物,提高运输工具利用率的装载技术。如海运矿石、黄沙等货物时在舱面捎运木材、毛竹等;铁路运输矿石、钢材等货物时在上面搭运轻泡的农副产品等。

(2)重大货物解体装载。它是指对一些体积大且笨重、不易装卸又容易碰撞损伤的货物,采取拆卸装卸,提高运输工具使用空间,降低碰撞损伤的装载技术。如大型机电产品、科学仪器、家私家具等,可以将其解体拆卸,分别包装运载,以缩小物品占据的空间位置,达到便于装卸搬运的目的。

(3)采用堆码技术装载。它是指根据车船的货位情况及不同货物的包装状态、形状,采取多层装载、套装、骑缝装载、紧密装载等堆码技术进行装载的方法。

另外,改进包装技术,推进集装化、托盘化,对提高运输工具装载能力也有重要意义。

6.发展直达运输

直达运输是追求运输合理化的重要方面,通过减少中转环节及换装,达到提高运送速度、节省装卸费用、降低货损货差的目的。

7.充分利用社会化运输体系

利用社会运输资源将运输服务外包或与其他企业合作,降低运输工具空驶率。

8.加强协作运输

加强产、供、运、销各方面的协作联合,大力开展直达运输、专线运输和多式联运运输。运输合理化不仅仅是运输部门的事,运输不合理的现象实质上是产、供、运、销各个环节相脱节的表现。因此,加强产、供、运、销各方面的协作联合,大力开展直达运输、专线运输和多式联运运输是搞好运输合理化的重要途径,它能减少中转环节,降低运输成本,提高运输质量,对多快好省地完成运输任务有着重要的作用。

任务二
运输方式的选择

各种运输方式的合理分工,在不同国家、不同地区和不同历史时期各不相同。我国幅员辽阔,资源分布、产业配置、国土开发和经济发展很不均衡,矿产资源分布在北部和西部,加工工业大量集中在东部沿海及相邻地区,形成强大的货流。同时,随着对外开放政策和西部大开发政策的深入,外向型经济的发展,进出口贸易将大幅度增加。

运输方式的选择受运输货物的种类、运输量、运输距离、运输时间、运输成本等多因素的影响。这些因素都不是互相独立的,而是紧密联系、互为决定的。运输货物的品种、运输量和运输距离是由于货物本身的性质和存放地点决定的,它们是不可变量因素,当我们调整这些变量的时候,改变运输方式的可能性很小,这里,我们不作为影响运输方式的因素重点考虑。而对于运输时间和运输成本来说,由于运输时间和运输成本是不同运输方式相互竞争的重要条件,所以,运输时间和运输成本的变化必然会带来所选择运输方式的变化。各种运输方式要考虑在现有环境下和未来时期各种运输方式的优势互补、协调发展的因素。

一、影响因素

1.货物的特性

货物的价值、形状、单件的重量、容积、危险性等都是影响运输方式选择的重要因素,货物的自然属性直接影响着对运输方式的选择。一般来说,原材料等大批量的货物、价格低廉或体积形状庞大的货物适合于铁路运输或水路运输;重量轻、体积小、价值高的货物适合于航空运输;生活用品、食品等适合于公路运输。

2.货物数量

各种运输工具都有其各自的优势领域。根据货物数量、运送频率对运输工具进行优化选择,一般大批量货物选择铁路或水路运输,小批量货物选择公路或航空运输。

3.运输距离

在运输活动中,由于运输工具、运输时间、运输成本、运输方式、货损、运费等都与运输距离的长短有一定比例关系,因此运输距离的长短是运输合理与否的一个重要因素,缩短运距既有宏观的社会效益又有微观的企业效益。通常长距离运输适合选择铁路运输、水路运输或航空运输,中短距离适合选择公路运输。

4.运输时间

在市场竞争越来越激烈,经营环境越来越复杂、困难的条件下,只有不断降低各方面的成本,加速商品周转,才能提高企业经济效益,确立竞争优势。货主对缩短运送货物的时间及运输业提供准时化服务的要求越来越高。在以往的经济高速增长期,货物运输的中心问题是如何迅速地运输大量货物。因此,物流运输业都致力于缩短运输时间与提高服务质量,力求运输时间的缩短与服务质量的提高达到最佳状态。现在货主为了提高竞争力,将运输活动置于企业的业务流程之中,要求生产作业开始之前原材料或商品进厂,生产作业结束之后立即让产品或商品出厂。因此,要求的不只是运输货物的快速,而且要求运输进出厂货物的及时准确。在物流运输企业中,准时化运输方式要求为了实现货主库存的最小化,对其所需货物在必要的时间、以必要的量来选择必要的运输方式。

5.运输成本

运输成本的高低关系到运输企业的生存与发展,它在任何时候都是十分重要的、不能忘记的一个重要经济指标。企业只有选择合适的运输方式,才能使物流成为企业利润的第三大来源。从运输方式来看,不同运输方式具有不同的成本构成。公路汽车运输成本包括运输、装卸和其他等三个方面所发生的营业支出和辅助生产支出。铁路运输成本包括办理客、货运输费用;列车运行的费用,机动车辆整备、调车及车站接发列车的费用,机车运行发生的燃料、油脂费及有关人员的工资,运营单位固定资产维修、保养和设备工具、备品、仪器等的购置、维修、保养费用;固定资产基本折旧和大修折旧费;间接生产费、管理费、贷款利息;行车、货运事故损失费等。河海运输成本是指航运企业和港口企业的运输成本,包括运输、装卸、堆存、驳运和其他业务以及辅助生产部门为企业专项工程、职工福利部门提供产品和劳务所发生的一切费用。航空运输成本包括飞行直接费、航站服务费、间接费。管道运输成本包括工资附加费、材料费、能源消耗、基本折旧、大修折旧、管道维修、输油损耗、其他费用。

二、运输方式决策方法

货主或物流运输企业针对某一次或某一批,甚至是一系列货物的运输需求而选择运输方式或某运输方式的服务内容时,其结果取决于运输服务方式的众多特性,如运输能力,运输速度,运输设备,运输服务的可靠性、可得性、安全性,理赔质量,货物跟踪等。在进行运输方式选择时,可采用以下几种方法。

1.成本比较分析法

如果运输服务不是主要的竞争手段,那么能使该运输服务的成本与采用该运输服务水平而必须保持的库存成本之间达到平衡的运输服务就是最佳方案,即运输速度和可靠性会影响货主库存水平(订货库存和安全库存),以及它们之间的在途库存水平。如果选择速度慢、可靠性差的运输服务,物流渠道中就需要有更多的库存,这样就需要考虑库存持有成本可能升高,而抵销运输成本的情况。因此现有方案中最合理的方案应该是既能满足顾客需要,又使总成本最低的服务。

【例7-1】某家电生产企业,其生产的家电需运往 A 地销售。该企业计划将生产的家电成品先存放在生产基地的工厂仓库,然后由企业的承运人运往 A 地的销售仓库。家电的平均价值为 25 元/件,仓储费率为 20%,据估算,企业每年可在 A 地卖出家电产品 850 000 件。该家电生产企业希望选择运输成本最少的运输方式,以减少家电运输,增加企业利润。经测算,各种运输方式的运输费率及运送时间如表 7-1 所示。

表 7-1 各种运输方式的运输费率及运送时间表

运输方式	运输费率/(元/件)	送达时间/d	年运送批量
铁路运输	0.06	19	10
公路运输	0.15	4	20
航空运输	1.1	2	50

其中,采购成本和运输时间的变化忽略不计。其各种运输方式成本评估对比资料如表 7-2 所示。

表 7-2 各种运输方式成本评估对比资料   单位:元

成本 类型	计算 方法	铁路 运输	公路 运输	航空 运输
运输 成本	RD	$0.06 \times 850\,000$ $= 51\,000$	$0.15 \times 850\,000$ $= 127\,500$	$1.1 \times 850\,000$ $= 935\,000$
在途库 存成本	$ICDT/365$	$20\% \times 25 \times 850\,000 \times$ $19/365$ $= 221\,232.88$	$20\% \times 25 \times 850\,000 \times$ $4/365$ $= 46\,575.34$	$20\% \times 25 \times 850\,000 \times$ $2/365$ $= 23\,287.67$
工厂库 存成本	$ICQ/2$	$20\% \times 25 \times 85\,000/2$ $= 212\,500$	$20\% \times 25 \times 42\,500/2$ $= 106\,250$	$20\% \times 25 \times 17\,000/2$ $= 42\,500$
销售库 存成本	$IC_1Q/2$	$20\% \times 25.06 \times 42\,500$ $= 213\,010$	$20\% \times 25.15 \times 21\,250$ $= 106\,887.5$	$20\% \times 26.1 \times 8\,500$ $= 44\,370$
总成本		697 742.88	387 212.84	1 045 157.67

设:R——运输费率

D——年销售量

I——仓储费率

C——产品在工厂的价值

T——送达销售地的时间

C_1——产品在销售地的价值 = 产品在工厂的价值 + 运输费率

Q——运输批量

针对每种运输方式的各种成本计算可知,采用铁路运输的运输费率最低,送达时间最长。采用公路运输的运输费率最高。采用航空运输的送达时间最短,综合各种成本费用后,采用航空运输的综合总成本最低。

2. 利润比较分析法

选择合适的运输方式有助于创造有竞争力的服务优势。如果供应渠道中的货主从多个物流运输企业那里购买商品,那么物流运输服务就会与价格一样影响货主对物流运输企业的选择。相反,如果物流运输企业针对各自的销售渠道选择不同的运输方式,就可以控制其物流服务的各项要素,进而影响货主的购买。对货主而言,更好的运输服务(运送时间更短,波动更少)意味着可以保持更少的库存,更加优质地完成生产运作计划。所以,货主会选择提供最理想运输服务的物流运输企业,进而降低成本。因为经营业务的扩大会带来利润的进一步增加,而增加的利润可以弥补由于选择快速运输服务带来的成本增加,因而,许多时候,货主会将采购订单转给能提供更优质服务的物流运输企业,而不是一味单纯降低运输服务价格的物流运输企业。

如果分拨渠道中有多个物流运输企业可供选择,运输服务的选择就会成为物流运输企业和货主的共同决策。物流运输企业通过选择运输方式来争取货主的更多订单,理智的货主则会通过更多地购买来回应运输企业的选择。货主增加购买的数量取决于互相竞争的物流运输企业提供的运输服务差异。在动态的竞争环境下,只提供单一运输服务的物流运输企业很难生存,因为,其他物流运输企业会通过提供更多的服务来反击竞争对手,并且,运输服务的选择与货主潜在的购买兴趣之间的关系很难把握。

【例7-2】某家电生产企业要从两个承运人那里购买5 000件配件,每件配件价格为200元。目前,承运人都采用铁路运输方式,用同样的时间供应家电生产企业配件,每家供应数量均为2 500件。家电生产企业经过成本测算后决定,如果其中一个承运人能将平均交货时间缩短,那么每缩短一天,则将采购订单的3%(即150件)转给这个承运人。如果不考虑运输成本,承运人每卖出一件配件可获得15%的利润。

为获取更大的利润空间,现承运人A考虑将铁路运输方式改为其他运输方式。经测算各种运输方式每件运输费率和平均运输时间如表7-3所示。

表7-3　承运人A每件运输费率和平均运输时间表

运输方式	运输费率/(元/件)	运输时间/d
铁路运输	6	8
公路运输	9	5
航空运输	15	2

承运人A通过计算得知,通过不同的运输方式可能得到的潜在利润如表7-4所示。

表7-4　承运人A在不同运输方式下的可得利润对比表

运输方式	销售量/件	毛利润/元	运输成本/元	纯利润/元
铁路运输	2 500	75 000	15 000	60 000
公路运输	2 950	88 500	26 550	61 950
航空运输	3 400	102 000	51 000	51 000

如果家电生产企业能够恪守承诺,承运人A应该将铁路运输方式转为公路运输方式。当然,承运人A应该注意到承运人B可能采取的任何反击手段,一旦对手采取相应措施可能会导致优势消失。

3.综合因素分析法

物流运输系统的目标是实现运送货物的迅速安全和低成本运输。但是,运输的经济性、迅速性、安全性和便利性是相互制约的,运输的所有目标不可能全面实现。在选择运输方式或运输工具时,应综合考虑运输的各种条件和要求,采取定量和定性的分析方法,选择合理的运输方式和运输工具。如果运输只以运输方式的经济性、迅速性、安全性和便利性为运输功能需求,那么就可采取综合因素的分析方法。评价方法如下:

(1)运输方式的评价因素

F_1:经济性,即合理的经济运输路线,运价低、运费省、装卸费用少,以及综合运输全过程的综合费用经济。

F_2:迅速性,即保证货主需要,准时起运、及时运到。

F_3:安全性,即保证货物在运送期间,数量不减,性能不变,不破损、不污损、不湿损,安全完整。

F_4:便利性,即托运、发货、收货、结算以及装卸地点等,令货主感到方便。

(2)运输方式的综合评价值

如各因素对运输方式选择具有同等重要性时运输方式的综合评价值为 F:

$$F = F_1 + F_2 + F_3 + F_4$$

但是,由于货物的形状、价格、交货日期、运输批量和收货单位的不同,运输方式的这些特征对运输方式的选择所起到的作用也就各不相同,因此,需要通过给这些评价因素不同的权数加以区别。如四个评价因素的权数分别是 a_1,a_2,a_3,a_4,则运输方式的综合评价值可表示如下:

$$F = a_1 \times F_1 + a_2 \times F_2 + a_3 \times F_3 + a_4 \times F_4$$

如果可选择的运输方式有铁路、公路、船舶,它们的评价值分别为 $F(R)$,$F(T)$,$F(S)$,则有:

$$F(R) = a_1 \times F_1(R) + a_2 \times F_2(R) + a_3 \times F_3(R) + a_4 \times F_4(R)$$
$$F(T) = a_1 \times F_1(T) + a_2 \times F_2(T) + a_3 \times F_3(T) + a_4 \times F_4(T)$$
$$F(S) = a_1 \times F_1(S) + a_2 \times F_2(S) + a_3 \times F_3(S) + a_4 \times F_4(S)$$

显然,其中评价值最大的为选择对象。

(3)F_1,F_2,F_3,F_4 以及 a 的确定

①经济性 F_1 的数量化。运输方式的经济性是用运费、包装费、保险费及运输手续费用的合计数来表示的,费用越高,运输方式的经济性就越低。假设这三种运输方式的所需成本分别为 $C(R)$,$C(T)$,$C(S)$,则平均值为:

$$C = \frac{C(R) + C(T) + C(S)}{3}$$

三种运输方式经济性的相对值分别如下:

$$F_1(R) = \frac{C(R)}{C}$$
$$F_1(T) = \frac{C(T)}{C}$$
$$F_1(S) = \frac{C(S)}{C}$$

②迅速性 F_2 的数量化。运输方式的迅速性是用从发货地到收货地所需时间(天数)来表示的。所需时间越多,则迅速性越低。假设这三种运输方式所需时间分别为 $H(R)$,$H(T)$,$H(S)$,则平均值如下:

$$H = \frac{H(R) + H(T) + H(S)}{3}$$

三种运输方式迅速性的相对值分别如下:

$$F_2(R) = \frac{H(R)}{H}$$

$$F_2(T) = \frac{H(T)}{H}$$

$$F_2(S) = \frac{H(S)}{H}$$

③安全性 F_3 的数量化。运输方式的安全性可以通过历史上一段时间货物的破损率来表示。破损率越高,安全性越差。假设这三种运输方式的破损率分别为 $D(R)$,$D(T)$,$D(S)$,则平均值如下:

$$D = \frac{D(R) + D(T) + D(S)}{3}$$

三种运输方式安全性的相对值分别为:

$$F_3(R) = \frac{D(R)}{D}$$

$$F_3(T) = \frac{D(T)}{D}$$

$$F_3(S) = \frac{D(S)}{D}$$

④便利性 F_4 的数量化。运输方式便利性的数量化,可以用代办运输点的经办时间与货物运到代办运输点的运输时间之差来表示。其中,时间差越大,表明便利性越强。所以时间差大是有效因素。假设这三种运输方式的时间差分别为 $V(R)$,$V(T)$,$V(S)$,则平均值如下:

$$V = \frac{V(R) + V(T) + V(S)}{3}$$

三种运输方式便利性的相对值分别如下:

$$F_4(R) = \frac{V(R)}{V}$$

$$F_4(T) = \frac{V(T)}{V}$$

$$F_4(S) = \frac{V(S)}{V}$$

各评价因素所给予的权数的大小的确定,没有绝对的办法。一般来讲,物流运输企业可结合货物本身的特征,并尽可能吸收实际工作者或有关专家的意见,进行确定。

任务三
运输路线决策 ◀◆ Ⅱ

由于在整个物流成本中运输成本占 1/3 ~ 2/3,因而在选择运输路线时最关键的就是:找到运输工具在公路网、铁路网、水运航道和航空线运行的最佳路线,尽可能地缩短运输时间或运输距离,以最大化地利用运输设备和人员,从而在运输成本降低的同时提高运输效率及服务质量。运输路线的确定会直接影响运输效果的好坏,关系着物资能否及时运到指定地点,运输线路的长短也直接关系着运输费用的高低。因此,运输路线的选择是物资调运规划的重要内容,运输路线决策关系到运输企业的成本升降、利润高低。

一、图上作业法的应用

图上作业法是指利用商品产地和销地的地理分布和交通路线示意图,采用科学规划的方法,制定出商品合理的运输方案,以求得商品运输最小周转量的方法。图上作业法适合于交通线路为线状、圈状,而且对产销地点的数量没有严格限制的情况。图上作业法可以帮助我们避免物资调运中的对流和迂回现象。

图上作业法常用的符号如下:

○	货物装车点,即空车回收点
□	货物卸车点,即空车发出点
×× →	重车流向流量线
—— ××	某路段公里数

(一)交通图不含圈的图上作业法

对于不成圈的交通网络图,物资调拨可依据“就近调空”原则进行,从各端点出发就近调运至交点。此网络只要不出现对流情况,即为最优方案。

【例7-3】某种物资由 A1、A2、A3 发出,发量分别为 30 t、90 t、40 t,运往 B1、B2、B3,收量分别为 50 t、60 t、50 t,收发量平衡,交通路线图如图7-6 所示,做出物资调运方案。

由各端点开始,由外向里,逐步进行各收发点之间的收发平衡。调运流量流向图如图7-7所示。

由于所得方案中无对流现象,则该方案为最优方案。

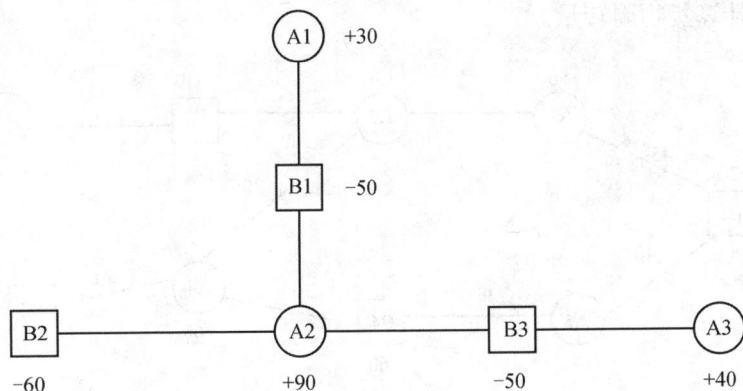

图 7-6　交通路线图

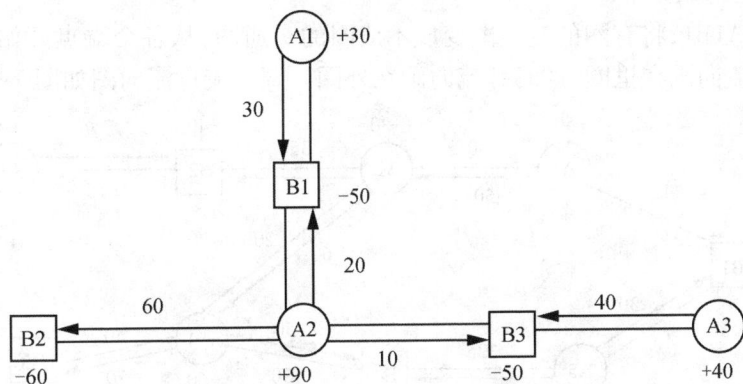

图 7-7　调运流量流向图

（二）交通图含圈的图上作业法

成圈运输线路的图上作业法可按下述步骤寻求最优方案。

步骤 1：甩段破圈确定初始运输方案

对于成圈的交通网络，只要先假设某两点间的线路不通，将成圈的问题简化为不成圈问题，这样就可以得到一个初始调运方案。通常顺时针方向的流向箭头画里圈，逆时针方向的流向箭头画外圈。

步骤 2：检查有无迂回现象

分别计算里、外圈流向里程之和，如果里、外圈流向里程之和均不超过全圈总里程的 1/2，就没有迂回现象，则方案为最优方案；反之则为不合理，需进行调整。

步骤 3：调整流向、流量

圈长大于 1/2 周长的流向为不合理，找出该圈流向线中流量最小的进行调整，将该圈各段流向线中流量均减去这一最小流量，反方向各段中流量均加上这一最小流量，这样得到一个新的调拨方案。然后转到第二步检查有无迂回现象，如此反复，直到得到最优线路流向图为止。

【例 7-4】某种物资由 A1、A2、A3、A4、A5 发出，发量分别为 50 t、30 t、20 t、60 t、40 t，运往 B1、B2、B3、B4，收量分别为 30 t、40 t、70 t、60 t，收发量平衡，交通路线图如图 7-8 所示，做出物

资调运方案,并计算货物周转量。

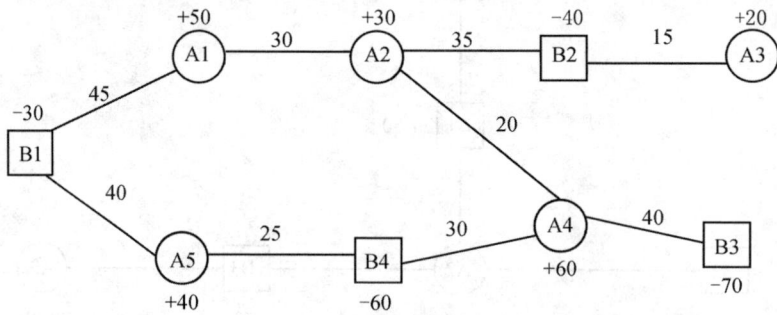

图 7-8　交通路线图

步骤 1:确定初始方案

破圈,断开 A1B1,将有圈的交通图变成不成圈的交通图,从各个端点开始,做没有对流的流向图,顺时针流向画在里圈,逆时针流向画在外圈。调运流量流向图如图 7-9 所示。

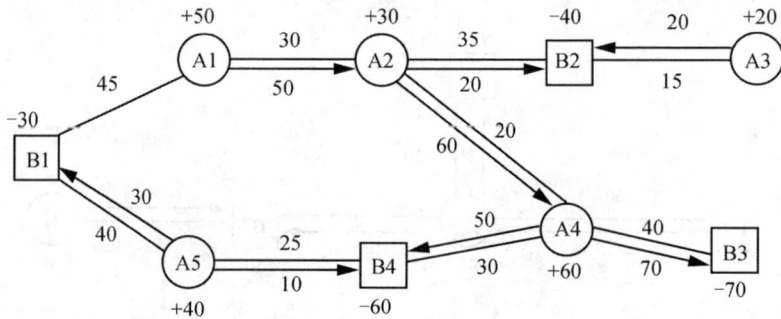

图 7-9　调运流量流向图

步骤 2:检验初始方案

对流向图中成圈交通图进行检验,检查是否有迁回现象。如果没有迁回,则该方案为最优方案;如果有迁回,则该方案需要改进。

全圈长 =210 km

外圈长 =25 km

里圈长 =120 km

里圈长大于全圈长的一半,有迁回现象,需要调整。

步骤 3:调整方案

在里圈的各段流量中,分别减去最小流量 30 t;然后在外圈各段流量中,分别加 30 t,A1B1 段加逆向流量 30 t,形成新方案,如图 7-10 所示。

步骤 4:检验新方案

外圈长 =65 km

里圈长 =80 km

里、外圈长均小于全圈长一半,没有迁回现象,该方案合理。

货物周转量 $=30 \times 45 + 20 \times 30 + 20 \times 35 + 20 \times 15 + 30 \times 20 + 40 \times 25 + 20 \times 30 + 70 \times 40 =$

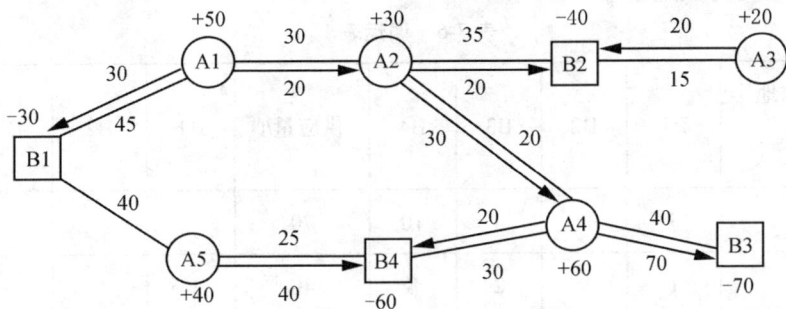

图 7-10　调整后流量图

7 950（t·km）

二、表上作业法的应用

物资调运的表上作业法是指把物资调运最优方案的确定过程在物资调运平衡表上进行的一种调运方法。物资调运表上作业法步骤可归纳如下：

（1）确定初始基本可行解。一般为 $m+n-1$ 个数字格，初始方案可采用最小元素法。

（2）求各非基变量的检验数，判断是否得到最优解。如果检验数均为非负数，则该方案为最优解；如果检验数有负数，则对该方案进行调整。

（3）调整基变量，用闭合回路法调整，得到新的基本可行解。

（4）重复（2）（3）步骤，直到找到最优解为止。

下面举例介绍表上作业法的具体过程。

【例 7-5】某产品有三个生产厂，联合供应四个需求地，其供应量、需求量及单位产品运输费用如表 7-5 所示，试求运输费用最小的合理调运方案。

表 7-5　供应量、需求量及单位产品运输费用表

需求地 运价 产地	B1	B2	B3	B4	供应量/t
A1	3	11	3	10	70
A2	1	9	2	8	40
A3	7	4	10	5	90
需求量/t	30	60	50	60	200

步骤 1：按最小元素法，制定初始运输方案

所谓最小元素法，是指首先针对运费最少的元素尽可能地优先供应，然后依次安排其他最少运费路径的运输量。初始方案如表 7-6、7-7、7-8、7-9、7-10、7-11 所示，每格左边数据为单位

运输费用,右边数据为调运量。

表 7-6 调运表 1

产地\需求地	B1	B2	B3	B4	供应量/t	B1	B2	B3	B4
A1	3	11	3	10	70				
A2	1	9	2	8	40	30			
A3	7	4	10	5	90				
需求量/t	30	60	50	60	200				

表 7-7 调运表 2

产地\需求地	B1	B2	B3	B4	供应量/t	B1	B2	B3	B4
A1	3	11	3	10	70				
A2	1	9	2	8	40	30			
A3	7	4	10	5	90				
需求量/t	30	60	50	60	200				

表 7-8 调运表 3

产地\需求地	B1	B2	B3	B4	供应量/t	B1	B2	B3	B4
A1	3	11	3	10	70			40	
A2	1	9	2	8	40	30		10	
A3	7	4	10	5	90				
需求量/t	30	60	50	60	200				

表 7-9　调运表 4

产地＼需求地	B1	B2	B3	B4	供应量/t	B1	B2	B3	B4
A1	3	11	3	10	70			40	
A2	1	9	2	8	40	30		10	
A3	7	4	10	5	90		60		
需求量/t	30	60	50	60	200				

表 7-10　调运表 5

产地＼需求地	B1	B2	B3	B4	供应量/t	B1	B2	B3	B4
A1	3	11	3	10	70			40	
A2	1	9	2	8	40	30		10	
A3	7	4	10	5	90		60		30
需求量/t	30	60	50	60	200				

表 7-11　调运表 6

产地＼需求地	B1	B2	B3	B4	供应量/t	B1	B2	B3	B4
A1	3	11	3	10	70			40	30
A2	1	9	2	8	40	30		10	
A3	7	4	10	5	90		60		30
需求量/t	30	60	50	60	200				

最终形成的初始调运方案如表 7-12。

表 7-12　初始调运方案

产地 \ 需求地	B1	B2	B3	B4	供应量/t
A1			40	30	70
A2	30		10		40
A3		60		30	90
需求量/t	30	60	50	60	200

初始方案中,供需平衡,各产地供应量全部调出,各需求地的需求也得到满足,且基变量的个数为 6 个,符合基本可行解的要求。

该方案运输成本计算如下:

$$3 \times 40 + 10 \times 30 + 1 \times 30 + 2 \times 10 + 4 \times 60 + 5 \times 30 = 860(元)$$

步骤 2:用闭回路法判断初始方案是否为最优

闭回路法是指在任一可行的调运平衡表中,从任一空格(没有调运量的格)出发,做一闭回路,除这一空格外,闭回路的其他顶点都是由有调运量的格构成的方法。如表 7-12 中,A1B1 为一空格,从此格出发,沿 A1B3、A2B3、A2B1 三个有数字的格,又回到 A1B1,从而形成回路。以此类推,可以做出所有空格的闭回路。有了闭回路,就可以求出检验数,检验数的求法就是在闭回路上,从空格出发沿闭回路,将各顶点的运输费用依次设置“ + ”“ − ”交替正负符号,然后求其代数和,这个代数和数字称为该空格的检验数,用同样方法可以求出其他各空格的检验数。闭合回路与检验数如表 7-13 所示。

表 7-13　闭合回路与检验数表

空格	相应的闭合回路	相应的检验数
A1B1	A1B1 − A1B3 − A2B3 − A2B1 − A1B1	3 − 3 + 2 − 1 = 1
A1B2	A1B2 − A1B4 − A3B4 − A3B2 − A1B2	11 − 10 + 5 − 4 = 2
A2B2	A2B2 − A2B3 − A1B3 − A1B4 − A3B4 − A3B2 − A2B2	9 − 2 + 3 − 10 + 5 − 4 = 1
A2B4	A2B4 − A2B3 − A1B3 − A1B4 − A2B4	8 − 2 + 3 − 10 = − 1
A3B1	A3B1 − A2B1 − A2B3 − A1B3 − A1B4 − A3B4 − A3B1	7 − 1 + 2 − 3 + 10 − 5 = 10
A3B3	A3B3 − A1B3 − A1B4 − A3B4 − A3B3	10 − 3 + 10 − 5 = 12

检验数中存在负数,则调运方案不是最优方案,需调整。

步骤 3:闭回路调整

当初始方案检验数出现负数时,需换基迭代。其具体步骤如下:选择出现最小值负检验数的空格,做闭回路(做法同上一步骤),并将所有标有负号的转角格中的最小运量作为调整基量,各正号转角格的运量加上该基量,各负号转角格的运量减去该基量。得到新方案如

表 7-14 所示。

表 7-14　调整后物资调运方案表

需求地 产地	B1	B2	B3	B4	供应量/t
A1			50	30	70
A2	30			10	40
A3		60		30	90
需求量/t	30	60	50	60	200

步骤 4：对调整后的方案再求检验数，即重复步骤 2，求出其他各空格的检验数，如表 7-15 所示，直到检验数全部为正数为止。最后得到最优物资调运方案。

表 7-15　调整后闭合回路与检验数表

空格	相应的闭合回路	相应的检验数
A1B1	A1B1 – A1B4 – A2B4 – A2B1 – A1B1	$3 - 10 + 8 - 1 = 0$
A1B2	A1B2 – A1B4 – A3B4 – A3B2 – A1B2	$11 - 10 + 5 - 4 = 2$
A2B2	A2B2 – A2B4 – A3B4 – A3B2 – A2B2	$9 - 8 + 5 - 4 = 2$
A2B3	A2B3 – A1B3 – A1B4 – A2B4 – A2B3	$2 - 3 + 10 - 8 = 1$
A3B1	A3B1 – A2B1 – A2B4 – A3B4 – A3B1	$7 - 1 + 8 - 5 = 9$
A3B3	A3B3 – A1B3 – A1B4 – A3B4 – A3B3	$10 - 3 + 10 - 5 = 12$

经检验，上述方案检验数全部为非负数，因此该方案为最优方案。

最优方案对应最低运输成本计算如下：

$$3 \times 50 + 10 \times 20 + 1 \times 30 + 8 \times 10 + 4 \times 60 + 5 \times 30 = 850（元）$$

三、最短路线法的应用

在对分离的、单个始发点和终点的网络运输路线进行选择时，最简单和直观的方法是最短路线法。网络由节点和路线组成，点与点之间由线连接，连接线代表点与点之间运行的成本、距离、时间、时间和距离加权的组合。初始，除始发点外，所有节点都被认为是未解的，即均未确定是否在选定的运输线路上。始发点作为已解的点，计算从原点开始。

（1）第 n 次迭代的目标。寻求第 n 次最近始发点的节点，重复 $n = 1, 2, 3, \cdots$ 直到最近的节点是终点为止。

（2）第 n 次迭代的输入值。$(n - 1)$ 个最近始发点的节点是由以前的迭代根据离始发点最短路线和距离计算而得的。这些节点以及始发点称为已解的节点，其余的节点是尚未解的节点。

（3）第 n 次最近节点的候选点。每个已解的节点由线路分支通向一个或多个尚未解的节点。这些未解的节点中有一个与最短路线分支连接的是候选点。

（4）第 n 个最近的节点的计算。将每个已解的节点及其候选点之间的距离和从始发点到该已解点之间的距离加起来，总距离最短的候选点即第 n 个最近的节点，也就是始发点到达该点最短距离的路径（若多候选点都为相等的最短距离，则都是已解的节点）。

【例 7-6】某运输企业需将货主货物用公路运输方式从 A 地运送到 J 地。其公路路线图如图 7-11 所示。图中圆点代表公路的连接处，两个圆点之间所标数字为两点之间运输所需时间，以运行时间（min）表示。试计算货物从 A 地运送到 J 地的最短运输线路。

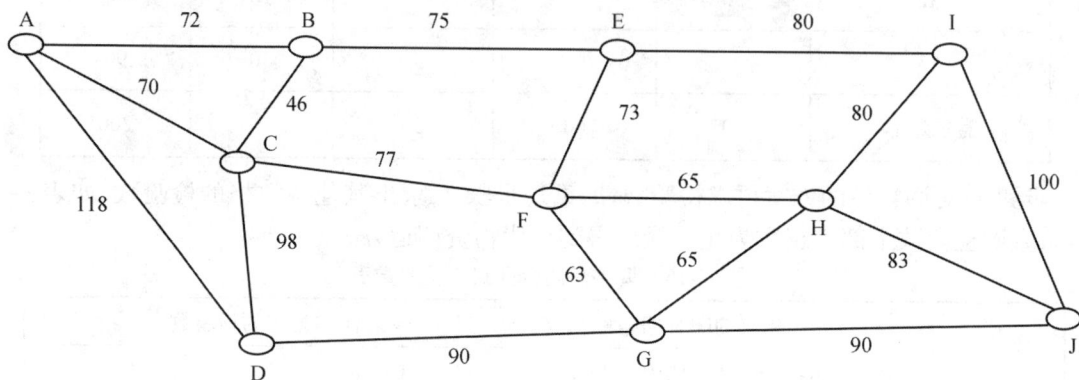

图 7-11　公路运输网示意图

其计算步骤如下：

第一步骤：从第一个已解的节点或起点 A 开始，计算与起点 A 相连接的未解节点 B，C，D 点。通过计算可知：A 点到 B 点需要 72 min；A 点到 C 点需要 70 min；A 点到 D 点需要 118 min。由此可看到 C 点是距 A 点最近的节点，记为 AC。所以，C 点是唯一的选择，它成为已解的节点。

第二步骤：找出距 A 点和 C 点最近的未解的节点，B、F 节点是距已知节点 A、C 最近的连接点，我们知道有 A 点到 B 点，A 点到 C 点再到 F 点。注意从起点通过已知节点到某一节点所需的时间应该等于到达这个已解节点的最短时间加上已解节点与未解节点之间的时间。也就是说，从 A 点到 B 点的时间为 72 min；从 A 点到 C 点再到 F 点的时间等于 AC 节点的时间加 CF 节点的时间，即：AC + CF = 70 + 77 = 147（min）。由此可知，B 点为已解节点。

第三步骤：现在需要找到与各已知节点直接连接的最近的未解节点。如图 7-11 所示，有三个候选点，分别是 D、E、F，从已知节点到这三个未解节点的最短时间分别为 118 min、147 min、147 min，其中连接 AD 的时间最短，为 118 min。由此得知，D 点为已知节点。

重复上述过程直到到达终点 J，即第八步。最小的路线时间是 295 min，连接表 7-16 上以星符号标出的路线，可知，最短路线为 A—C—F—H—J。

在节点很多时，可利用计算机进行求解。把有关各节点和节点之间的数据资料输入数据库，选好运输路线的起点和终点后，计算机就可以计算出从起点到终点的最短路径。需要说明的是，计算机计算的绝对的最短路径并不一定是实际运输中的最短路径，因为该方法并没有考虑各条路线的运输质量。所以最短路径的选择需要先设定运行时间和距离的权数，通过权数来综合计算实际的最短路径。最短路径计算表如表 7-16 所示。

表 7-16　最短路径计算表

计算程序	已知节点	与已知节点连接的未解节点	相关总成本计算过程	第 n 个最近节点	最小成本	最新连接
1	A	B	72	C	70	＊ AC
		C	70			
		D	118			
2	A	B	72	B	72	AB
	C	F	70 + 77 = 147			
3	A	D	118	D	118	AD
	B	E	72 + 75 = 147			
	C	F	70 + 77 = 147			
4	B	E	72 + 77 = 149	E	149	BE
	C	F	70 + 77 = 147	H	147	＊ CF
	D	G	118 + 90 = 208			
5	D	G	118 + 90 = 208	G	208	DG
	E	I	72 + 75 + 80 = 227			
	F	G	70 + 77 + 63 = 210			
6	E	I	72 + 75 + 80 = 227	H	212	＊ FH
	F	H	70 + 77 + 65 = 212			
7	E	I	72 + 75 + 80 = 227	I	227	EI
	H	J	70 + 77 + 65 + 80 = 292			
8	I	J	72 + 75 + 80 + 100 = 327	J	295	＊ HJ
	H	J	70 + 77 + 65 + 83 = 295			
	G	J	118 + 90 + 90 = 298			

项目小结

从物流运输决策的角度出发,主要阐述了物流运输的合理化、运输方式的选择、承运人的选择、运输路线的选择等内容。运输合理化包括运输方式合理化和运输路经合理化,不合理运输主要表现对流运输、迂回运输、重复运输、过远运输、无效运输、违反水陆合理分工的运输、车船空驶、车辆载重能力的不合理利用。运输方式的选择可以采用非竞争因素分析方法、竞争因素分析方法、综合因素分析方法;选择承运人时会从运输质量、综合指标进行比较;运输路线的选择可以按不同问题分别决策,即起讫点不同的单一问题、多起点运输问题、起讫点重合问题。

项目训练

一、单选题

1. 对流运输会造成(　　)。

　　A. 运力浪费　　　　　　　　　　B. 运力选择不当

C. 重复计算货物装卸量　　　　　D. 延误时间

2. 以下不合理运输现象中与运距有关的是(　　　)。
   A. 弃水走陆　　　　　　　　　B. 迂回运输
   C. 重复运输　　　　　　　　　D. 对流运输

3. 水路过近运输属于(　　　)。
   A. 无效运输　　　　　　　　　B. 运力选择不当
   C. 迂回运输　　　　　　　　　D. 重复运输

4. 货物从销售地流回产地或起运地的这种不合理运输现象指的是(　　　)。
   A. 相向运输　　　　　　　　　B. 倒流运输
   C. 重复运输　　　　　　　　　D. 迂回运输

5. 所需货物不去就近组织,却从较远地方运来,这种现象属于(　　　)。
   A. 对流运输　　　　　　　　　B. 过远运输
   C. 迂回运输　　　　　　　　　D. 重复运输

6. 运用综合因素分析法是以运费、包装费、保险费及运输手续费用的合计数来表示运输方式的(　　　)。
   A. 迅速性　　　　　　　　　　B. 安全性
   C. 便利性　　　　　　　　　　D. 经济性

7. 在运输线路成圈的图上作业法中,检查迂回现象的方法,主要是看里外圈的流向线长是否都(　　　)。
   A. 大于全圈总长的1/2　　　　B. 小于全圈总长的1/2
   C. 等于全圈总长的1/2　　　　D. 两者无关

8. 表上作业法制定初始方案时,首先针对运费最小的元素尽可能地优先供应,然后依次安排其他最小运费路径的运输量的方法是(　　　)。
   A. 闭合回路法　　　　　　　　B. 西北角法
   C. 最短路法　　　　　　　　　D. 最小元素法

9. 在对分离的、单个始发点和终点的网络运输路线进行选择时,最简单和直观的方法是(　　　)。
   A. 最短路法　　　　　　　　　B. 最小费用法
   C. 图上作业法　　　　　　　　D. 表上作业法

二、多选题

1. 以下属于不合理运输表现形式的有(　　　)。
   A. 相向运输　　　　　　　　　B. 直达运输
   C. 倒流运输　　　　　　　　　D. 迂回运输
   E. 重复运输

2. 以下属于运输合理化途径的有(　　　)。
   A. 合理选择运输方式　　　　　B. 采用自营运输
   C. 合理选择运输工具　　　　　D. 发展中转运输
   E. 合理选择运输路线

3. 以下有利于运输合理化的措施有(　　　)。

A.满载超轴 　　　　　B.水运拖排或拖带法
C.弃水走陆 　　　　　D.直拨运输
E.提高运输工具实载率

4.提高技术装载量的具体做法有（　　　）。
A.轻重货物搭配装载 　　　B.采用堆码技术装载
C.重大货物解体装载 　　　D.零担货物配载
E.集装化、托盘化

5.影响运输方式选择的因素包括（　　　）。
A.运输距离 　　　　　B.货物特性
C.货物数量 　　　　　D.运输时间
E.运输成本

6.在进行运输方式决策时一般采用的方法有（　　　）。
A.图上作业法 　　　　B.表上作业法
C.成本比较分析法 　　　D.利润比较分析法
E.综合因素分析法

7.运用综合因素分析法进行运输方式决策，一般采用的评价因素有（　　　）。
A.经济性 　　　　　B.迅速性
C.安全性 　　　　　D.便利性
E.合理性

8.在进行运输路线决策时一般采用的方法有（　　　）。
A.图上作业法 　　　　B.表上作业法
C.成本比较分析法 　　　D.利润比较分析法
E.最短路法

三、判断题

1.物流运输合理化的核心问题是从企业利益出发综合运用各种运输方式，选择经济合理的运输线路、运输工具和运输方式。（　　　）

2.迂回运输是指所需物资供应不去就近组织，相反地却从较远的地方组织运来，以至于造成运输工具不必要的长途运行。（　　　）

3.运输路线的选择，一般应尽量安排直达、快速运输，尽可能缩短运输时间，按照货物合理流向，选择最短路径，避免迂回、倒流等不合理运输现象发生。（　　　）

4.运输方式的确定会直接影响运输效果的好坏，关系着物资能否及时运到指定地点。（　　　）

5.通常长距离运输适合选择铁路运输、水路运输或航空运输，中短距离适合选择公路运输。（　　　）

6.图上作业法对进行方案检验时，如果里、外圈流向里程之和均不超过全圈总里程的1/2，就没有迂回现象，则方案为最优方案，反之为不合理，需进行调整。（　　　）

7.最小元素法就是首先针对运量最小的元素尽可能地优先供应，然后依次安排其他最小运费路径的运输量。（　　　）

四、问答题

1. 什么是物流运输合理化？请简述其内容。

2. 物流运输合理化应遵循哪些原则？

3. 不合理运输的主要表现形式有哪些？

4. 在选择运输方式时要考虑的因素有哪些？

5. 如何采用非竞争因素分析法来选择运输方式？

6. 如何采用竞争因素分析法来选择运输方式？

7. 如何采用综合因素分析法来选择运输方式？

五、综合技能训练

某公司欲将一批海鲜从甲地运往乙地，两地间距离 1 200 km，有汽车、火车、飞机三种运输方式可供选择。这三种运输方式的主要参考数据如表 7-17 所示。

表 7-17　参考数据

运输工具	途中速度/ （km/h）	途中费用/ （元/km）	端点作业时间/h	装卸费用/元
汽车	80	6	3	600
火车	100	4	18	500
飞机	600	20	4	800

若这批海鲜在运输过程中的损耗为 400 元/h，请选择一种合理的运输方式，使运输费用与损耗之和最小。

项目八　物流运输市场

● 学习目标

知识目标

1. 了解运输市场类型、特征、竞争方式。

2. 掌握运输需求的特性。

3. 理解影响运输需求的因素。

4. 掌握运输需求价格弹性系数的含义、计算方法、影响因素。

5. 掌握运输供给价格弹性系数的含义、计算方法、影响因素。

6. 掌握运输成本的含义、运输成本的构成。

7. 掌握运输价格的含义、特点、影响运价形成的因素。

8. 掌握制定运价的方法和策略。

9. 掌握运输常用指标含义及各指标之间的关系。

技能目标

1. 能计算运输需求价格弹性系数,并能绘制运输需求与价格关系图。

2. 能计算运输供给价格弹性系数,并能绘制运输供给与价格关系图。

3. 能进行运输成本分析。

4. 能运用成本定价法进行运输价格测算。

5. 能运用盈亏平衡法进行产量、成本、利润、价格分析。

6. 能进行运输指标计算及指标分析。

任务一
运输市场认知 ◆ ‖

运输市场是指运输生产者和运输需求者之间进行运输产品交易的场所或领域。它是运输活动的客观反映。狭义的运输市场,是指运输承运人提供运输工具和运输服务来满足旅客或货主运输需求的交易活动场所。广义的运输市场,是指进行运输劳务交换所反映的各种经济关系和经济活动现象。它不仅指进行运输劳务交易活动的有形场所或领域,而且包含了交易双方联系密切的有关单位和组织之间的经济关系。运输市场是市场的重要组成部分,同样受市场规律的支配。

一、运输市场的类型

1. 按行业划分

按行业划分,运输市场有铁路运输市场、公路运输市场、水路运输市场、航空运输市场和管道运输市场。对不同的运输方式而言,由于其经济运距的限制,其运行范围也受到影响,如航运市场有远洋运输市场、近海运输、沿海运输市场、内河运输市场等。这种分类可以用于研究不同运输市场间的关系,如综合运输、运价体系和运输方式之间的竞争等。

2. 按运输对象划分

按运输对象划分,运输市场有货运市场、客运市场、装卸搬运市场。物流运输属于货运市场,对安全质量和经济性要求较高,对国民经济形态较为敏感;客运市场则与人民生活水平和国际交往直接相关。

3. 按运输范围划分

按运输范围划分,运输市场有国内运输市场和国际运输市场。国内市场与一个国家的经济发展相关联,而国际市场则与国际贸易往来及交往相关。

4. 按供求关系划分

按供求关系划分,运输市场有买方市场和卖方市场。运力大于运量,表现为运输能力充足,货主需求能得到满足,具有买方市场特征;运力小于运量,表现为运输能力不足,货主需求不能得到满足,具有卖方市场特征。

5. 按运输弹性划分

按运输弹性划分,运输市场有富有弹性的市场和缺乏运输弹性的市场。富有弹性的市场表现为运价变动对运输量影响较大,运价是调整运输市场平衡的有力工具;而缺乏弹性的市场表现为运价变化对运输量影响不大。

二、运输市场的特征

运输劳务作为一种商品,具有其特殊性,因此,运输市场除具有一般市场特征外,还存在其特殊性。

1. 运输市场是典型的劳务市场

运输企业主要为社会提供没有实物形态的运输劳务,它不能储存也不能调拨,产品经营者同时也是产品生产者,生产过程同时又是消费过程,形成了生产、交换、消费同步进行的特征。

2. 运输市场是劳动密集型市场

与工业相比,运输业技术构成相对较低,特别是道路运输业。运输业用人较多,每位就业人员占有的固定资产额较低,在企业劳动成果中,活劳动所占比重较大。

3. 运输市场区域性较强

在市场的空间布局上存在着不同程度的自然垄断。运输市场具有一定的服务半径,超出这个半径范围,企业的经济效益就会急剧下降。

4. 运输市场的波动性较强

由于运输劳务没有实物形态,不能储存,因此运输市场受各种因素影响后变动较大,波动性较强。

5. 运输市场受企业自给自足运输力量潜在威胁

许多企事业单位都组建自己的运输车队,这些运输力量随时都可能进入运输市场,形成较强大的竞争力。

三、运输市场的竞争

市场经济本质上是一种竞争经济,竞争机制在其中起着重要作用。通过竞争促使企业之间优化资源配置,更好地参与市场化经营。随着市场机制的不断发育和完善,运输市场将会呈现出更加激烈的争夺。在各种竞争中,运输企业所面临的竞争更具有特殊性,它不仅要参与不同运输方式和同类运输方式之间的运输市场竞争,还要投入多元经济市场竞争。

1. 运输方式的竞争

由于各种运输方式的可替代性,决定了运输企业面临不同运输方式之间的竞争以及同种运输方式的竞争。根据市场的需要,一个货运企业会不断变换自己的运输对象、运输工具、运行路线、到发时间、运行组织方式等来满足货主的不断变化的需求,与其他运输企业进行竞争。需要指出的是,为满足社会经济生活对货物高效率的空间位移的需要,各种运输方式之间的互相衔接、协调发展及交通运输业协调一体化成为交通运输业发展的主要趋势。

2. 运输价格的竞争

对于运输方式相似的运输服务,价格竞争是其最主要的特点,运价是货主选择承运人的重要因素之一。价格因素的合理调节和运用是运输企业提升竞争优势、把握市场竞争力的关键。

运价较低者,就可能有更强的竞争力,有可能占有更多的市场份额。也就是说,价格优势对企业具有重要影响,为争取更多货源,运输企业进行价格竞争,纷纷采取低价策略。而采取低价策略应该基于低成本,因此,运输企业应加强企业管理,通过集约化、规模化、高效化经营,以先进的技术为基础,以科学的管理为手段,在为客户提供同等效益的前提下,采取相对的低价格,使其具有价格竞争优势。

3. 运输质量的竞争

服务质量的不断改进和提高是提高运输企业竞争力的核心内容。安全、及时、方便、经济是考核运输质量的主要特性,在物流运输方面考虑的主要是正点交付、货损货差少、便捷性、可靠性、联运直达等。当前,我国各种运输企业在服务质量方面的竞争主要是通过广泛推行服务承诺、改善服务设施、改进服务方式、增设服务项目等来创造企业的服务优势和提升企业的竞争能力。服务质量是企业在竞争中的制胜法宝,也是判断一家服务企业好坏的最主要凭据。谁的服务质量高,谁能为货主提供更方便的条件,谁就容易吸引更多的货主,占有更多的市场份额。服务质量也是货主选择承运人的重要因素之一。

任务二
运输需求与运输供给分析 ◆ ||

没有运输需求就没有运输市场,运输企业的生存发展也以不断地占有运输市场为条件,任何一个运输企业都必须十分重视对运输市场需求与供给的研究。

一、运输需求分析

(一)运输需求的特性

运输需求是一个特定的概念。按运输经济学的一般解释,运输需求是指运输服务的购买者在一定时期内,在一定价格水平上愿意而且能够购买的运输服务量。这一概念表明,运输需求是运输需要和购买力的有机统一,运输需要只是运输需求的必要条件,运输服务购买者的支付能力是充分条件,两者缺一不可。

运输需求的大小通常可以用运输需求量表示,运输需求与价格的关系曲线如图 8-1 所示。与其他商品需求相比,运输需求有其特殊性,这种特殊性表现在以下几个方面。

1. 运输需求的派生性

在人们的实际需求中,存在着包括运输需求在内的各种各样的需求,这些需求可以根据直接性分为两大类:一类是直接性需求或称本源性需求;另一类为间接性需求,即派生性需求。运输需求就是一种派生性需求,货主的运输需求并不是其最终目的,而是为了生产或消费,运

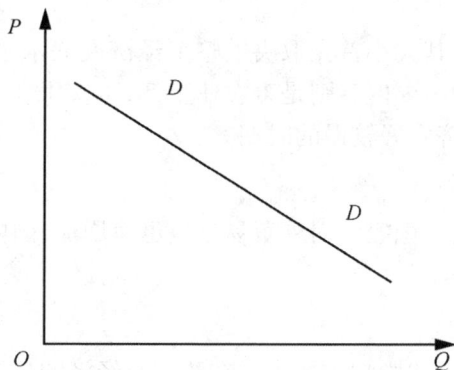

P——运价；Q——需求量；DD——需求曲线

图 8-1　运输需求与价格关系图

输需求的产生始终是被动的，即没有与运输需求相关的本源性需求产生，就不会有运输需求产生。运输需求的变化也是被动的，每当与运输需求相关的本源性需求因各种因素发生变化时，运输需求也随之发生变化。运输活动是产品生产过程在流通领域的继续，运输业是工农业生产活动中派生出来的需求。

2.运输需求的多样性

在物流货物运输的需求中，不同的货物对应着不同的运输需求，如普通货物运输需求、特殊货物运输需求。同样在特殊货物中，因存在长大笨重货物、易腐货物、危险货物等，也有不同的运输需求。不同的货主也有不同的运输需求，如有的货主要求运价低廉，有的要求运达速度快等。因此，掌握和研究运输需求的多样性特征，是搞好运输市场经营的重要条件。

3.运输需求的波动性

运输需求的波动性，即在一定时期内，运输需求的时间分布呈现不均衡状态。运输需求的波动性归根到底是由运输需求的派生性所引起的。由于运输需求的发生和量的变化均决定于本源性需求的发生和变化，因此一旦本源性需求变化，运输需求必然跟着变化。如大多数作为货物的物质产品在生产和消费上有季节性，从而使运输需求出现波动性。正确把握运输需求的波动性特征，对分析和预测运输需求的变化有着十分重要的作用。

4.运输需求弹性方面的特征

所谓运输需求弹性，一般是指在影响运输需求的因素发生一定程度变化之后，运输需求变化的程度，或运输需求的反应灵敏程度。由于影响运输需求的因素很多，因而有各种各样的运输需求弹性，如运输需求的价格弹性、运输需求的收入弹性等。在实际分析中，大都以运输需求的价格弹性作为代表来分析运输需求的特点。分析和掌握运输需求弹性方面的特征，对于制定运价策略十分重要。

（二）影响运输需求的因素

运输需求在其产生和变化中会受到各方面因素的影响。了解这些因素对于把握运输需求的变化有着十分重要的意义。

1. 工农业生产的发展

运输需求作为派生需求,其大小首先取决于整个经济发展水平。一个国家的主要任务是发展国民经济,而国民经济的主要内容则是工农业生产,事实上,凡是经济发展较快的时期所形成的货运需求明显大于经济发展较慢的时期。

2. 国际国内贸易额的增加

随着国家进一步对外开放,国家的对外贸易量也迅速增加,国内经济发展也使国内贸易量加大,相应增加了对运输的需求。

3. 国家宏观经济政策

国家经济政策对运输需求的影响主要表现在政府对经济的扶持与干预上。如果整个经济在扩张性政策刺激下处于高速发展时期,则表现为投资规模扩大,能源、原材料需求增加;相反在整个经济处于紧缩政策抑制下放慢增长速度时,对货运的需求将明显减少。

4. 地理特性

它主要指资源的地理分布不平衡。在一定的生产力布局情况下,原材料产地、生产加工地和产品市场地之间必然产生地理位置上的运输需求。

(三)运输需求价格弹性

1. 运输需求价格弹性的含义

如前所述,所谓运输需求弹性,一般是指在影响运输需求的因素发生一定程度变化之后,运输需求变化的程度,或运输需求的反应灵敏程度。运输需求价格弹性是指在运价发生一定程度变化之后,运输需求的变化程度。在一般情况下,若运输市场运价下降,则需求者对运输工具的需求量将会增加,反之则减少。运输需求价格弹性如图 8-2 所示。

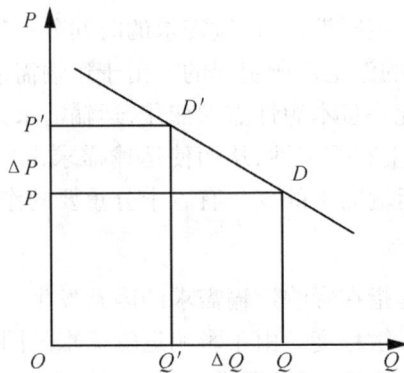

P——运价;Q——需求量

图 8-2　运输需求价格弹性图

通常用运输需求价格弹性系数来表示弹性的大小,运输需求价格弹性系数等于需求量变动的百分比除以价格变动的百分比。如果以 E_d 表示需求价格弹性系数,以 $\Delta Q/Q$ 表示需求量变动的比率,以 $\Delta P/P$ 表示运输价格变动的比率,那么需求价格弹性系数的一般公式如下:

$$E_d = \Delta Q / Q \div \Delta P / P$$

如果运价变化同需求量变化处于相反方向,则弹性系数符号为负号,为了正确选择提高经济效益的价格政策,应根据 E_d 的绝对值来采取不同的价格策略。$|E_d| > 1$,说明需求价格弹性大,采取降价策略可以较大幅度地增加运输需求,从而有效提高企业经济效益;$|E_d| < 1$,说明需求价格弹性小,可以采取提高价格的策略提高企业经济效益;$|E_d| = 1$,可以采取不变价格策略,采取降价或提高价格的策略都将影响企业经济效益。

2.影响货物运输需求价格弹性的因素

价格弹性表明了价格对需求的影响程度,为了发挥价格对供需的调节作用,我们希望需求是弹性需求,以便有效制定合理运输价格。一般来说,运输需求价格弹性主要受以下几方面因素影响:

(1)是否具有可以替代性的运输服务。在一个区域内,如果存在几种运输方式,或虽然只有一种运输方式,但是有多家运输服务企业可以满足市场对运输的需求,这就会给需求方带来更多的选择机会,使运输服务的替代性增强,从而形成较大的运输需求价格弹性;反之,若没有可替代的运输服务,需求者选择的机会就少,弹性就小。

(2)运输费用在产品总生产费用中所占的比重。运输需求的价格弹性往往取决于货物的价值。货物的价值越高,运输费用在总生产费用中所占的比重越小,货物的所有人对于价格的敏感程度就越低,它可能更关心安全、快速、服务质量等,因此价格弹性就会很小。如果货物的价值较低,运输费用在总生产费用中所占的比重就大,运输费用的多少将直接影响产品的价格,从而影响其销售。在这种情况下,运输的消费者对于运价就会比较重视。运价过高,需求者就会选择其他运输服务,所以,所运输的货物价值越低,其价格弹性就越大。

(3)时间的紧迫性。价格弹性还与货物的性质及市场状况有关。如果是鲜活易腐货物或季节性物品,需求者会首先考虑时间因素,尽快把货物推向市场,价格弹性就小;反之价格弹性就大。

根据运输需求价格弹性分析,一般可以采取以下两种价格策略,以求得利润的增加。

(1)薄利多运策略。当运输需求价格弹性系数大于1时,企业可以采取薄利多运策略。所谓薄利,就是降低单位产品的利润水平,其表现形式就是降低价格;多运是指由于价格降低导致运量大幅度上升,从而使总的利润增加。

采取薄利多运策略要考虑以下条件:

①从企业内部看,拥有剩余运力,能满足降低价格后所吸引的需求量的增加,否则运力不足,将蒙受薄利的损失。

②价格下降能引起更大的需求量上升,否则会得不偿失。

③运量增加得到的利润足以补偿因价格下降损失的利润。

(2)厚利少运策略。厚利少运在形式上与薄利多运相反,但其目的仍为取得尽可能多的利润。所谓厚利,就是保持较高的价格利润水平,而宁愿维持较低的运量。

采取厚利少运策略要考虑以下条件:

①在市场上无十分相近的竞争者,从而有维持较高价格的局面。

②需求缺乏弹性,要想增加一定幅度运量,需以更大幅度的降低价格为代价。

③降低价格损失的利润不足以补偿增加运量所得到的利润。

二、运输供给分析

（一）运输供给特征

运输供给是指在一定时期内、一定空间里、一定价格水平下，运输生产者愿意而且能够提供的运输产品和服务。运输供给必须同时具备两个条件，即运输生产者有出售运输服务的愿望和提供运输服务的能力。

运输供给的大小通常可以用运输供给量表示，运输供给与价格的关系曲线如图8-3所示。

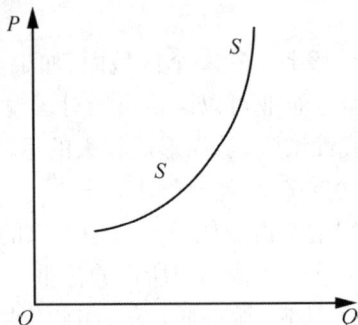

P——运价；Q——供给量；SS——供给曲线

图8-3　运输供给与价格关系图

运输供给具有如下特征。

1.运输能力的储存性

由于运输产品不能储存，所以运输企业只能储存运输能力来适应运输市场变化。但运输市场的波动性使运输能力的储存相当复杂：按淡季配备运力，就不能适应旺季的运输需求；反之，按旺季配备运力，在淡季又会造成运力的浪费。因此，运输能力的超前建设与运输能力的储备对运输市场来说，既可适应市场需求增长的机遇，也可能因市场供过于求产生风险。

2.运输供给的不平衡性

运输供给受运输市场运价和竞争状况的影响。市场繁荣时，刺激运力投入；市场萧条时，迫使运力退出。运输供给在不同国家或地区也反映出不平衡性，经济发达国家或地区的运输供给量比较充分，而经济落后国家或地区的运输供给量则相对滞后。运输供给与需求的平衡是相对的、暂时的，而不平衡是绝对的、长期的。

3.运输供给的可替代性与不可替代性

在现代运输业中，铁路、公路、水运、航空、管道等多种运输供给方式同时存在，运输需求者完全可能根据自己的意愿来选择任何一种运输方式中的任何一个运输供给者，表明运输供给的可替代性，这种可替代性构成了运输业者之间的竞争。但由于各种运输方式的技术经济特征不同、发展水平不同、运输速度不同、运输费用不同等，使运输供给的可替代性受到不同程度的限制。因此，运输供给的可替代性与不可替代性同时存在，供给者之间既存在竞争，也存在协作。

（二）影响运输供给的因素

影响运输需求的因素也同样影响运输供给,影响运输供给的因素主要表现在以下方面。

1.经济发展状况

一个国家或地区的经济状况直接影响着运输供给的发展,影响到对运输工具的建设要求,综观世界各国运输的发展,经济发达国家的运输业也相当发达,而经济相对落后的发展中国家,其运输业也相对落后,运输供给短缺。国家或地区的经济实力越强大,越可能将更多的国民收入投入运输基础设施建设和运输设备制造中,从而促进运输供给的发展。

2.科技发展

科学技术是推动社会发展的第一生产力。运输工具的发展离不开科技的发展,科学技术对于提高运输生产效率、降低运输成本、提高运输服务质量、提高生产的组织管理水平起着重要作用。科学技术的应用对提高运输供给量、运输供给能力起到推动作用。

3.政治与军事因素

运输业是一个国家的重要基础产业,不仅关系到国家经济的发展、政治的稳定,也关系到国防的巩固。运输政策是影响运输供给的重要政治因素,它的制定需要从经济、政治、军事及国际社会方面进行考虑。如我国近几年在运输基础建设方面投资很大,使运输供给能力迅速增加。

4.价格因素

运输价格是影响运输供给的重要因素之一,在其他因素不变的情况下,运输价格同运输供给量呈相同方向的变化:价格上升,刺激运输供给量增加;价格下降,运输供给量相对减少。因此,价格因素能在一定程度上起到调节运力的作用。

（三）运输供给的价格弹性

1.运输供给价格弹性的含义

运输供给的价格弹性是指在其他条件不变的情况下,运价变动所引起的运输供给量变动的程度。由于运价同运输供给量同方向变动,所以供给弹性值为正值。用 E_s 表示供给弹性系数,公式为:

$$E_s = \Delta Q/Q \div \Delta P/P$$

$E_s > 1$,供给量富有弹性,价格变动能引起供给量大幅度变化;

$E_s < 1$,供给量缺乏弹性,价格变动只能引起供给量小幅变化;

$E_s = 1$,价格变动幅度与供给量变动幅度一致。

2.影响运输供给价格弹性的因素

（1）运输生产要素适应运输需求的范围。运输服务就是使运输对象发生空间位移,由于运输需求的差异性,导致运输服务生产要素的差异性。如果运输生产要素适应运输需求的范围大,则供给弹性就大;反之供给弹性则小。如专用运输工具的运输供给弹性就比普通运输工具的供给弹性小。

（2）调整运力的难易程度。一般来说，能根据价格变动灵活调整运力的，价格供给弹性就大；反之则小。

（3）运输成本增加幅度。一种运输服务增加供给引起的成本增加较大，供给弹性就小；反之则大。

任务三
运输成本与运价

一、运输成本的含义及理论基础

1.运输成本及构成

运输成本是指运输生产过程中发生的各项耗费的总和，即企业在获取营运收入的过程中所支付的各项费用。运输成本由两类成本构成：一类是直接成本，为完成运输过程直接发生的费用；一类是间接成本，是各项管理费用和营销费用等。

公路运输成本由以下10项费用构成：

（1）职工薪酬。它是指按规定支付给企业职工的工资、福利、奖金及各种保险费用和住房公积金等。

（2）燃料费。它是指营运车辆消耗的各种燃油的支出。

（3）轮胎费。它是指营运车辆运行耗用的轮胎费用以及轮胎翻修费和零星修补费。

（4）修理费。它是指用于车辆各项修理的费用支出。

（5）折旧费。它是指营运车辆按规定提取的折旧费。

（6）运输管理费。它是指运输企业向运管部门缴纳的管理费用。

（7）保险费。它是指营运车辆向保险机构缴纳的保险费。

（8）事故损失费。它是指用于支付行车肇事的损失费用。

（9）营运间接费用。它主要指车队、车站、车场等在营运过程中发生的间接费用。

（10）其他。它是指不属于上述内容的其他成本支出。

2.运输成本理论基础

按照成本习性，即运输成本总额与运输量之间的依存关系，成本可以划分成以下类别：

（1）可变成本。它是指在一定时间内，随着运输作业量的增减变化，运输成本也相应发生增减变化。可变成本与运输量成正比，只有在运输工具未投入运营时才有可能避免，如燃料费、轮胎费等。除例外情况，运输费率至少应补偿变动成本，承运人一般不会按低于变动成本的价格收取运费。

（2）固定成本。它是指企业在一定规模内提供运输劳务的固定费用，该成本总额保持稳定，与运输业务量增减变化无关。如按时间计算的运输工具折旧费、运输生产人员的工资等，不论产量多少,费用必须支出。但从长期看,固定成本也是可变的。

(3)混合成本。在生产经营活动中,还存在一些既不与产量的变化呈正比例变化也非保持不变,而是随产量的增减变动而适当变动的成本,这部分成本表现为半变动成本或半固定成本,例如车辆设备的日常维修费用。在运行过程中,混合成本所占比重较大,可以按一定方法将其分解成可变和固定两部分,并分别划归到可变成本和固定成本。可变成本的分界可以依据历史数据来进行,常用方法包括高低点法、散点图法和回归直线法,在此不做过多介绍。

二、运输成本控制

由于运输企业管理的多层次和作业过程的多环节,运输成本控制涉及企业运输经营活动的各个环节,必须建立纵横交错、责任分明、相互衔接和制约的目标成本控制体系。

(一)运输成本控制原则

1.责权利结合原则

运输成本涉及多环节,贯彻责权利相结合原则,应明确划分不同层次的成本可控空间范围,理顺各层次之间的责权关系,充分发挥激励机制作用,调动运输管理人员和作业人员积极性,做好成本控制工作。

2.效益性原则

运输成本控制不能狭义地理解为单纯对运输过程中耗费的节约,而是通过投入资源的耗费,转化为企业经济效益的提高,因此,应以单位耗费所获效益最大为目标来实施运输成本控制。事实上,成本控制的效益在很大程度上并不是体现在运输经营活动过程之中,而是取决于运输经营活动过程之前,包括运输业务的承揽、运载工具的选择、服务质量的确定、运输环节的协调、运输策略的优化等。

3.及时性原则

由于运输成本是在运输作业过程中形成的,它总是处于动态变化中。为了增强成本控制的时效性,必须运用一定的方法及时揭示实际耗费与计划成本之间的差异,分析产生差异的原因,提出改进措施,在今后的经营中杜绝并得到补偿。

4.全面性原则

运输成本是一项综合性价值指标,它既受到运输经营活动中众多复杂、相互制约的技术、经济、供求、环境等因素影响,也涉及运输企业内管理工作的多方面,因此,必须树立统筹兼顾的全面观点,才能使运输成本得到控制。

(二)运输成本控制方法

物流运输成本的控制可以采取目标成本控制方法。目标成本控制是一种有效的成本管理方法,它直接承受和反映了在竞争态势下市场对企业产品价值的认同及其风险程度,并将这些竞争压力传导给运输企业内部各作业环节、各部门和全体员工,通过激励机制转化为一种不断追求控制运输成本的动力,促使企业更新观念,转换机制,完善管理。

1. 目标成本的制定程序

(1)收集和整理编制目标成本所需的资料。制定目标成本要广泛收集和整理必需的各种资料,包括计划期内企业重大运输经营决策、运输生产计划、运输结构调整计划、单位货运能源消耗定额、劳动定额、运输费用预算、运输市场价格、同类企业价格及成本资料等。

(2)分析技术进步情况。技术进步可以提高运输技术,降低运输成本,为企业带来更大的经济效益。分析技术进步情况就是分析企业技术进步能创造潜在效益的能力。

(3)分析管理能力和市场开拓能力。企业内部管理水平的提高,可以使运输各环节作业效率提高、协调性加强,从而降低运输成本;市场开拓能力的加强,市场占有率的提高,是实现降低成本的真正物质基础。

(4)测算目标成本。分析基期目标成本计划执行情况,掌握运输成本变动趋势规律,在充分考虑企业现有技术经济管理水平的条件下,充分挖掘潜力,测算计划期目标成本。

(5)制订和下达目标成本计划。对目标成本进行横向和纵向分解,分解的目标成本与企业的总体目标之间应保持协调一致的关系,防止出现顾此失彼或相互推诿现象。

2. 目标成本的控制

(1)运输过程前的目标成本控制。扩大运输规模,有利于实现规模效益,降低单位运输量的固定成本;广泛进行技术改造,采用先进的运输组织技术;不断开拓市场,降低成本。

(2)运输过程中的成本控制。一是对运输设施、材料费进行控制,掌握各种材料耗费规律,合理采购和使用各种材料,控制其消耗量。二是对管理费用进行控制,按费用范围进行归口管理,严格费用审批制度,努力减少各项费用开支。

三、运输价格及形式

所谓运输价格,是指运输企业对特定货物或旅客所提供的运输劳务的价格。运输价格能在一定程度内有效地调节各种运输方式的运输需求,即在总体运输能力基本不变的情况下,运输需求会因运输价格的变动而改变。但由于运输需求的"派生性",运输总需求的大小取决于社会经济活动的总体水平,运输价格对其造成的影响有限,更多情况下是在各种不同运输方式之间运输量发生增减变化。货物运输价格是商品销售价格中的组成部分,其高低变动也会影响其他物质生产部门的收入水平,对其运输价格需求产生一定影响,有时对某一运输需求的调节相当明显。

(一)运输价格的特点

1. 运输价格是一种劳务价格

运输企业为社会提供的效用不是实物形态的产品,而是实现旅客、货物位移变化的运输劳务。运输价格是运输劳务这种产品的价格,只有销售价格这一种形式,而不像其他有形商品可以有出厂价、批发价、零售价多种形式。由于运输产品具有不可储存性,因此只能靠调整运力来达到供求的平衡。而在现实中运输能力的调整一般具有滞后性,故运输价格因供求关系而产生波动的程度往往较一般有形商品要来得大。

2. 货物运输价格是商品销售价格的组成部分

货物运输过程是使物质产品发生空间位移的过程，也是物质产品从生产领域最终进入消费领域的过程。在很大程度上，商品的生产地在空间上是与消费地分离的，这就需要经过运输才能满足消费者对商品的实际需要。在此过程中，货物运价就成了商品销售价格的组成部分。在外贸进出口货物中，班轮货物的运价占商品价格比率为 1.1% ~ 28.4%，在大宗而价廉货物中该比率可达到 30% ~ 50%。由此可见，货物运价的高低会直接影响商品的销售价乃至实际成交与否。

3. 运输价格具有根据不同运输距离或不同航线而不同的特点

按结构形式，运输价格通常有距离运价和线路运价。按货物运输距离而制定的价格即距离运价，是我国沿海、内河、铁路、公路运输中普遍采用的一种运价形式。距离运价主要有两种制定形式：均衡里程运价和"递远递减"运价。

均衡里程运价指对同一货种而言，每吨千米运价不变，货物运价率（每吨货物的运价）的增加与运输距离的增加成正比关系。采用均衡里程运价形式，主要是货物运输成本的变化与运输距离的变化有内在联系，成本的增加与运输距离的增加基本成正比，如公路运输，始发地和终止地的作业成本占全部运输成本的比例较小，而行驶成本占运输成本的绝大部分，运输距离的长短与行驶成本成正比关系。这样便为采取均衡里程定价提供了理论依据。

"递远递减"是针对每吨千米运价随运输距离增加而相应减少而言的。如水路运输（包括沿海和内河）、铁路运输方式，由于运输工具的载重量较大，故而在始发地和终止地的作业成本较大，无论长距离还是短距离运输，若港（站）的作业条件一样，同一运输工具在始发地、终止地的作业成本没有改变。因此随着运输距离的增加，每吨千米的停泊成本（发生在水路运输）或停驶成本（发生在铁路运输）会随之下降。故而，在水路和铁路运输中采用"递远递减"运价。

线路运价指按运输线路或航线不同分别确定的货物运价，被广泛应用在国际海运和航空货物运输中。由于国际海运和航空货物运输线路一般都较长，而每条线路的自然和运输条件千差万别，即使运输距离相同，其发生的运输成本也会有很大差异。此外，各线路的运输供求关系、竞争状况以及社会、政治环境等各不相同。因此只有按不同线路（或航线）分别确定运价才更符合实际。

4. 运输价格具有比较复杂的比价关系

由于不同的运输方式或运输工具会使所运货物在时间、速度等因素上产生差别，而这些差别均会影响到运输成本和供求关系，所以在价格上必然会有相应的反映。例如铁路分货号运价，水路、公路分等级运价，水陆联运运价，集装箱运价，零担运价等。

（二）运输价格的形成因素

形成运输价格的因素主要有运输成本、运输供求关系、运输市场的结构模式、各种运输方式之间的竞争以及国家有关经济政策等。

1. 运输成本

运输成本是指运输企业在进行运输过程中发生的各种耗费的总和。在正常情况下，运输企业为能抵偿运输成本而不至于亏本并能扩大再生产，要求运输价格不低于运输成本。运输成本是制定运输价格的最低界限。

2. 运输供求关系

价格以价值为基础,但并不完全等于价值,还受其他因素制约,特别是供求关系的制约。由于市场上供求矛盾是经常存在的,所以价格自发地围绕价值上下波动,这是价值规律发生作用的表现形式。市场供求关系与运输价格两者相互制约、相互影响。一般地,需求的增加(或减少),可引起价格的提高(或降低)供给的增加(或减少),可引起价格的降低(或提高)。因此,运输供给和需求对运输市场价格形成起一定作用。

3. 运输市场的结构模式

根据市场的竞争程度,运输市场结构可大体分为四种类型,即完全竞争运输市场、完全垄断运输市场、垄断竞争运输市场和寡头垄断运输市场。不同类型的市场有不同的运行机制和特点,对运输价格的形成会产生重大影响。

(1)完全竞争运输市场。它是指运输企业和货主对运输市场价格均不能产生任何影响的市场。在此种市场上,运输企业和货主都只能是运输价格的接受者,故运输价格完全由供求关系决定。在现实中,虽然并不存在这种市场,但基本具备该市场条件的则为海运中的不定期船市场、公路货运市场。

(2)完全垄断运输市场。它是指某一运输市场完全被一个或少数几个运输企业所垄断和控制。在这种市场上,垄断企业有完全自由的定价权,它们可以通过垄断价格获得高额利润。在现实中,完全垄断运输市场也并不存在。但我国铁路运输因由国家独立经营,对铁路运输货物实行指令性价格,故铁路运输市场具有垄断运输市场的性质。然而我国对铁路运输货物实行所谓的"垄断价格",其出发点却不是获得高额利润,而主要是根据运输成本、运输供求关系、国家经济政策等因素定价,故同一般意义上的以获取最大利润为目的的"垄断价格"有很大区别。

(3)垄断竞争运输市场。它是指既有独占倾向又有竞争成分的市场。我国沿海、内河运输市场基本上属于这一类型。这种市场的主要特点是:同类运输产品在市场上有较多的生产者,市场竞争激烈;新加入市场者比较容易;不同运输企业生产的运输产品在质量上(如快速性、货物完好程度)有较大差异,而某些运输企业由于存在优势而产生了一定垄断性。在这种情况下,运输企业已不是一个消极的运输价格接受者,而是具有一定程度决策权的决策者。

(4)寡头垄断运输市场。它是指某种产品的绝大部分由少数几家运输企业垄断的市场。在这种市场中,运输价格主要不是由市场供求关系决定,而是由几家大企业通过协议或某种默契规定的。海运中的班轮运输市场是较为典型的寡头垄断市场。一方面经营班轮运输的船公司数量较少,但规模较大;另一方面在某一航线上同时有几家班轮公司经营,就会产生激烈竞争。国际船东垄断组织——班轮公会,成了该市场的寡头。

4. 各种运输方式之间的竞争

影响运输价格水平的竞争因素:运输速度、货物的完好程度以及能否实现"门到门"运输等。以运输速度为例,若相同起讫地的货物运输可采用两种不同运输方式进行,此时运输速度较慢的那一种运输方式只能实行较低的运价。这是因为,就货主而言,它增加了流动资金的占用和因货物逾期、丧失市场机会而造成的市场销售损失。与运输速度较快的那一种运输方式相比,其理论降价幅度为流动资金占用差和货物送达逾期、丧失市场机会而造成的市场销售机会。

5. 国家有关经济政策

国家对运输业实行的税收政策、信贷政策、投资政策等均会直接或间接地影响运价水平。长期以来,国家为扶植运输业,在诸多方面实行了优惠政策,有利于稳定运输价格并促进运输业的发展。

四、制定运价的主要方法

(一)成本导向定价法

成本导向定价法是指以产品(劳务)的总成本为中心,分别从不同角度制定对企业最有利的价格的方法。该种方法较为简便,是企业最基本和最常用的定价方法,具体有成本加成定价法、边际贡献定价法等形式。

1. 成本加成定价法

以运输总成本为基础,加上预期的利润来确定运价,运价与成本之间的差额,即为加成。计算公式如下:

$$运价 = \frac{运输总成本 \times (1 + 成本利润率)}{同期运输量}$$

采用成本加成定价法,优点是能够确保企业实现目标利润,计算方便;缺点是不能确切测定市场需求量,在许多情况下难以将总成本精确地分摊到各种劳务中去。因此,有时也采用单位成本加成定价法,即以单位成本为基础,加上预期利润确定价格的方法。

2. 边际贡献定价法

边际贡献即运输价格超过变动成本的部分。这部分余额可以首先用来弥补固定成本,完全弥补后的剩余就是企业利润,如不能完全弥补,其未能弥补的部分就是企业亏损。

(二)市场导向定价法

该方法是指以竞争产品的价格为基础,制定本企业产品的价格的方法。在市场竞争环境下,采用该方法有一定实际意义。它具体包括优质优价定价法、流行水准定价法和渗透定价法。

1. 优质优价定价法

在运输企业能够提供高于平均服务水平的运输服务时,可采用高价策略。优质产品的价格以比同类竞争者的价格高 10% ~ 20% 为宜。

2. 流行水准定价法

这种方法以本行业的主要竞争者的价格为企业定价基础。这种定价方法可以避免在同行内挑起价格战争,有利于协调同行企业之间的关系。

3. 渗透定价法

渗透定价法一般以能打入市场、打开销路为标准,提高市场占有率。定价时初期价格可以较低,随着销路的增加,市场占有率的提高,可提高运价。

(三)盈亏平衡定价法

运输成本、运输量与运输收益之间存在着十分密切的关系,盈亏平衡就是运输收入恰好与提供运输服务所付出的成本一致。盈亏平衡定价法就是从运输企业未来运输需求量、运输成本、运价收益出发,确定运输价格的一种定价方法。这种定价方法的指导思想是运输企业所定运价必须有一定运量作保证,并力求使企业获得理想的目标利润。

$$运输总收入 = 运价 \times 运输量$$

$$运输总成本 = 固定成本总额 + 变动成本总额$$

$$= 固定成本总额 + 单位变动成本 \times 运输量$$

盈亏平衡时的运输量为盈亏平衡点运输量,使盈亏保持平衡的运价就是运输企业确定运价时的下限,这一价格即为:

$$盈亏平衡运价 = 单位变动成本 + \frac{固定成本总额}{盈亏平衡点运输量}$$

盈亏平衡图如图 8-4 所示。

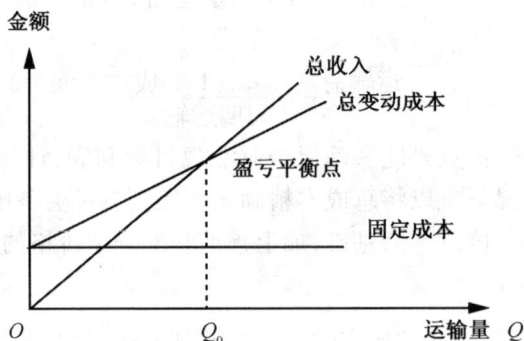

图 8-4   盈亏平衡图

在一般情况下,市场竞争越激烈,企业就越把盈亏平衡运价作为基本运价。但是,企业的最终目的并不是为了盈亏平衡,而是为了获取更多利润,因此,企业目标运价即为:

$$目标运价 = 单位变动成本 + \frac{固定成本总额 + 目标利润}{运输量}$$

需要说明的是,企业采用盈亏平衡法进行定价时,首先必须分析其成本结构,根据技术与管理水平判断运输成本与运量之间的关系。一般固定成本总额在一定运量内保持相对固定,而变动成本总额则随着运量变化会发生变化。单位运输成本刚好相反,运输量越大,分摊的单位固定成本越低,反之越高;单位变动成本则相对稳定。

固定成本与变动成本的比例对平衡点运价有很大关系,固定成本比例越高,随单位运量扩大单位成本中的固定成本下降速度越快,运输企业可以通过扩大规模降低单位运输成本;反之,固定成本比例越低,固定成本随运量变化幅度很小,通过扩大规模并不能使单位运输成本降低很多,只能从减少变动成本上下功夫。

汽车运输中,承运人不拥有公路,车站运营也不需要昂贵的设备,固定成本比较低,但变动成本比较高;而铁路运输的固定成本相对较高,变动成本则较低,具有明显的规模效益。

五、制定运价的策略

(一)折扣定价策略

折扣价格是一种让价策略。这种方法通过价格折扣、让价等优惠手段,吸引货主接受服务,加快资金周转,增加企业利润。

1. 数量折扣

它是指因用户托运货物批量大而给予的价格优惠。

2. 功能折扣

它是指运输企业给中间商的折扣,以便发挥中间商的组货或揽货功能。

3. 季节折扣

它是指企业为均衡组织生产,对需求量较少的淡季给予价格优惠。

4. 现金折扣

它是指企业为加快资金周转,促使货主提前付款,对现付或提前付费的货主给予的价格优惠。

5. 回程折扣

它是指企业为提高运输工具的使用效率,减少运力浪费,对回程货给予的一定的价格折扣。

(二)差别定价策略

1. 货主差别定价

货主的规模、与企业的协作关系等都会影响定价水平。货主规模大或与企业建立了长期合作关系,定价时可以比一般市场价格稍低些,以便能保持住老用户,增加业务量;反之,则采取市场价格。

2. 货物差别定价

按货物的特性不同实行差别定价。特殊货物运输与普通货物运输相比有其特殊要求,其运价应高于普通货物运价;零担货物运输比整车货物运输复杂,需进行货物集结、配装等作业,其运价应高于整车运价。

任务四
物流运输常用指标 ◆ ▌

一、运输生产量指标

运输生产量是指表明运输企业生产状况的基本指标。它通常由货运量和货物周转量两个指标来反映。

1. 货运量

货运量是指运输企业在统计期内运输货物的总重量。它通常用吨来表示。货运量指标是一个绝对数指标,指标值越大,说明完成的运输量越大。

2. 货物周转量

货物周转量是指运输企业在统计期内运输货物重量与运输距离的乘积。它通常用吨千米来表示。1 t 的货物运输 1 km,即为 1 吨千米,它是一个复合指标,既反映运输数量的多少,又反映运输距离的长短。

$$货物周转量 = \sum (货运量 \times 平均运距)$$

对于运输企业来说,货运量和货物周转量两个指标结合使用,可以有效地反映企业的货源状况,是长途运输为主还是短途运输为主,从而为企业货源组织提供有力的依据。

二、车辆运行效用指标

1. 车辆的时间利用指标

车辆的时间利用指标主要有车辆完好率、工作率、平均日出车时间、出车时间利用系数和昼夜时间利用系数。

(1)车辆完好率

车辆完好率是指统计期内企业营运车辆的完好车日与总车日之比。它是反映企业车辆完好状态,表明运输企业在技术管理和质量方面的一个综合性指标。车辆完好率的计算公式如下:

$$车辆完好率 = \frac{完好车日}{总车日} \times 100\%$$

总车日也称营运车日,一辆车在企业一天,即为一个车日。一定时期内企业所有营运车辆车日之和即为总车日。总车日的计算公式如下:

$$总车日 = \sum (营运车数 \times 日历天数)$$

完好车日是指一定时期内企业所有营运车辆技术状态完好的车日数。它是总车日中扣除维修车日及待报废车日以后的余额。

非完好车日是指一定时期内企业所有营运车辆处于维修及待报废状态的车日数。车日构成如表 8-1 所示。

表 8-1　车日构成图

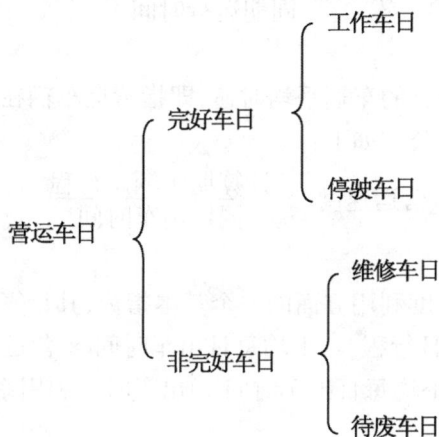

（2）工作率

工作率是指统计期内工作车日与总车日之比。它反映企业总车日的实际利用情况，也就是反映车辆工作情况或出车情况。工作率的计算公式如下：

$$工作率 = \frac{工作车日}{总车日} \times 100\%$$

车辆工作率表明了车辆时间方面的利用程度，对于车辆生产率有直接影响。在完好率一定的情况下，工作率的高低与运输生产调度和运输组织工作有很大关系。要提高车辆工作率，就需要消除导致车辆停驶的各种因素，如驾驶员的因素、货源组织因素等，这样才能充分发挥运力的作用。

（3）平均日出车时间

平均日出车时间是指在车辆工作一定的情况下，反映车辆的时间利用速度的一个指标。其计算公式如下：

$$平均日出车时间 = \frac{\sum 计算期每日出车时间}{同期工作车日总数}$$

（4）出车时间利用系数

出车时间利用系数的计算公式如下：

$$出车时间利用系数 = \frac{运行时间}{出车时间}$$

（5）昼夜时间利用系数

昼夜时间利用系数是反映车辆出车时间长短的指标，其计算公式如下：

$$昼夜时间利用系数 = \frac{平均每日出车时间（h）}{24（h）}$$

2. 车辆速度利用指标

车辆速度利用指标主要有技术速度、营运速度和平均车日行程。

（1）技术速度

技术速度是指营运车辆在运行时间内实际达到的平均行驶速度,即在运行时间内平均每小时运行的千米数。技术速度的计算公式如下:

$$技术速度 = \frac{车辆总里程}{同期运行时间} \times 100\%$$

（2）营运速度

营运速度是按出车时间计算的车辆平均时速,即指营运车辆在出车时间内,实际达到的平均行驶速度。营动速度的计算公式如下:

$$营运速度 = \frac{计算期车辆总行程}{同期出车时间}$$

（3）平均车日行程

平均车日行程是车辆在速度利用方面的一个基本指标,其计算公式如下:

$$平均车日行程 = 平均每日出车时间 \times 营运速度$$

$$平均车日征程 = 平均每日出车时间 \times 出车时间利用系数 \times 技术速度$$

3. 车辆行程利用指标

车辆行程利用指标是反映车辆运输效率的重要指标。营运车辆在统计期内出车工作行驶的千米数称为总行程。总行程由载重行程和空驶行程两部分构成。车辆载有货物行驶的千米数称为载重行程(重车千米),车辆完全无载行驶的千米数称为空驶行程(空车千米)。

载重行程是实现物流运输生产的有效行程,是为了完成运输任务而必需的。空驶行程有空载行程和调空行程。空载行程是指车辆由卸载地点空驶到下一个装载地点或返空回场的行程;而调空行程是指空车由车场开往装载地点,或由最后一个卸点空驶回场的行程。在通常情况下,车辆的调空行程是不可避免要发生的,而空载行程必然会造成运输资源的浪费,如燃料和轮胎等,使运输成本加大,应尽量减少和避免。总行程的计算公式如下:

$$总行程 = 平均车日行程 \times 工作车日数$$

$$或总行程 = 平均营运车数 \times 日历天数 \times 车辆工作率 \times 平均车日行程$$

车辆行程利用指标,即里程利用率,是指统计期内车辆的载重行程与总行程之比,用以表示车辆总行程有效利用程度。其计算公式如下:

$$行程利用率 = (载重行程 / 总行程) \times 100\%$$

加强运输组织工作是提高里程利用率的有效途径。物流运输部门应对营运区内货源进行广泛调查,采用先进的运输调度手段和信息技术,组织回程货源,以减少不必要的浪费,提高运输效率。

4. 车辆载重量利用指标

货运车辆的载重能力是指车辆的额定载货质量(吨数)。表示载货车辆载重能力的指标是车辆额定吨位,反映车辆载重能力利用程度的指标是吨位利用率和实载率。

（1）吨位利用率

吨位利用率是指车辆在载重行程中实际完成的周转量与额定周转量之比。额定周转量即为车辆的额定吨位与载重行程的乘积,表示在载重行程中充分利用车辆的额定吨位所完成的周转量。其计算公式如下:

$$吨位利用率 = \frac{\sum 计算期车辆实际完成的周转量}{\sum 同期载重行程载重量} \times 100\%$$

$$= \frac{\sum 计算期车辆实际完成的周转量}{\sum (同期车辆额定吨位 \times 载重行程)} \times 100\%$$

车辆额定吨位的大小与利用程度的高低,对车辆生产率有显著影响。在一般情况下,额定吨位大的车辆具有较高的生产能力,但能力的发挥还取决于载重量能力的利用程度,载重量利用越充分,车辆生产率也就越高。但应该注意的是,目前在我国公路运输中普遍存在超载现象,也就是车辆装载量远远高于车辆额定载重量,这种做法从表面上看,运输部门的效率得到了提高,但存在许多安全隐患:一是装载量超过车辆的额定吨位,使车辆的技术指标不能满足要求,车辆本身存在安全问题;二是超载运输对道路桥梁产生严重的破坏作用,增加道路维护成本;三是不符合道路交通法规要求,属违法行为。因此,提高吨位利用率是指在合理的情况下进行提高,充分利用车辆装载能力。

（2）实载率

实载率是指按全部营运车辆一定时期内的总行程计算的载重能力利用程度指标,是车辆实际完成的货物周转量与总行程吨位千米之比。它表示在总行程中车辆载重能力的有效利用程度。其计算公式如下:

$$实载率 = \frac{\sum 计算期车辆实际完成的周转量}{\sum 同期总行程载重量} \times 100\%$$

$$= \frac{\sum 计算期车辆实际完成的周转量}{\sum (同期车辆额定吨位 \times 总行程)} \times 100\%$$

实载率反映的是车辆行程利用指标和车辆载重量利用指标的综合影响,也可以转化为下述公式:

$$实载率 = 行程利用率 \times 吨位利用率$$

分析车辆生产率诸因素影响时,还应该分别对里程利用率和吨位利用率进行分析,因为这两个指标的性质、内涵不同,对组织运输生产各有不同的要求。若单纯分析实载率可能会掩盖超载等问题的存在。

（3）拖运率

拖运率是反映拖挂运输开展情况以及挂车载重量利用程度的一个指标。其计算公式如下:

$$拖运率 = \frac{计算期挂车完成周转量}{同期主车周转量 + 同期挂车周转量} \times 100\%$$

$$主挂车合计周转量 = 计算期主车周转量 \times \frac{1}{1 - 拖运率}$$

5.车辆利用指标体系及其相互关系

汽车货运经营活动是在极其复杂的条件下进行的。车辆货运生产率除受车辆本身技术性能、产业布局、道路和气候等条件影响外,还取决于企业内部的组织管理水平,也就是车辆在时间、速度、行程、装载能力和后备功率等五方面的利用程度。评价和计算车辆利用效率,就是通过有关指标来反映上述五个方面的利用程度。

项目小结

本项目针对运输市场特征阐述了运输市场供求关系,详细进行了运输需求与运输供给分析;对运输成本、运输成本构成、运输成本控制方法进行了分析;阐述了运输价格含义及其特征,分析了影响运输价格的因素、制定运价的方法;对运输生产量指标和车辆运用效率进行了详细分析。

项目训练

一、单选题

1. 下列不属于运输成本的是( )。
   A. 营运车辆司机的工资　　　　　　B. 营运车辆耗用的轮胎费
   C. 养路费　　　　　　　　　　　　D. 燃料费

2. 运输市场有货运市场、客运市场、装卸搬运市场,这种划分运输市场的方法是( )。
   A. 按运输对象分　　　　　　　　　B. 按运输供求关系分
   C. 按行业分　　　　　　　　　　　D. 按运输范围分

3. 某种产品的绝大部分由少数几家运输企业垄断的市场是( )。
   A. 完全竞争市场　　　　　　　　　B. 完全垄断市场
   C. 寡头垄断市场　　　　　　　　　D. 垄断竞争市场

4. 运输工具在运行过程中所发生的费用,且此类费用随运距长短、停留的港站数及停留时间、货物种类及运送数量、劳动工资、维修保养费用、燃料电力消耗而异的是( )。
   A. 变动成本　　　　　　　　　　　B. 固定成本
   C. 直接成本　　　　　　　　　　　D. 间接成本

5. 当承运人决定将一卡车货物从地点 A 运往地点 B 时,意味着这项决定中已经产生了从地点 B 至地点 A 的回程运输的( )。
   A. 联合成本　　　　　　　　　　　B. 间接成本
   C. 直接成本　　　　　　　　　　　D. 公共成本

6. 边际贡献是指( )。
   A. 价格超过固定成本的部分　　　　B 价格超过单位变动成本的部分
   C. 价格超过单位成本的部分　　　　D 价格超过利润的部分

7. 以下不是市场导向定价法的是( )。
   A. 利润加成定价法　　　　　　　　B. 优质优价定价法
   C. 流行水准定价法　　　　　　　　D. 渗透定价法

8. 营运车辆在运行时间内实际达到的平均行驶速度是( )。
   A. 营运速度　　　　　　　　　　　B. 技术速度
   C. 运行速度　　　　　　　　　　　D. 设计速度

9. 反映车辆行程利用指标和车辆载重量利用指标的综合指标是( )。

A. 行程利用率　　　　　　　　　B. 吨位利用率

C. 实载率　　　　　　　　　　　D. 拖运率

10. 总车日中扣除维修车日及待报废车日以后的余额是（　　　）。

A. 营运车日　　　　　　　　　　B. 完好车日

C. 工作车日　　　　　　　　　　D. 非完好车日

二、多选题

1. 运输市场的竞争主要表现为（　　　）。

A. 运输方式的竞争　　　　　　　B. 运输价格的竞争

C. 运输质量的竞争　　　　　　　D. 运输客户之间的竞争

E. 运输时间的竞争

2. 按照成本习性，即运输成本总额与运输量之间的依存关系，成本可以划分成（　　　）。

A. 可变成本　　　　　　　　　　B. 固定成本

C. 综合成本　　　　　　　　　　D. 混合成本

E. 营运成本

3. 运输成本的意义可以概括为（　　　）。

A. 运输成本是运输企业计算盈亏的基础

B. 运输成本为运输企业制定合理的运价提供依据

C. 运输成本是考核运输企业经济效益的重要指标

D. 运输成本是企业的负担，应越低越好

E. 运输成本越高，运输效益越好

4. 下列属于运输直接成本的有（　　　）。

A. 车队营运管理费　　　　　　　B. 事故损失费

C. 维修保养费用　　　　　　　　D. 轮胎费

E. 燃料费

5. 影响运输成本的因素有（　　　）。

A. 货物运送距离　　　　　　　　B. 载货量

C. 运输工具的装载能力　　　　　D. 装卸搬运的难易程度

E. 运输价格

6. 形成运输价格的因素主要有（　　　）。

A. 运输成本　　　　　　　　　　B. 运输供求关系

C. 运输市场的结构模式　　　　　D. 国家有关经济政策

E. 各种运输方式之间的竞争

7. 影响货物运输需求价格弹性的因素有（　　　）。

A. 是否具有可以替代性的运输服务

B. 运输费用在产品总生产费用中所占的比重

C. 时间的紧迫性

D. 运输批量大小

E. 运输的距离

8. 折扣定价策略包括（　　　）。

A. 数量折扣   B. 功能折扣

C. 季节折扣   D. 现金折扣

E. 回程折扣

9. 运输生产量指标包括(   )。

A. 货运量   B. 货物周转量

C. 平均运距   D. 平均车日行程

E. 总行程

10. 以下计算公式正确的有(   )。

A. 总行程 = 平均车日行程 × 工作车日数

B. 总行程 = 平均营运车数 × 日历天数 × 车辆工作率 × 平均车日行程

C. 总行程 = 载重行程 ÷ 行程利用率

D. 总行程 = 总车日 × 车辆工作率 × 平均车日行程

E. 总行程 = 载重行程 + 空驶行程

三、判断题

1. 运输需求是运输需要和购买力的有机统一,运输需要只是运输需求的必要条件,运输服务购买者的支付能力是充分条件,两者缺一不可。(   )

2. 运输需求是一种派生性需求。(   )

3. 当运输需求价格弹性系数大于 1 时,采取降价策略可以较大幅度增加运输需求,从而有效提高企业经济效益。(   )

4. 一般货物的价值越高,运输费用在总生产费用中所占的比重越小,货物的所有人对于价格的敏感程度就越高。(   )

5. 均衡里程运价指对同一货种而言,每吨千米运价不变,货物运价率(每吨货物的运价)的增加与运输距离的增加呈正比关系。(   )

6. 由于运输产品不能储存,运输企业只能储存运输能力来适应运输市场变化。(   )

7. 如果运输生产要素适应运输需求的范围大,则供给弹性就大,反之供给弹性则小。(   )

8. 在运输生产中,存在一些既不与产量的变化呈正比例变化也非保持不变,而是随产量的增减变动而适当变动的成本。(   )

9. 工作率是指统计期内工作车日与完好车日之比,反映实际参加工作的车辆情况。(   )

10. 以本行业的主要竞争者的价格为企业定价基础,避免在同行内挑起价格战争。这种定价方法是渗透定价法。(   )

四、问答题

1. 什么是运输市场?请简述运输市场特征。

2. 请简述运输需求特征、影响运输需求的因素。

3. 影响运输需求价格弹性的因素有哪些?采取薄利多运和厚利少运价格策略应分别考虑哪些因素?

4. 什么是运输供给价格弹性?请简述影响运输供给价格弹性的因素。

5. 什么是运输成本?请简述控制运输成本的原则。

6. 请简述运价特点、影响运价形成的因素。

7. 请简要说明铁路和水运为什么适合采用递远递减定价方法。

五、案例分析

1. 某运输公司 4 月份拥有营运车 50 部,平均吨位为 12 t,维修车日为 48 车日,工作车日为 1 360 车日,平均车日行程为 200 km。载重行程 172 800 km,完成周转量 1 854 240 吨千米。

计算:总车日、完好率、工作率、总行程、行程利用率、吨位利用率、实载率指标。

2. 已知指标如表 8-2 所示,完成表中空白部分,并写出计算过程。

表 8-2　计算表

指标名称	指标值	计算过程
平均营运车数	22 辆	
总车日		
平均吨位	12 t	
车辆总吨位数		
车辆完好率	96%	
车辆工作率		
工作车日数	7 227 车日	
营运速度	40 km/h	
平均每日出车时间	8 h	
平均车日行程		
总行程		
行程利用率	67%	
载重行程		
载重行程载重量		
吨位利用率	100%	
货物周转量		
平均运距		
货运量	62 774 t	
单车期产量		
车吨期产量		

附录

中华人民共和国道路运输条例

（2004年4月14日国务院第48次常务会议通过 2004年4月30日中华人民共和国国务院令第406号公布 根据2012年11月9日中华人民共和国国务院令第628号《国务院关于修改和废止部分行政法规的决定》第一次修正 根据2016年2月6日中华人民共和国国务院令第666号《国务院关于修改部分行政法规的决定》第二次修正）

第一章 总 则

第一条 为了维护道路运输市场秩序，保障道路运输安全，保护道路运输有关各方当事人的合法权益，促进道路运输业的健康发展，制定本条例。

第二条 从事道路运输经营以及道路运输相关业务的，应当遵守本条例。

前款所称道路运输经营包括道路旅客运输经营（以下简称客运经营）和道路货物运输经营（以下简称货运经营）；道路运输相关业务包括站（场）经营、机动车维修经营、机动车驾驶员培训。

第三条 从事道路运输经营以及道路运输相关业务，应当依法经营，诚实信用，公平竞争。

第四条 道路运输管理，应当公平、公正、公开和便民。

第五条 国家鼓励发展乡村道路运输，并采取必要的措施提高乡镇和行政村的通班车率，满足广大农民的生活和生产需要。

第六条 国家鼓励道路运输企业实行规模化、集约化经营。任何单位和个人不得封锁或者垄断道路运输市场。

第七条　国务院交通主管部门主管全国道路运输管理工作。

县级以上地方人民政府交通主管部门负责组织领导本行政区域的道路运输管理工作。

县级以上道路运输管理机构负责具体实施道路运输管理工作。

第二章　道路运输经营

第一节　客　运

第八条　申请从事客运经营的,应当具备下列条件:

(一)有与其经营业务相适应并经检测合格的车辆;

(二)有符合本条例第九条规定条件的驾驶人员;

(三)有健全的安全生产管理制度。

申请从事班线客运经营的,还应当有明确的线路和站点方案。

第九条　从事客运经营的驾驶人员,应当符合下列条件:

(一)取得相应的机动车驾驶证;

(二)年龄不超过60周岁;

(三)3年内无重大以上交通责任事故记录;

(四)经设区的市级道路运输管理机构对有关客运法律法规、机动车维修和旅客急救基本知识考试合格。

第十条　申请从事客运经营的,应当依法向工商行政管理机关办理有关登记手续后,按照下列规定提出申请并提交符合本条例第八条规定条件的相关材料:

(一)从事县级行政区域内客运经营的,向县级道路运输管理机构提出申请;

(二)从事省、自治区、直辖市行政区域内跨2个县级以上行政区域客运经营的,向其共同的上一级道路运输管理机构提出申请;

(三)从事跨省、自治区、直辖市行政区域客运经营的,向所在地的省、自治区、直辖市道路运输管理机构提出申请。

依照前款规定收到申请的道路运输管理机构,应当自受理申请之日起20日内审查完毕,做出许可或者不予许可的决定。予以许可的,向申请人颁发道路运输经营许可证,并向申请人投入运输的车辆配发车辆营运证;不予许可的,应当书面通知申请人并说明理由。

对从事跨省、自治区、直辖市行政区域客运经营的申请,有关省、自治区、直辖市道路运输管理机构依照本条第二款规定颁发道路运输经营许可证前,应当与运输线路目的地的省、自治区、直辖市道路运输管理机构协商;协商不成的,应当报国务院交通主管部门决定。

第十一条　取得道路运输经营许可证的客运经营者,需要增加客运班线的,应当依照本条例第十条的规定办理有关手续。

第十二条　县级以上道路运输管理机构在审查客运申请时,应当考虑客运市场的供求状况、普遍服务和方便群众等因素。

同一线路有3个以上申请人时,可以通过招标的形式做出许可决定。

第十三条　县级以上道路运输管理机构应当定期公布客运市场供求状况。

第十四条 客运班线的经营期限为 4 年到 8 年。经营期限届满需要延续客运班线经营许可的,应当重新提出申请。

第十五条 客运经营者需要终止客运经营的,应当在终止前 30 日内告知原许可机关。

第十六条 客运经营者应当为旅客提供良好的乘车环境,保持车辆清洁、卫生,并采取必要的措施防止在运输过程中发生侵害旅客人身、财产安全的违法行为。

第十七条 旅客应当持有效客票乘车,遵守乘车秩序,讲究文明卫生,不得携带国家规定的危险物品及其他禁止携带的物品乘车。

第十八条 班线客运经营者取得道路运输经营许可证后,应当向公众连续提供运输服务,不得擅自暂停、终止或者转让班线运输。

第十九条 从事包车客运的,应当按照约定的起始地、目的地和线路运输。

从事旅游客运的,应当在旅游区域按照旅游线路运输。

第二十条 客运经营者不得强迫旅客乘车,不得甩客、敲诈旅客;不得擅自更换运输车辆。

第二十一条 客运经营者在运输过程中造成旅客人身伤亡,行李毁损、灭失,当事人对赔偿数额有约定的,依照其约定;没有约定的,参照国家有关港口间海上旅客运输和铁路旅客运输赔偿责任限额的规定办理。(2012 年 11 月 9 日删除)

第二节 货 运

第二十二条 申请从事货运经营的,应当具备下列条件:

(一)有与其经营业务相适应并经检测合格的车辆;

(二)有符合本条例第二十三条规定条件的驾驶人员;

(三)有健全的安全生产管理制度。

第二十三条 从事货运经营的驾驶人员,应当符合下列条件:

(一)取得相应的机动车驾驶证;

(二)年龄不超过 60 周岁;

(三)经设区的市级道路运输管理机构对有关货运法律法规、机动车维修和货物装载保管基本知识考试合格。

第二十四条 申请从事危险货物运输经营的,还应当具备下列条件:

(一)有 5 辆以上经检测合格的危险货物运输专用车辆、设备;

(二)有经所在地设区的市级人民政府交通主管部门考试合格,取得上岗资格证的驾驶人员、装卸管理人员、押运人员;

(三)危险货物运输专用车辆配有必要的通信工具;

(四)有健全的安全生产管理制度。

第二十五条 申请从事货运经营的,应当依法向工商行政管理机关办理有关登记手续后,按照下列规定提出申请并分别提交符合本条例第二十二条、第二十四条规定条件的相关材料:

(一)从事危险货物运输经营以外的货运经营的,向县级道路运输管理机构提出申请;

(二)从事危险货物运输经营的,向设区的市级道路运输管理机构提出申请。

依照前款规定收到申请的道路运输管理机构,应当自受理申请之日起 20 日内审查完毕,做出许可或者不予许可的决定。予以许可的,向申请人颁发道路运输经营许可证,并向申请人投入运输的车辆配发车辆营运证;不予许可的,应当书面通知申请人并说明理由。

第二十六条 货运经营者不得运输法律、行政法规禁止运输的货物。

法律、行政法规规定必须办理有关手续后方可运输的货物,货运经营者应当查验有关手续。

第二十七条 国家鼓励货运经营者实行封闭式运输,保证环境卫生和货物运输安全。

货运经营者应当采取必要措施,防止货物脱落、扬撒等。

运输危险货物应当采取必要措施,防止危险货物燃烧、爆炸、辐射、泄漏等。

第二十八条 运输危险货物应当配备必要的押运人员,保证危险货物处于押运人员的监管之下,并悬挂明显的危险货物运输标志。

托运危险货物的,应当向货运经营者说明危险货物的品名、性质、应急处置方法等情况,并严格按照国家有关规定包装,设置明显标志。

第三节 客运和货运的共同规定

第二十九条 客运经营者、货运经营者应当加强对从业人员的安全教育、职业道德教育,确保道路运输安全。

道路运输从业人员应当遵守道路运输操作规程,不得违章作业。驾驶人员连续驾驶时间不得超过4个小时。

第三十条 生产(改装)客运车辆、货运车辆的企业应当按照国家规定标定车辆的核定人数或者载重量,严禁多标或者少标车辆的核定人数或者载重量。

客运经营者、货运经营者应当使用符合国家规定标准的车辆从事道路运输经营。

第三十一条 客运经营者、货运经营者应当加强对车辆的维护和检测,确保车辆符合国家规定的技术标准;不得使用报废的、擅自改装的和其他不符合国家规定的车辆从事道路运输经营。

第三十二条 客运经营者、货运经营者应当制定有关交通事故、自然灾害以及其他突发事件的道路运输应急预案。应急预案应当包括报告程序、应急指挥、应急车辆和设备的储备以及处置措施等内容。

第三十三条 发生交通事故、自然灾害以及其他突发事件,客运经营者和货运经营者应当服从县级以上人民政府或者有关部门的统一调度、指挥。

第三十四条 道路运输车辆应当随车携带车辆营运证,不得转让、出租。

第三十五条 道路运输车辆运输旅客的,不得超过核定的人数,不得违反规定载货;运输货物的,不得运输旅客,运输的货物应当符合核定的载重量,严禁超载;载物的长、宽、高不得违反装载要求。

违反前款规定的,由公安机关交通管理部门依照《中华人民共和国道路交通安全法》的有关规定进行处罚。

第三十六条 客运经营者、危险货物运输经营者应当分别为旅客或者危险货物投保承运人责任险。

第三章 道路运输相关业务

第三十七条 申请从事道路运输站(场)经营的,应当具备下列条件:

（一）有经验收合格的运输站（场）；

（二）有相应的专业人员和管理人员；

（三）有相应的设备、设施；

（四）有健全的业务操作规程和安全管理制度。

第三十八条 申请从事机动车维修经营的,应当具备下列条件:

（一）有相应的机动车维修场地；

（二）有必要的设备、设施和技术人员；

（三）有健全的机动车维修管理制度；

（四）有必要的环境保护措施。

第三十九条 申请从事机动车驾驶员培训的,应当具备下列条件:

（一）取得企业法人资格；

（二）有健全的培训机构和管理制度；

（三）有与培训业务相适应的教学人员、管理人员；

（四）有必要的教学车辆和其他教学设施、设备、场地。

第四十条 申请从事道路运输站（场）经营、机动车维修经营和机动车驾驶员培训业务的,应当在依法向工商行政管理机关办理有关登记手续后,向所在地县级道路运输管理机构提出申请,并分别附送符合本条例第三十七条、第三十八条、第三十九条规定条件的相关材料。县级道路运输管理机构应当自受理申请之日起 15 日内审查完毕,做出许可或者不予许可的决定,并书面通知申请人。

第四十一条 道路运输站（场）经营者应当对出站的车辆进行安全检查,禁止无证经营的车辆进站从事经营活动,防止超载车辆或者未经安全检查的车辆出站。

道路运输站（场）经营者应当公平对待使用站（场）的客运经营者和货运经营者,无正当理由不得拒绝道路运输车辆进站从事经营活动。

道路运输站（场）经营者应当向旅客和货主提供安全、便捷、优质的服务;保持站（场）卫生、清洁;不得随意改变站（场）用途和服务功能。

第四十二条 道路旅客运输站（场）经营者应当为客运经营者合理安排班次,公布其运输线路、起止经停站点、运输班次、始发时间、票价,调度车辆进站、发车,疏导旅客,维持上下车秩序。

道路旅客运输站（场）经营者应当设置旅客购票、候车、行李寄存和托运等服务设施,按照车辆核定载客限额售票,并采取措施防止携带危险品的人员进站乘车。

第四十三条 道路货物运输站（场）经营者应当按照国务院交通主管部门规定的业务操作规程装卸、储存、保管货物。

第四十四条 机动车维修经营者应当按照国家有关技术规范对机动车进行维修,保证维修质量,不得使用假冒伪劣配件维修机动车。

机动车维修经营者应当公布机动车维修工时定额和收费标准,合理收取费用。

第四十五条 机动车维修经营者对机动车进行二级维护、总成修理或者整车修理的,应当进行维修质量检验。检验合格的,维修质量检验人员应当签发机动车维修合格证。

机动车维修实行质量保证期制度。质量保证期内因维修质量原因造成机动车无法正常使用的,机动车维修经营者应当无偿返修。

机动车维修质量保证期制度的具体办法,由国务院交通主管部门制定。

第四十六条　机动车维修经营者不得承修已报废的机动车,不得擅自改装机动车。

第四十七条　机动车驾驶员培训机构应当按照国务院交通主管部门规定的教学大纲进行培训,确保培训质量。培训结业的,应当向参加培训的人员颁发培训结业证书。

第四章　国际道路运输

第四十八条　国务院交通主管部门应当及时向社会公布中国政府与有关国家政府签署的双边或者多边道路运输协定确定的国际道路运输线路。

第四十九条　申请从事国际道路运输经营的,应当具备下列条件:

(一)依照本条例第十条、第二十五条规定取得道路运输经营许可证的企业法人;

(二)在国内从事道路运输经营满3年,且未发生重大以上道路交通责任事故。

第五十条　申请从事国际道路运输的,应当向省、自治区、直辖市道路运输管理机构提出申请并提交符合本条例第四十九条规定条件的相关材料。省、自治区、直辖市道路运输管理机构应当自受理申请之日起20日内审查完毕,做出批准或者不予批准的决定。予以批准的,应当向国务院交通主管部门备案;不予批准的,应当向当事人说明理由。国际道路运输经营者应当持批准文件依法向有关部门办理相关手续。

第五十一条　中国国际道路运输经营者应当在其投入运输车辆的显著位置,标明中国国籍识别标志。

外国国际道路运输经营者的车辆在中国境内运输,应当标明本国国籍识别标志,并按照规定的运输线路行驶;不得擅自改变运输线路,不得从事起止地都在中国境内的道路运输经营。

第五十二条　在口岸设立的国际道路运输管理机构应当加强对出入口岸的国际道路运输的监督管理。

第五十三条　外国国际道路运输经营者依法在中国境内设立的常驻代表机构不得从事经营活动。

第五章　执法监督

第五十四条　县级以上人民政府交通主管部门应当加强对道路运输管理机构实施道路运输管理工作的指导监督。

第五十五条　道路运输管理机构应当加强执法队伍建设,提高其工作人员的法制、业务素质。

道路运输管理机构的工作人员应当接受法制和道路运输管理业务培训、考核,考核不合格的,不得上岗执行职务。

第五十六条　上级道路运输管理机构应当对下级道路运输管理机构的执法活动进行监督。

道路运输管理机构应当建立健全内部监督制度,对其工作人员执法情况进行监督检查。

第五十七条　道路运输管理机构及其工作人员执行职务时,应当自觉接受社会和公民的监督。

第五十八条 道路运输管理机构应当建立道路运输举报制度,公开举报电话号码、通信地址或者电子邮件信箱。

任何单位和个人都有权对道路运输管理机构的工作人员滥用职权、徇私舞弊的行为进行举报。交通主管部门、道路运输管理机构及其他有关部门收到举报后,应当依法及时查处。

第五十九条 道路运输管理机构的工作人员应当严格按照职责权限和程序进行监督检查,不得乱设卡、乱收费、乱罚款。

道路运输管理机构的工作人员应当重点在道路运输及相关业务经营场所、客货集散地进行监督检查。

道路运输管理机构的工作人员在公路路口进行监督检查时,不得随意拦截正常行驶的道路运输车辆。

第六十条 道路运输管理机构的工作人员实施监督检查时,应当有2名以上人员参加,并向当事人出示执法证件。

第六十一条 道路运输管理机构的工作人员实施监督检查时,可以向有关单位和个人了解情况,查阅、复制有关资料。但是,应当保守被调查单位和个人的商业秘密。

被监督检查的单位和个人应当接受依法实施的监督检查,如实提供有关资料或者情况。

第六十二条 道路运输管理机构的工作人员在实施道路运输监督检查过程中,发现车辆超载行为的,应当立即予以制止,并采取相应措施安排旅客改乘或者强制卸货。

第六十三条 道路运输管理机构的工作人员在实施道路运输监督检查过程中,对没有车辆营运证又无法当场提供其他有效证明的车辆予以暂扣的,应当妥善保管,不得使用,不得收取或者变相收取保管费用。

第六章 法律责任

第六十四条 违反本条例的规定,未取得道路运输经营许可,擅自从事道路运输经营的,由县级以上道路运输管理机构责令停止经营;有违法所得的,没收违法所得,处违法所得2倍以上10倍以下的罚款;没有违法所得或者违法所得不足2万元的,处3万元以上10万元以下的罚款;构成犯罪的,依法追究刑事责任。

第六十五条 不符合本条例第九条、第二十三条规定条件的人员驾驶道路运输经营车辆的,由县级以上道路运输管理机构责令改正,处200元以上2000元以下的罚款;构成犯罪的,依法追究刑事责任。

第六十六条 违反本条例的规定,未经许可擅自从事道路运输站(场)经营、机动车维修经营、机动车驾驶员培训的,由县级以上道路运输管理机构责令停止经营;有违法所得的,没收违法所得,处违法所得2倍以上10倍以下的罚款;没有违法所得或者违法所得不足1万元的,处2万元以上5万元以下的罚款;构成犯罪的,依法追究刑事责任。

第六十七条 违反本条例的规定,客运经营者、货运经营者、道路运输相关业务经营者非法转让、出租道路运输许可证件的,由县级以上道路运输管理机构责令停止违法行为,收缴有关证件,处2000元以上1万元以下的罚款;有违法所得的,没收违法所得。

第六十八条 违反本条例的规定,客运经营者、危险货物运输经营者未按规定投保承运人责任险的,由县级以上道路运输管理机构责令限期投保;拒不投保的,由原许可机关吊销道路运输经营许可证。

第六十九条 违反本条例的规定,客运经营者、货运经营者不按照规定携带车辆营运证的,由县级以上道路运输管理机构责令改正,处警告或者20元以上200元以下的罚款。

第七十条 违反本条例的规定,客运经营者、货运经营者有下列情形之一的,由县级以上道路运输管理机构责令改正,处1 000元以上3 000元以下的罚款;情节严重的,由原许可机关吊销道路运输经营许可证:

(一)不按批准的客运站点停靠或者不按规定的线路、公布的班次行驶的;

(二)强行招揽旅客、货物的;

(三)在旅客运输途中擅自变更运输车辆或者将旅客移交他人运输的;

(四)未报告原许可机关,擅自终止客运经营的;

(五)没有采取必要措施防止货物脱落、扬撒等的。

第七十一条 违反本条例的规定,客运经营者、货运经营者不按规定维护和检测运输车辆的,由县级以上道路运输管理机构责令改正,处1 000元以上5 000元以下的罚款。

违反本条例的规定,客运经营者、货运经营者擅自改装已取得车辆营运证的车辆的,由县级以上道路运输管理机构责令改正,处5 000元以上2万元以下的罚款。

第七十二条 违反本条例的规定,道路运输站(场)经营者允许无证经营的车辆进站从事经营活动以及超载车辆、未经安全检查的车辆出站或者无正当理由拒绝道路运输车辆进站从事经营活动的,由县级以上道路运输管理机构责令改正,处1万元以上3万元以下的罚款。

违反本条例的规定,道路运输站(场)经营者擅自改变道路运输站(场)的用途和服务功能,或者不公布运输线路、起止经停站点、运输班次、始发时间、票价的,由县级以上道路运输管理机构责令改正;拒不改正的,处3 000元的罚款;有违法所得的,没收违法所得。

第七十三条 违反本条例的规定,机动车维修经营者使用假冒伪劣配件维修机动车,承修已报废的机动车或者擅自改装机动车的,由县级以上道路运输管理机构责令改正;有违法所得的,没收违法所得,处违法所得2倍以上10倍以下的罚款;没有违法所得或者违法所得不足1万元的,处2万元以上5万元以下的罚款,没收假冒伪劣配件及报废车辆;情节严重的,由原许可机关吊销其经营许可;构成犯罪的,依法追究刑事责任。

第七十四条 违反本条例的规定,机动车维修经营者签发虚假的机动车维修合格证,由县级以上道路运输管理机构责令改正;有违法所得的,没收违法所得,处违法所得2倍以上10倍以下的罚款;没有违法所得或者违法所得不足3 000元的,处5 000元以上2万元以下的罚款;情节严重的,由原许可机关吊销其经营许可;构成犯罪的,依法追究刑事责任。

第七十五条 违反本条例的规定,机动车驾驶员培训机构不严格按照规定进行培训或者在培训结业证书发放时弄虚作假的,由县级以上道路运输管理机构责令改正;拒不改正的,由原许可机关吊销其经营许可。

第七十六条 违反本条例的规定,外国国际道路运输经营者未按照规定的线路运输,擅自从事中国境内道路运输或者未标明国籍识别标志的,由省、自治区、直辖市道路运输管理机构责令停止运输;有违法所得的,没收违法所得,处违法所得2倍以上10倍以下的罚款;没有违法所得或者违法所得不足1万元的,处3万元以上6万元以下的罚款。

第七十七条 违反本条例的规定,道路运输管理机构的工作人员有下列情形之一的,依法给予行政处分;构成犯罪的,依法追究刑事责任:

（一）不依照本条例规定的条件、程序和期限实施行政许可的；

（二）参与或者变相参与道路运输经营以及道路运输相关业务的；

（三）发现违法行为不及时查处的；

（四）违反规定拦截、检查正常行驶的道路运输车辆的；

（五）违法扣留运输车辆、车辆营运证的；

（六）索取、收受他人财物，或者谋取其他利益的；

（七）其他违法行为。

第七章　附　则

第七十八条　内地与香港特别行政区、澳门特别行政区之间的道路运输，参照本条例的有关规定执行。

第七十九条　外商可以依照有关法律、行政法规和国家有关规定，在中华人民共和国境内采用中外合资、中外合作、独资形式投资有关的道路运输经营以及道路运输相关业务。

第八十条　从事非经营性危险货物运输的，应当遵守本条例有关规定。

第八十一条　道路运输管理机构依照本条例发放经营许可证件和车辆营运证，可以收取工本费。工本费的具体收费标准由省、自治区、直辖市人民政府财政部门、价格主管部门会同同级交通主管部门核定。

第八十二条　出租车客运和城市公共汽车客运的管理办法由国务院另行规定。

第八十三条　本条例自 2004 年 7 月 1 日起施行。

参考文献

[1] 刘艳霞,杨丽.物流运输管理[M].北京:机械工业出版社,2008.

[2] 仪玉莉.运输管理[M].北京:高等教育出版社,2012.

[3] 傅莉萍.运输管理[M].北京:清华大学出版社,2015.

[4] 井颖,季永青.运输管理实务[M].北京:高等教育出版社,2014.

[5] 彭秀兰.道路运输管理实务[M].北京:机械工业出版社,2015.

[6] 王长琼.物流运输组织与管理[M].武汉:华中科技大学出版社,2010.

[7] 王述英.物流运输组织与管理[M].北京:电子工业出版社,2014.

[8] 王海兰.集装箱运输管理实务[M].北京:电子工业出版社,2014.

[9] 孙家庆.集装箱运输实务[M].北京:北京大学出版社,2013.

[10] 杨菊花.多式集装联运[M].北京:北京交通大学出版社,2013.

[11] 关强.交通运输技术管理[M].北京:人民交通出版社,2004.

[12] 张旭风.运输与运输管理[M].北京:北京大学出版社,2004.

[13] 缪六莹.运输管理实务[M].北京:电子工业出版社,2004.

[14] 卢毅.高速公路营运管理成本控制[M].北京:中国科学技术出版社,2003.

[15] 张敏,黄中鼎.物流运输管理[M].上海:上海财经大学出版社,2004.

[16] 陈志红.运输组织技术[M].北京:人民交通出版社,2003.

[17] 王婷.物流操作实务[M].北京:机械工业出版社,2004.

[18] 方光罗.现代物流学[M].大连:东北财经大学出版社,2003.

[19] 李永生,黄君麟.运输经济学[M].北京:机械工业出版社,2004.

[20] 何晓莉.物流设备与设施[M].北京:机械工业出版社,2004.

[21] 交通专业人员资格评价中心.汽车运输调度员(中级·高级)[M].北京:人民交通出版社,2008.

[22] 编写组.道路运输驾驶员从业资格培训教材[M].北京:人民交通出版社,2007.

[23] 北京中德安驾科技发展有限公司.道路客货运输驾驶员从业资格培训教程[M].北京:机械工业出版社,2009.

[24] 北京中德安驾科技发展有限公司.货运驾驶员职业培训教程[M].北京:机械工业出版社,2010.